Grandes questões da
História

Grandes questões da História

organização de HARRIET SWAIN

Tradução
GERALDO GALVÃO FERRAZ

Título original em inglês
BIG QUESTIONS IN HISTORY

© Harriet Swain como Editora, 2005
© Contribuições individuais, 2005
1ª edição publicada pela Jonathan Cape, 2005

Reservam-se os direitos desta edição à
EDITORA JOSÉ OLYMPIO LTDA.
Rua Argentina, 171 – 3º andar – São Cristóvão
20921-380 – Rio de Janeiro, RJ – República Federativa do Brasil
Tel.: (21) 2585-2060
Printed in Brazil / Impresso no Brasil

Atendimento e venda direta ao leitor
mdireto@record.com.br ou tel.: (21) 2585-2060

ISBN 978-85-03-01090-0

Capa: Isabella Perrotta/Hybris Design

Livro revisado segundo o novo Acordo Ortográfico da Língua Portuguesa.

CIP-BRASIL. CATALOGAÇÃO-NA-FONTE
SINDICATO NACIONAL DOS EDITORES DE LIVROS, RJ

G779	Grandes questões da história / organização de Harriet Swain; tradução de Geraldo Galvão Ferraz. – Rio de Janeiro: José Olympio, 2010.

Tradução de: Big questions in history
Inclui índice
ISBN 978-85-03-01090-0

1. História mundial. 2. Civilização. 3. Historiografia.
I. Swain, Harriet.

CDD: 909
10-0717   CDU: 94

Sumário

Prefácio de Harriet Swain   9

O QUE É HISTÓRIA?   11
de Richard J. Evans
Comentário de Harriet Swain

O QUE FAZ UM GRANDE LÍDER?   27
de Brendan Simms
Comentário de Phil Baty

COMO A PERSONALIDADE AFETA A POLÍTICA?   43
de Ian Kershaw
Comentário de Huw Richards

O QUE FAZ UM GOVERNO TER SUCESSO?   63
de Vernon Bogdanor
Comentário de Huw Richards

POR QUE OS IMPÉRIOS CRESCEM?   81
de Richard Drayton
Comentário de Anna Fazackerley

POR QUE AS REVOLUÇÕES ACONTECEM?   97
de Fred Halliday
Comentário de Chris Bunting

POR QUE AS ECONOMIAS DESMORONAM?   115
de Harold James
Comentário de Simon Targett

O QUE TORNA AS LEIS EFETIVAS?   133
de Alan Macfarlane
Comentário de Huw Richards

O QUE CAUSA O NACIONALISMO?   151
de David A. Bell
Comentário de Karen Gold

POR QUE AS GUERRAS COMEÇAM?   169
de Thomas Palaima
Comentário de Peter Furtado

COMO SE GANHAM AS GUERRAS?   187
de Jeremy Black
Comentário de Steve Farrar

COMO SE DESENVOLVEM AS CIVILIZAÇÕES?   203
de Colin Renfrew
Comentário de Stephen Phillips

POR QUE CRESCEM OS MOVIMENTOS RELIGIOSOS
E ESPIRITUAIS?   219
de Linda Woodhead
Comentário de Stephen Phillips

COMO COMEÇAM OS MOVIMENTOS INTELECTUAIS?   237
de Anthony Pagden
Comentário de Karen Gold

COMO A TECNOLOGIA AFETA A TRANSFORMAÇÃO
SOCIAL?   253
de Lisa Jardine
Comentário de Steve Farrar

COMO ACONTECEM OS *BOOMS* CULTURAIS?   269
de Ludimilla Jordanova
Comentário de Chris Bunting

COMO A VIDA PRIVADA AFETA A VIDA PÚBLICA?   287
de Sheila Rowbotham
Comentário de Mandy Garner

COMO CORPOS FÍSICOS AFETAM A
TRANSFORMAÇÃO CULTURAL?   303
de Joanna Bourke
Comentário de Claire Sanders

QUAL O IMPACTO DA GEOGRAFIA SOBRE OS
ACONTECIMENTOS?   319
de Felipe Fernández-Armesto
Comentário de Mandy Garner

A HISTÓRIA PODE TER FIM?   335
de Benjamin Barber
Comentário de Harriet Swain

Índice remissivo   351

Prefácio

Historiadores fazem perguntas o tempo todo, mas é raro que enfrentem as realmente importantes — O que ganha as guerras? O que faz um grande líder? Como começam os movimentos intelectuais? — sobretudo em poucas páginas. Geralmente, eles são restringidos pela necessidade de produzir argumentos detalhados, de embasar suas afirmações, de mencionar exceções e outros pontos de vista, de se manter dentro dos limites do seu conhecimento pessoal. Neste livro, eles foram convidados a pôr de lado essas inibições e arriscar um ponto de vista sobre alguns temas históricos gerais a respeito dos quais a maioria das pessoas provavelmente especula de vez em quando.

Alguns buscaram pistas em muitos períodos do passado e em vários continentes; outros, num determinado tempo e lugar. No processo, dissolveram-se com frequência as fronteiras entre história e política, filosofia, ciência social, teologia e outras disciplinas. Cada autor, contudo, descobriu algum tipo de resposta.

Mas é só uma resposta. Então, pedimos a jornalistas que apresentassem um contexto, explorando como outros historiadores e pensadores se defrontaram com as mesmas perguntas no passado, realçando alguns dos aspectos mais controvertidos de cada pergunta e buscando novas áreas de investigação. Seus comentários são uma simples amostra das muitas direções diferentes que as pesquisas históricas assumiram ao longo dos anos e das principais pessoas envolvidas.

Obrigada a todos os jornalistas e acadêmicos que enfrentaram com tamanha boa vontade perguntas tão importantes, a Mike North, Val Pearce e Sonia Allen; e a Mandy Garner, editora de artigos, Gerard Kelly, subeditor, e John O'Leary, editor do *Times Higher Education Supplement* por seu apoio e por seu tempo. Obrigado também a Will Sulkin, Jörg Hensgen e Chloe Johnson-Hill da Random House.

Harriet Swain

O que é história?

O que é história?

Richard J. Evans
Professor de história moderna da
Universidade de Cambridge

A resposta à pergunta "O que é história?" parece bem óbvia: a história é o estudo do passado. Mas, claro, não é tão simples assim. Há algumas maneiras de estudar o passado que não podem ser classificadas como história. História é, em primeiro lugar, o estudo do passado que objetiva descobrir a verdade sobre ele. Ao contrário de romancistas ou cineastas, historiadores não inventam coisas que não aconteceram nem fazem vir à tona personagens que não existiram. Dramaturgos e roteiristas podem alterar a matéria-prima que usam quando estão tratando, como acontece muitas vezes, de um item extraído do passado a fim de tornar o tema mais interessante e mais estimulante. Eles podem introduzir o diálogo, incluir palavras em documentos históricos que não estão nos originais e geralmente usam sua imaginação de uma forma nada sujeita aos limites da evidência histórica. Historiadores não desfrutam desse luxo. Tratam do fato, não da ficção.

Esta distinção tem sido seguida por todos os historiadores desde que a primeira obra histórica séria surgiu no mundo antigo, a *História da guerra no Peloponeso*. Seu autor,

Tucídides, rejeitou os mitos românticos apresentados pelos poetas e conferiu todos os seus fatos, conforme disse aos seus leitores, "com todo o rigor possível". Mas então se queixava, como historiadores têm feito regularmente desde então, que a verdade não era nada fácil de descobrir: "Diferentes testemunhas oculares dão versões diferentes dos mesmos fatos, falando parcialmente sobre um lado ou outro, ou algo mais devido a lembranças imperfeitas."

Nos aproximadamente dois milênios e meio desde que Tucídides escreveu sua grande obra, historiadores elaboraram todo um arsenal de métodos sofisticados de conferir pistas e de lidar com as lacunas e parcialidades de suas fontes. Mas nunca conseguiram atingir um conhecimento perfeito ou completo de toda a verdade. Tudo o que puderam fazer foi estabelecer probabilidades — às vezes esmagadoras, às vezes menos, outras que nem chegaram a isso — sobre partes do passado: essas partes que puderam ser acessadas por meio dos vestígios que chegaram, de uma forma ou outra, à posteridade.

A história envolve sempre uma seleção do que se sabe sobre o passado porque tem uma segunda qualidade essencial, além da busca da verdade: objetiva não só reconstruir e representar o passado, como também entendê-lo e interpretá-lo. Isto é o que torna a história diferente da narração cronológica, que faz o relato dos anos, descrevendo os fatos como aconteceram, mas sem tentar fazer alguma ligação entre eles ou qualquer tentativa de explicar por que eles ocorreram.

A importância da explicação e interpretação para a história também torna a sua abordagem do passado diferente daquelas da religião, da moral e da lei. As religiões buscam legitimidade por meio de textos sagrados fornecidos por profetas ou por seus discípulos de um passado longínquo. Tratar historicamente esses textos, porém, significa deixar de lado sua sacralidade e questioná-los exatamente como se questionaria qualquer outra fonte histórica, um procedimento empregado com mais vigor pelo maior dos historiadores do iluminismo, Edward Gibbon, em seu *Declínio e queda do Império Romano*.

Abordagens morais e legais do passado concentram-se em julgar a culpa ou a inocência e em atribuir responsabilidades por ações classificadas como boas ou más, legais ou criminosas. Também são maneiras não históricas de abordagem. Em tempos recentes, virou moda rotular figuras históricas de uma época como o Terceiro Reich, ou o tráfico de escravos do Atlântico e a colonização europeia da Austrália, com termos derivados da moral e da lei, como "criminosos", "vítimas", "omissos", "colaboracionistas" etc., distribuindo-se consequentemente elogios e censuras. Isto é profundamente estranho à empreitada da história, que se interessa, em primeiro lugar, em explicar por que as pessoas fizeram o que fizeram, definindo causas, efeitos e interligações, não emitindo veredictos arrogantes sobre questões morais complexas, baseados no luxo de quem vê as coisas *a posteriori*.

Claro, os historiadores podem, fazem e, em muitos casos, têm a obrigação de fornecer matérias-primas, evidências ou sínteses do cenário histórico para ajudar instituições como tribunais de crimes de guerra, ou comissões que examinam pedidos de compensação por erros históricos legalmente reconhecidos, assim como outro aspecto importante do seu trabalho consiste na produção de edições acadêmicas de documentos inéditos. Mas tal desenvolvimento do conhecimento, embora necessário, não é a principal atividade do historiador. A tarefa do historiador é explicar; cabe aos outros julgar.

Isso significa, entre outras coisas, que os historiadores têm de tentar compreender o passado a partir de uma variedade de pontos de vista tão ampla quanto possível, não para vê-lo pelos olhos de um determinado contemporâneo ou grupo de contemporâneos, ainda menos para estudá-lo exclusivamente à luz dos interesses do tempo em que estão escrevendo. A história escrita simplesmente para satisfazer um propósito da atualidade, como estimular o orgulho nacional ou demonstrar que um grupo étnico ou nacional foi oprimido ao longo do tempo por outro, provavelmente degenerará em propaganda, a menos que seja mantida sob o controle de uma propensão a se curvar aos ditames dos fatos, onde a evidência corre na direção oposta à do propósito do historiador.

Não obstante, ao mesmo tempo, a história também envolve inevitavelmente a formulação de hipóteses baseadas em teorias atuais para depois testá-las criticamente em relação a uma detalhada revisão dos fatos. As perspectivas históricas sobre o passado mudam, não só com a distância crescente do tempo, como também com novas ideias e os interesses dos próprios historiadores, e com as ideias, métodos e preocupações mutáveis do mundo intelectual e da sociedade em que vivem os historiadores. Essa é uma razão importante por que, ao longo dos anos, o alcance da história tem-se expandido constantemente. Já estão distantes os dias em que a história se preocupava apenas, ou principalmente, com reis e batalhas, política e diplomacia, "grandes homens" e grandes guerras. No século XXI, tudo é grão para o moinho do historiador.

Grandes questões incluem tanto a história da vida privada como da pública, das ideias e das crenças, do comportamento pessoal, até mesmo de questões mais amplas como o meio ambiente, a geografia e o mundo natural. Podem envolver qualquer parte do mundo, qualquer época do passado. Tudo com uma condição: a pesquisa nessas áreas só é história se formalmente realizada em busca da resposta para uma "grande pergunta". A história não é, e nunca foi, a mera acumulação de fatos e conhecimento como um fim em si: isso pode ser mais bem classificado como um gosto por antiguidades.

Sem dúvida, os historiadores sempre discordaram entre si sobre virtualmente todas essas questões, bem como sobre a maioria das respostas que têm sido apresentadas de quando em quando às grandes perguntas sobre o passado. A controvérsia é uma forma indispensável de ampliar o conhecimento histórico, na medida em que interpretações implausíveis ou exageradas são removidas e o debate racional destina o argumento sem fundamento à lixeira das hipóteses desacreditadas. A difusão da controvérsia entre historiadores é uma razão pela qual políticos estão sempre errados quando afirmam que "a história" os absolverá, irá julgá-los ou inocentá-los pelo que fizeram. Historiadores provavelmente nunca irão concordar sobre quais líderes nacionais fizeram tais alegações, seja em relação à revolução cubana ou à segunda guerra do Iraque.

O preparo do historiador pode provocar um ceticismo saudável para invalidar as afirmações mais exageradas de políticos e estadistas. Pode, ou deve, ajudar qualquer um que tenta reconhecer uma fraude quando a vê, e exigir provas

O que é história?

claras de uma afirmação, antes de aceitá-la. Ser preparado como historiador é essencial para toda uma variedade de empregos na indústria de heranças e mais do que útil no campo mais amplo da cultura, do turismo e das artes, que geram hoje uma proporção bem mais alta da renda nacional e ganhos de exportação do que as indústrias de manufaturas. Livros de história, programas de televisão, emissões de rádio, artigos de revistas e outros produtos culturais nunca foram tão populares. A história, nesse sentido amplo, é um importante gerador de renda econômica nacional.

Mas sua justificativa principal reside nos seus efeitos menos imediatamente tangíveis. A história pode nos ensinar sobre outras sociedades, outras crenças e outros tempos, tornando-nos mais tolerantes às diferenças em nosso mundo. E pode nos conceder uma educação cívica democrática que nos ajude a construir um mundo melhor para o futuro.

Outras leituras

CARR, E. H. *What is History?* (1961), edição de 40º aniversário, com introdução de Richard J. Evans. Palgrave Macmillan, 2001.

CARRADINE, David (ed.). *What is History Now?* Palgrave Macmillan, 2001.

ELTON, G. R. *The Practice of History*. Sydney, 1967, 2ª edição, com um posfácio de Richard J. Evans. Blackwell, 2001.

EVANS, Richard J. *In Defence of History* (1997); 2ª edição com Reply to Critics. Granta, 2001.

———. *Telling Lies About Hitler* Verso, 2002.

Comentário de Harriet Swain

Subeditora de reportagem *do Times Higher Education Supplement*

É DE E. H. CARR A PERGUNTA *What is History?*, título da sua coletânea de ensaios de 1961. Mas ele certamente não foi o primeiro a formular. Historiadores têm especulado sobre o que andam fazendo desde o século V a.C., quando Heródoto afirmou no prefácio de sua obra que a história consistia em preservar a lembrança das ações dos gregos e dos bárbaros e, em especial, além de tudo, explicar a causa das suas lutas uns contra os outros.

Enquanto poucos dos seus sucessores sentiram necessidade de expressá-la, a ideia de que a história se refere à comemoração de fatos importantes — especialmente daqueles que envolvem combates — e à explicação de por que eles aconteceram, perdurou, embora não isoladamente. A partir de Heródoto, historiadores sugeriram várias outras definições do que é história, desde o que realmente aconteceu no passado a reconstruções para a televisão das vidas amorosas da realeza.

O estudo do estudo da história, contudo, é relativamente recente, relativamente raro e, às vezes, controvertido. Não deveriam os historiadores se concentrar na explicação do passado em vez de agonizar sobre por que estão fazendo isso? E se passam mais tempo analisando a história do que escrevendo-a, como podem falar com competência sobre o que é a natureza da história?

O que é história?

Para muitos dos primeiros historiadores, era muito mais simples. A história se resumia à relação do homem com Deus — sem perguntas. Textos sagrados hebraicos olhavam constantemente para o passado a fim de identificar a mão de Deus em determinados fatos. Antigos textos cristãos faziam o mesmo. Provavelmente o mais conhecido por sua "história sagrada" é o escritor e filósofo Santo Agostinho, do século IV, cujo *A cidade de Deus* pintava uma visão da história como a revelação da vontade de Deus — uma visão que influenciou os textos históricos ocidentais durante centenas de anos.

A religião também inspirou os antigos historiadores islâmicos, levados pelo desejo de produzir relatos precisos e detalhados da vida do Profeta, e no caso uma ênfase importante foi estabelecer a autenticidade das fontes históricas. Esta foi uma das preocupações de Ibn Khaldun, um estudioso islâmico do século XIV que provocou grande impacto sobre o estudo futuro da história no Oriente e no Ocidente. Sua história do mundo, *Mugad dimah*, esteve à frente de sua época ao estudar as forças psicológicas, econômicas, ambientais e sociais na história e ele também foi um defensor pioneiro da comparação do passado e do presente para ajudar a entender uma sociedade.

A filosofia política de Nicolau Maquiavel (1469-1527) é, às vezes, ligada à de Khaldun e o interesse em estudar e autenticar textos antigos era uma parte importante do estudo histórico durante o Renascimento no Ocidente, mas para historiadores renascentistas como Maquiavel, foi o antigo mundo clássico que explicitamente moldou a forma como pensavam a história. Maquiavel seguiu os autores clássicos na crença de que a história deveria fornecer orientação moral e deveria empregar um estilo retórico adequado para conseguir isso.

A ideia de um propósito moral para a história persistiu durante o iluminismo europeu, apesar de Deus ter sido descartado como força-guia por trás dos negócios humanos — em geral — em favor da razão. Mas a ênfase então passou a estar no conhecimento derivado da observação do mundo material, em vez de nas teorias *a priori* — uma filosofia desenvolvida por Francis Bacon (1561-1626) — formando a base para o empirismo que dominou o estudo histórico nos dois séculos seguintes. Esta visão "científica" da história é ligada sobretudo ao filósofo francês do século XIX, Augusto Comte, que tentou identificar leis gerais que governariam a sociedade e a história humanas. Chamou sua filosofia de "positivismo" para realçar sua ligação com dados "verdadeiros".

O historiador que veio a representar a busca da verdade objetiva na história é Leopold von Ranke (1795-1886), graças a sua expressa intenção de escrever a história *wie es eigentlich gewesen* — como aconteceu realmente. Disputas sobre até que ponto isso é possível continuam desde então. Claro, eram acesas na própria época de Ranke, com historiadores britânicos como Thomas Babington Macaulay (1800-1859) e Thomas Carlyle (1795-1881), destacando os aspectos literários de sua profissão; para Macaulay, os fatos eram "apenas o entulho da história". Mas foi talvez o pensador italiano Benedetto Croce (1866-1952) que tocou conscientemente no assunto, afirmando que toda história era "história contemporânea", ou seja, era sempre vista pelos olhos do presente. O debate pegou fogo. No começo do século XX, J. B. Bury declarou na sua aula inaugural na Universidade de Cambridge:

O que é história?

"A história é uma ciência, nada menos e nada mais." R. G. Collingwood repetiu Croce em *The Idea of History*, publicado em 1945, que dizia: "A história é a reinterpretação, na mente do historiador, do pensamento cuja história ele está estudando." O relativista *What Is History?* (1961), de Carr, insistiu em que "os fatos da história nunca chegam 'puros' até nós, já que não existem nem podem existir em forma pura: eles sempre se refratam pela mente daquele que registra". Mas, em 1967, outro acadêmico de Cambridge, G. R. Elton, posicionou-se, em *The Practice of History*, a favor da autonomia da história e da importância do historiador profissional — "aqueles que bracejam pelas fronteiras do conhecimento com uma lente de aumento".

Enquanto isso, na França, Michel Foucault, Roland Barthes e Jacques Derrida estavam abrindo o caminho para o pós-modernismo, suscitando questões sobre laços entre a verdade e os sistemas de poder que a determinam e sobre o significado dos textos. Nos Estados Unidos dos anos 1970, Hayden White descreveu as histórias como "ficções verbais, cujo conteúdo é tão inventado quanto descoberto". Tudo isso atingiu a Grã-Bretanha nas duas décadas seguintes, quando Alun Munslow começou o diário *Rethinking History* e Keith Jenkins, num livro com o mesmo título, afirmou que "a história é sobretudo o que os historiadores fazem", "um discurso problemático cambiante". O debate continuou com *In Defence of History* (1997), de Richard J. Evans, autor do artigo anexo deste livro. A obra de Evans é muito crítica com relação a Jenkins e conclui: "Isso realmente aconteceu e realmente podemos, se formos muito cuidadosos, escrupulosos e autocríticos, descobrir como isso sucedeu e chegar a algumas conclusões convincentes, embora não definitivas, sobre o que tudo isso significou."

É o suficiente sobre *como* a história deve ser estudada. Por muito tempo, a ideia do *que* ela deve estudar permaneceu bem constante, com a curiosa exceção de pensadores como Khaldun e, mais tarde, no século XVIII, Voltaire. Se a história devesse fornecer algum tipo de orientação moral ou religiosa e oferecer exemplos para seguir, então certamente os grandes fatos e os grandes homens que deles participaram estariam onde se deveria olhar. "As guerras e a administração dos negócios públicos são os temas principais da história", escreveu Edward Gibbon no prefácio do seu *Declínio e queda do Império Romano* (1776-88). Para Ranke, a política e a diplomacia são os únicos lugares em que vale a pena buscar fatos objetivos.

Foi Karl Marx (1818-1883) que mudou a ênfase para valer. Em *Manifesto comunista*, ele afirmou: "A história de toda sociedade que existiu até agora é a história das lutas de classes." Sua interpretação da história, conhecida como "materialismo histórico", defendia que a força impulsora por trás da história era a de satisfazer as necessidades materiais e que as relações econômicas humanas estavam, portanto, no seu núcleo. Isso ajudou a mudar quem e o que eram vistos como temas apropriados para o estudo histórico. Segundo a orientação de Marx, as pessoas comuns desempenhavam um importante papel no desenvolvimento das sociedades — também valia a pena olhar para elas.

Marx foi uma influência especial na escola de historiadores *Annales*, baseada em torno do jornal fundado em 1929 por Lucien Febvre e Marc Bloch na França. Eles enfatizavam a importância das forças sociais, econômicas, culturais e até geográficas na história e depois as das *mentalités* — estruturas mentais. Seu objetivo era o de uma "história total", que abrangesse todos os aspectos de uma sociedade. *Annalistes* mais recentes, usando os novos recursos da informática, também deram grande ênfase às estatísticas para explorar aspectos como a mudança climática.

Os computadores estão mudando agora o estudo da história de várias maneiras. Os hiperlinks oferecem a possibilidade da história sem uma única voz histórica, tornando mais fácil para qualquer um se tornar, de certa forma, seu próprio historiador. Isto contribuiu para a crescente popularidade de ramos da história como a herança e a genealogia, que estão fora do domínio de historiadores profissionais. Também tem ajudado tendências globalizantes e democráticas no estudo da história, apresentadas em obras como: *The Social Circulation of the Past: English Historical Culture 1500-1730* (2003), de Daniel Woolf, que mostra como pessoas que não foram historiadores influenciaram os textos sobre história no passado; e *Alabi's World* (1990), de Richard Price, que entrelaça as vozes de descendentes de escravos, relatórios coloniais e diários missionários com a sua própria voz de historiador.

O pós-modernismo não só inspirou a tendência de a história cultural substituir as análises sociais e econômicas como também, em certa medida, desintegrou a ideia de uma tendência dominante, com muitos tipos diferentes de história sendo praticados agora. A história oral está recebendo atenção maior, levando ao exame do papel da memória na história. Outras ideias influenciadas pelo pós-modernismo incluem o conceito da história como performance, descrito assim por

Greg Dening: "O efeito que mais vale a pena criar para um escritor (...) é um leitor criativo. Temos de provocar o exegeta, despertar o crítico, juntá-los numa conversa (...) precisamos encenar novos textos." Ou a história como filme. *Visions of the Past: The Challenge of Film to Our Idea of History* (1998), de Robert Rosenstone, afirma que os filmes históricos não devem ser julgados segundo a precisão histórica — a natureza dos filmes torna a exatidão impossível —, mas pelo que revelam sobre o passado, apesar de tudo. A um curto passo do filme histórico ficam a história na televisão e o recente culto dos historiadores-celebridades. Aqui, não é a possibilidade de muitas vozes diferentes que predomina, mas a probabilidade de uma única e opinativa, chamando conscientemente o espectador e destacando um ponto de vista pessoal do passado.

As opiniões sobre a história nunca foram unânimes. Em *The Nature of History* (1970), Arthur Marwick diz que "a história da escrita histórica não pode ser retalhada em compartimentos definidos (...) em todas as épocas houve uma oposição ruidosa a qualquer ortodoxia que na historiografia convencional tenha sido vista como predominante no período". Mais recentemente, Evans descreveu o campo como um "palimpsesto". Mesmo para aqueles que acreditam na possibilidade de respostas definitivas quanto à história, a pergunta "O que é história?" geralmente, se mostrou problemática, mas, como há aqueles que acreditam que ela nunca poderá ser respondida satisfatoriamente, provavelmente nunca se parará de formulá-la.

O que faz um grande líder?

O que faz um grande líder?

Brendan Simms
*Professor de relações internacionais da Universidade de
Cambridge e membro da congregação de história
em Peterhouse, Cambridge*

Desde a antiguidade, os homens se voltaram para a história em busca de lições de liderança. As coisas não são diferentes na atualidade. No nível mais mundano, executivos ambiciosos de todo o mundo estão cada vez mais se voltando para os grandes líderes do mundo em busca de orientação. Manuais de autoajuda com títulos como *Elizabeth I CEO: Lições estratégicas do líder que construiu um império*, *Nada a temer: lições de liderança de FDR* e *A arte da estratégia de Alexandre, o Grande: lições do grande criador de impérios* falam por si.

No mundo superior da alta política, a busca de estímulo histórico é ainda mais pronunciada. Tome-se, por exemplo, *Empire: How Britain Made the Modern World*, de Niall Ferguson, cuja edição americana promete "lições de liderança global". Da mesma forma, o historiador estrategista Eliot Cohen viu seu volume *Supreme Command: Soldiers, Statesmen and Leadership in Wartime* recomendado pelo presidente dos Estados Unidos, George W. Bush — um grande número de exemplares foi encomendado pela Casa Branca após o 11 de setembro de 2001. O relato de Cohen sobre os talentos de liderança do presidente Abraham Lincoln, Winston Churchill e do primeiro presidente israelense, Ben-Gurion, inspiraria — ao que se esperava — qualidades semelhantes em Bush Jr. na confrontação com o desafio do terrorismo do século XXI.

De todos os exemplos de liderança, Winston Churchill foi o mais duradouro. Sua capacidade de prever a emergência da ameaça nazista, a habilidade com que reagiu aos primeiros reveses da Segunda Guerra Mundial e a inteligência emocional com que se relacionou com o povo britânico tornaram-no um modelo irresistível para os políticos de hoje. Portanto, não surpreende descobrir que a forte posição do primeiro ministro Tony Blair contra Saddam Hussein tenha sido moldada segundo explícitos termos churchillianos. De fato, Blair sugeriu implicitamente a comparação quando traçou um paralelo com os anos 1930 num discurso notável no Parlamento na véspera da guerra contra o Iraque.

Não há dúvida de que Blair mostrou qualidades históricas de liderança na crise iraquiana. Globalmente, ele acionou uma contribuição militar importante, mas modesta, e assegurou um lugar no Conselho de Segurança das Nações Unidas para ajudar a convencer Bush a restabelecer o processo de paz no Oriente Médio e trazer a questão do Iraque de volta às Nações Unidas uma última vez. Na Europa, Blair livrou a Grã-Bretanha de ser uma minoria isolada, num grupo de três dominado pela França e pela Alemanha, liderando os nove países europeus mais simpatizantes das posições americanas. Internamente, Blair neutralizou a oposição parlamentar por meio de uma combinação de quedas de braço, truques retóricos e pura força de argumentação.

Também não foi esta a primeira vez que Blair mostrou sua liderança decisiva. Ela se manifestou na Irlanda do Norte, em sua decisão de começar o diálogo com Sinn Fein sem prévia autorização e ao convencer os unionistas do Ulster a manter negociações com base em promessas que depois não foram muito desconsideradas, e sim até cumpridas. O resultado foi o Acordo da Sexta-Feira da Paixão em 1998, quando ficou famosa a declaração de Blair de que sentia "a mão da história" no seu ombro. Mas talvez o exemplo mais notável da liderança de Blair tenha sido o seu papel na derrota do presidente Slobodav Milosevic na guerra do Kosovo em 1999, quando ele manteve a calma enquanto todo mundo a perdia. Tudo isso contrastou com a timidez do seu predecessor conservador John Major.

Examinar essa comparação com Churchill não é, portanto, duvidar da capacidade do primeiro-ministro de enfrentar um desafio semelhante ao dos anos 1940. Também não é indagar se Blair tem quantidades winstonianas de carisma. Da mesma forma, não é para se negar que o primeiro-ministro tenha mostrado a boa vontade churchilliana em sua elaborada negação do triunfalismo na vitória. A distinção fica além disso: Churchill conduziu seu povo quando este percebeu que não havia alternativas; com relação ao Iraque, Blair liderou o povo britânico, Whitehall e as Forças Armadas para onde eles nunca pretenderam ir. Nesse sentido, sua realização foi maior; certamente, foi bem diferente. Afinal, a liderança não pode ser abstraída do contexto. Como Karl Marx nos lembra,

O que faz um grande líder?

os homens podem fazer a sua própria história, mas não fazem isso sob circunstâncias de sua própria escolha.

Para se achar um paralelo de liderança criativamente destrutiva, inesperada e talvez não planejada, devemos nos voltar para o chanceler prussiano e depois alemão Otto von Bismarck, o arquiteto da unificação alemã em 1871.

À primeira vista, a comparação parece estranha, até perversa. Bismarck era um conservador rígido. Blair é um social-democrata. Bismarck se via como um conservador realista, um mero "navegador na corrente do tempo"; Blair se vê como um reformista radical: ele favorece a retórica da possibilidade em vez da limitação. Bismarck era um apóstolo autoconsciente da *realpolitik*; Blair é o avatar da doutrina da comunidade internacional pela qual a comunidade mundial é obrigada a realizar intervenções humanitárias, mesmo onde estejam em conflito com a soberania nacional.

Mas, em termos de liderança, os paralelos são intrigantes. Ambos transcenderam suas origens. Bismarck passou de defensor de um estreito interesse prussiano aristocrático conservador a herói de um projeto nacionalista liberal, o que significou o fim da Prússia que ele jurara defender. Da mesma forma, Blair foi bem além das suas raízes como partidário do desarmamento nuclear para apoiar uma vacilante coalizão internacional a favor do "desarmamento" do Iraque. Os dois buscaram apoio além dos limites partidários. Ambos afirmaram, não totalmente sem plausibilidade, ter permanecido coerentes o tempo todo. Contudo, nenhum deles jamais teve a confiança do seu "núcleo de apoio" outra vez. Como muitos grandes líderes, ambos desestabilizaram seus seguidores tanto quanto os inspiraram.

Os dois tiveram de enfrentar parlamentos e públicos. Antes da unificação alemã, Bismarck foi atormentado pela maioria liberal na assembleia prussiana — o *Landtag* —, que recusava aprovar seus orçamentos. Blair enfrentou o profundo ceticismo parlamentar sobre a sensatez e a moralidade da invasão do Iraque e, de forma mais geral, a hostilidade a uma variedade de questões internas, especialmente a tributação e as taxas de universidades, por parte de um público precavido ante os custos de visões messiânicas.

Acima de tudo, ambos se empenharam em grandes projetos integracionais. Paralelos existem entre Bismarck, unindo a Alemanha, talvez sem ter inicialmente essa intenção, e as ambições de Blair em liderar a Europa do começo do século XXI. Pois o projeto de integração europeia está agora, em geral, no mesmo estágio que o da unificação alemã em 1860. Desde a união alfandegária — ou *Zollverein* — de 1834, a integração econômica avançou rapidamente, mas a unificação política continuou a ceder às objeções de pequenos estados alemães a renunciar a sua independência e especialmente à recusa da Áustria a permitir ser ladeada pela Prússia e afastada da Alemanha. O que finalmente os convenceu a congregar suas soberanias foi o fracasso evidente da Confederação Alemã, uma comunidade frouxa e congenitamente política, em fornecer segurança contra a eventual agressão francesa. A confederação falhou ante seus desafios durante a revolução de 1830 e a crise do Reno de 1840, assim Bismarck pôde mais tarde vender a unidade como a única forma da Alemanha do sul e do oeste se protegerem contra as pretensões de Napoleão II.

O mesmo acontece com a União Europeia. Nela, também, o projeto de integração econômica via mercado único e uma só moeda está bem adiantado. Aqui, também, a integração política e militar tropeçou repetidamente apesar de esforços constantes: as crises na antiga Iugoslávia não comprovaram a "Hora da Europa" — como o muito satirizado ministro do Exterior de Luxemburgo sugeriu. A elogiada identidade de defesa europeia foi exposta como o modelo de um moderno soldado de chocolate — embrulhado numa espalhafatosa embalagem multilateralista, doce como sacarina sobre os princípios de um consenso, mas inconsistente quando posto à prova. O remédio, a maior cooperação de defesa anunciou em St. Malo em 1998, simplesmente não se sustentou nas confrontações sobre o Iraque.

Para Blair conseguir se apoderar da iniciativa na Europa, o Parlamento e o povo britânico tiveram de descobrir um modo de sancionar a remoção de Saddam Hussein mesmo que nenhuma arma de destruição em massa tenha sido achada. Ele teve de ofuscar a parceria franco-alemã sem parecer ser um cavalo de Troia dos Estados Unidos. Teve de abandonar a doutrina surrada da "preempção" e fazer da "mudança de regime" o marco zero de uma política exterior pan-europeia. O próximo conflito — e sempre haverá um próximo — teria de ser travado como uma guerra da unidade europeia.

Tal liderança só pode ser legitimada pelo sucesso. O *Landtag* prussiano foi intimidado e reduzido por Bismarck pela promulgação da "lei de indenização" que retrospectivamente validou suas ações. Isso pavimentou seu caminho para outras iniciativas, culminando numa Alemanha unida em 1871. Da mesma forma, talvez atitudes futuras na liderança de Blair sejam bastante perdoáveis para permitir que os historiadores digam que a unificação da Europa foi conseguida não por convergência econômica, resoluções consensuais e convenções constitucionais, mas a sangue e ferro. Se for assim, elas terão relação com a frase de Oliver Cromwell sobre liderança: "Aquele que vai mais longe é o que não sabe para onde está indo."

Outras leituras

COHEN, Eliot. *Supreme Command: Soldiers, Statesmen and Leadership in Wartime*. Oxford University Press, 2002.

FERGUSON, Niall. *Empire: How Britain Made the Modern World*. Allen Lane, 2003.

KAMPFNER, John. *Blair's Wars*. Free Press, 2003.

RAWNSLEY, Andrew. *Servants of the People: The Inside Story of New Labour*. Hamish Hamilton, 2000; Penguin, 2001.

TAYLOR, A. J. P. *Bismarck: The Man and the Statesman,* 1955. Sutton Publishing, 2003.

Comentário de Phil Baty

Chefe de reportagem do Times Higher Education Supplement

PARA OTTO VON BISMARCK, o homem que unificou a Alemanha em 1871, a grande liderança referia-se a mais do que "escutar o roçar do manto de Deus" e "agarrar sua bainha quando ele passa pelo palco da história". O contemporâneo de Bismarck, Karl Marx, tinha uma opinião ainda mais desfavorável do impacto que as qualidades pessoais de indivíduos podem ter sobre a história. Em seu ensaio de 1852, "O Dezoito Brumário de Louis Bonaparte", Marx ridicularizou o relato de Victor Hugo sobre o *coup d'état* francês de 1799 por elevar Napoleão Bonaparte (tio de Louis Bonaparte) ao status de um "grande", por "conceder-lhe um poder pessoal de iniciativa sem precedentes na história mundial." "Eu, pelo contrário, demonstro como a luta de classes na França criou circunstâncias e relações que possibilitaram uma grotesca mediocridade desempenhar papel de herói", disse Marx.

Muitos historiadores têm hesitado até em ver a história em termos de "grandes homens" e, ainda mais, em tratar a questão do que faz um grande líder. Deixando tais temas aos gurus dos negócios e ao explosivo campo acadêmico dos estudos sobre liderança, preferiram focalizar a interação entre indivíduos e seu contexto. Em seu *What is History?*, de 1961, E. H. Carr diz: "Se Bismarck tivesse nascido no século XVIII (...) não teria unificado a Alemanha e poderia não ter sido um grande homem."

Mesmo antes de Marx, na época em que grandes homens ainda eram colocados no coração da história, pensadores aceitavam que as circunstâncias desempenhavam um papel importante. Edward Gibbon admitiu, no seu monumental *Declínio e queda do Império Romano* (1776-88), que "o gênio de Cromwell... poderia agora expirar na obscuridade" porque "os tempos devem se ajustar a personagens extraordinários". Thomas Carlyle, que certa vez proclamou que "não há prova mais triste que um homem possa dar de sua própria pequenez do que a descrença nos grandes homens", teve de admitir que a Revolução Francesa foi mais impulsionada pelo sofrimento social do que por qualquer grande líder. E a opinião ainda teve ressonância em recentes estudos sobre liderança. John Adair, considerado o primeiro professor de estudos sobre liderança do mundo, disse em 1978: "É difícil ser um grande líder em Luxemburgo num tempo de paz."

Mas Carr deixou uma réstia de luz para os líderes imporem suas qualidades individuais assim que as circunstâncias os dirijam para a grandeza. Ele disse que Georg Wilhelm Friedrich Hegel, na sua *Filosofia do Direito*, de 1821, resumira perfeitamente sua opinião: "O grande homem do seu tempo é aquele que pode colocar em palavras a vontade do seu tempo, dizer a seu tempo qual é a sua vontade e a realizar (...) ele atualiza seu tempo." Carr explicou: "A opinião que espero desencorajar é a que coloca grandes homens fora da história e os vê como que se impondo à história, em virtude da sua grandeza... Porém, o mais alto grau de criatividade pode talvez ser atribuído àqueles grandes homens que, como Cromwell ou Lênin, ajudaram a moldar as forças que os levaram à grandeza, em lugar daqueles que, como Napoleão ou Bismarck, cavalgaram para a grandeza nas costas de forças já existentes."

Porém, no seu livro de 1997, *In Defence of History*, Richard J. Evans (veja o capítulo "O que é história?") afirma que Carr ainda deixou muito pouco espaço para os indivíduos e seus talentos de liderança. De acordo com a tese de Carr, Evans diz: "Hitler teria permanecido uma figura descartada na lunática margem da política alemã, não fosse a depressão de 1929-33 e a consequente crise da República de Weimar." Evans diz que, ao contrário, assim que tal indivíduo atinge um grau significativo de poder, então os traços da personalidade entram em ação, podendo ter pouco ou nada a fazer com amplas formas impessoais, e sugere que Carr foi um pouco apressado ao desprezá-las.

Esses historiadores e pensadores que destacaram o tipo de qualidade que capacitou líderes a moldar as forças sociais ao seu redor pouco divergiram nas suas opiniões ao longo dos séculos. Embora *O príncipe* (1513), de Nicolau Maquiavel, tenha sido descartado como modelo da atividade política ambígua e manipuladora, ou como "um manual de gângsteres" (em vez de para grandes líderes), como o descreveu Bertrand Russell, continuou como um dos manuais mais duradouros de liderança, em todos os tempos; mesmo Napoleão disse que era "o único livro que valia a pena ler".

Uma habilidade política que Maquiavel destacou foi a necessidade de manter próximos os inimigos e críticos potenciais. "Quando você vê que o conselheiro pensa mais nele do que em você (...) (ele) nunca será um bom conselheiro (...) O príncipe deve pensar no conselheiro a fim de mantê-lo eficiente — honrando-o, enriquecendo-o, colocando-o em dívida, dando-lhe uma parte das honrarias e das responsabilidades — de forma que o conselheiro veja que não pode existir sem o príncipe." Quase dois mil anos antes e lá do outro lado do mundo, o estrategista militar chinês Sun Tzu disse algo muito parecido em *A arte da guerra* — um texto nunca traduzido na língua de Maquiavel até bem depois da sua morte. Sun Tzu disse que, na estratégia militar, deve-se sempre deixar uma rota de fuga para tropas inimigas cercadas, de forma a que não sejam obrigadas a lutar até a morte. Keith Grint, no seu livro *Leadership*, de 1997, aplicou esse conceito à liderança nos negócios modernos: "Se você não demonstrou magnanimidade na vitória, se você evitou deixar os adversários livrarem a cara na derrota, certamente eles buscarão a vingança."

Biógrafos assinalaram repetidamente que líderes bem-sucedidos se cercam de opositores construtivos e desafiantes potenciais. A biografia de Margaret Thatcher, escrita por Hugo Young, *One of Us* (1993), destacou sua capacidade de manter unidas as facções do Partido Conservador e sua disposição de contar com críticos como Michael Heseltine e Keith Speed em seu gabinete. Uma capacidade de escutar vozes discordantes é essencial para a tese de liderança do historiador político americano Eliot Cohen, expressa em *Supreme Command: Soldiers, Statesmen and Leadership in Wartime* (2002). Ele afirma que os líderes bem-sucedidos dos tempos de guerra escutavam as opiniões intragáveis e conflitantes dos seus chefes militares e eram "capazes de ouvir e absorver ideias novas".

Mas Maquiavel também admirava a implacabilidade, "pois um homem que deseja professar a bondade o tempo todo irá se arruinar entre tantos que não são bons. Logo, é necessário, para um príncipe que deseja manter sua posição, aprender a não ser bom." Ele disse: "É muito mais seguro ser temido que amado quando houver só uma das duas opções." Esta não é uma opinião compartilhada pelo presidente americano Dwight Eisenhower, que disse que puxar um pedaço de barbante fará com que ele siga você enquanto for puxado, mas "não levará você a lugar nenhum"; porém, o mais bem-sucedido Theodore Roosevelt tomou a coisa ao pé da letra. Segundo ele, você irá longe se "carregar um porrete bem comprido". E Ian Kershaw (ver o capítulo "Como a personalidade afeta a política?"), uma grande autoridade em Hitler, ecoa isso: "Quer seja a sanguinária Noite das Facas Longas de Hitler, ou Harold Macmillan afastando metade do gabinete na sua levemente menos sanguinária Noite das Facas Longas em 1962, um grau de implacabilidade é essencial."

Também crucial, segundo Maquiavel, é a imagem, sem nada a ver com a personalidade real — algo que as legiões de marqueteiros empregados pelo primeiro-ministro Tony Blair confirmam ser igualmente válida hoje. "Todo mundo vê a aparência, poucos chegam até o que você é", aconselhou Maquiavel.

Max Weber (1864-1920), cujo ensaio sobre três tipos de governo ou autoridade legítimos é visto por muitos como o relato incontestável sobre liderança baseada na personalidade, também colocou a imagem em primeiro lugar. O sociólogo alemão disse que os líderes exercem o poder em uma das três formas: sob a autoridade legal, baseada nas leis e nos procedimentos estabelecidos e aceitos; sob a autoridade tradicional, baseada na crença estabelecida na santidade das tradições imemoriais "como a autoridade patriarcal" do direito divino dos reis, ou sob a autoridade carismática, que ele sugeriu ser a mais importante. Segundo Weber, "o carisma é uma qualidade de uma personalidade individual em virtude da qual ele se destaca dos homens comuns e é tratada como portadora de qualidades sobrenaturais, sobre-humanas ou, pelo menos, especificamente excepcionais". Esta espécie de autoridade "carismática" foi sintetizada por quatro vezes pelo primeiro-ministro britânico William Gladstone (1809-1898), que conquistou a opinião pública primeiro como "o William do povo" e depois como "o grande velho."

Essenciais para o repertório do líder carismático, ao lado de manias e acessórios de personalidade, como o charuto e o sinal da vitória de Churchill, são as forças de convencer por meio dos talentos da comunicação, caracterizadas pelas "conversas ao pé da lareira", de Roosevelt, por exemplo, ou pelos discursos nas concentrações de Hitler. Richard Neustadt colocou o poder de persuasão no cerne de seu livro de 1960, *Presidential Power* (republicado em 1990 como *Presidential Power and the Modern Presidents: The Politics of Leadership From Roosevelt to Reagan*). O historiador popular Andrew Roberts citou a proclamação de São Paulo na Bíblia — "Se a trombeta emitir um som incerto, quem irá se preparar para a batalha?" — quando citou a comunicação ("o léxico da liderança") como a qualidade central da liderança no seu livro *Hitler and Churchill*. Para Roberts, "o imutável vernáculo" da liderança permanece quase inalterado. "Ler o Discurso Fúnebre de Péricles, de 431 a.C ("Atenas coroa seus filhos") ou o discurso ("O grito de toda a Inglaterra"), de 1642, de John Pym, é apreciar que o estoque de emoções humanas a que recorrem os líderes é limitado e notavelmente constante", descreve. Tanto Hitler quanto Churchill "pilharam esse curto léxico, cada um à sua maneira".

Para Roberts, esta simples linguagem da liderança pode ser "roubada, plagiada, mas, acima de tudo, aprendida". Escrevendo dois mil anos antes, Platão reconheceu na *República* que o treinamento em retórica — a arte de falar em público — oferecido pelos sofistas e pelo professor Isócrates, do século IV a.C., poderia ajudar a guindar pessoas ao poder. Mas ele argumentou que isso criava a perigosa possibilidade do líder errado ganhar o controle das mãos da democracia ou "do grande e perigoso animal" da opinião popular. Platão afirmava que o simples conhecimento aprendido era a única qualidade verdadeira da liderança. Na *República*, escreveu que os líderes que ascendem às custas da popularidade pública "falham completamente em compreender que qualquer autêntico capitão de navio tem de estudar o ciclo anual, a estação, os céus, estrelas e ventos, e tudo o que for relevante para o trabalho, se ele tiver de estar adequadamente preparado para manter uma posição de autoridade num navio." Ou, como Henry Ford (1863-1947) colocou: "A questão sobre quem deve ser o chefe é como aquela de quem deve ser o tenor num quarteto. Obviamente, o homem que puder cantar como tenor."

Como a personalidade afeta a política?

Como a personalidade afeta a política?

Ian Kershaw
*Professor de história moderna
da Universidade de Sheffield*

Como o narcisismo de Hitler influenciou sua dominação da política alemã durante o Terceiro Reich? Até que ponto a política nazista foi ditada pelo ódio obsessivo aos judeus que era inquestionavelmente um aspecto vital da personalidade de Hitler? Essas perguntas aparentemente simples exigem respostas altamente complexas, até para um dos indivíduos mais estudados da história.

O jogo de adivinhação sobre a personalidade e a maquiagem psicológica de Hitler nunca parou desde que começou, logo depois de atrair primeiramente a atenção nas cervejarias de Munique. Uma especulação recente descobriu a chave na sua suposta homossexualidade, outra na sífilis que ele alegadamente contraiu de uma prostituta vienense. Terá o jovem Hitler frequentado o ambiente gay vienense? Ou será que frequentava bordéis? Ou nenhum dos dois? Ninguém jamais o colocou no divã e perguntou a ele. Se tivessem feito isso, provavelmente não teriam vivido para contar a história. Então, tudo isso permanece como especulação intelectual, alimentando o reducionismo cultuado pelos psico-historiadores.

Claro, se formos honestos, temos de admitir que em relação a um dos temas mais importantes que afetam a personalidade de Hitler, simplesmente não sabemos a verdade. É impossível ter certeza a respeito de onde, como, quando e por que Hitler adquiriu tanto ódio obsessivo aos judeus. Então, talvez seja melhor aceitar isso como estabelecido e buscar responder à pergunta mais importante de como essa obsessão ajudou a ascensão de Hitler ao poder e depois se transformou em política de genocídio assim que ele governou a Alemanha. Mas isso se torna então uma questão que vai bem além da personalidade de Hitler, que precisa ser considerada *um* exemplo de uma estrutura muito mais ampla e mais complexa da causa do seu extraordinário impacto sobre a política alemã e sobre as razões pelas quais os judeus da Europa vieram a ser assassinados aos milhões.

E embora muito da personalidade do indivíduo nesta questão — obviamente importante em si própria — precise ser levado em conta, não se pode fazer nenhuma dedução a partir dela com relação ao efeito da personalidade sobre a política em geral. Cada personalidade de um indivíduo é única. Mesmo se as forças psicológicas e motivacionais que moldam uma personalidade possam ser plena e acuradamente estabelecidas, isso teria significação apenas para esse caso singular, e, mesmo, assim só seria parte de uma explicação da capacidade política da pessoa. Na verdade, como o exemplo de Hitler mostra, os suportes psicológicos da motivação política muitas vezes podem ser examinados imperfeitamente. Tudo o que pode ser dito é que quando os indivíduos desempenham um papel significativo na política, sua marca específica é moldada em parte pelos traços de suas personalidades — o que é uma conclusão nada sensacional.

Uma abordagem mais promissora consistiria em se afastar da concentração direta na "personalidade" para se considerar a questão relacionada, mas separável, do efeito dos indivíduos sobre os processos políticos, mais especificamente sobre a conformação de uma grande mudança política. Aqui, vale a pena ter em mente a frase de Karl Marx sobre Louis Bonaparte: "Os homens fazem a sua própria história, mas não a fazem de acordo com seus desejos; não a fazem sob circunstâncias que escolhem, mas sob circunstâncias encontradas diretamente, fornecidas e transmitidas pelo passado." A máxima também pode ser aplicada a ditadores bem como a democratas, a monarcas absolutos e a líderes revolucionários. Tomem como exemplo, numa democracia pluralista, Margaret Thatcher, em termos de personalidade, a mais assertiva primeira-ministra britânica do pós-guerra. Seria absurdo negar que ela teve um efeito substancial sobre a política desse país em fins do século XX. A teimosa busca de objetivos — "a dama não muda" — passando por cima de qualquer oposição, tanto a trabalhista organizada quanto a dos "moderados" em seu próprio gabinete, foi lendária e é essencial para sua autoconstruída imagem histórica, o "mito Thatcher".

Claro, isso exigiu vontade firme e grande tenacidade para combater os então poderosos sindicatos, especialmente os mineiros. E Thatcher, sem dúvida, deixou uma marca indelével no estilo do seu governo — "uma bolsada" se tornou uma expressão popular. Mas, vista em termos da condução a longo prazo da política britânica e do desenvolvimento econômico na segunda metade do século XX, a capacidade de Thatcher, em onze anos de governo, apoiada por enormes maiorias, de trazer mudanças fundamentais, parece mais limitada — formada, mas também restrita, pelas determinantes estruturais objetivas que nem ela conseguiu controlar ou dominar. No caso de um primeiro-ministro conservador alternativo, a confrontação com os sindicatos certamente teria sido menos brutal. Mas as mudanças incontroláveis na economia mundial — incluindo a procura declinante pelo aço e o carvão, a revolução da tecnologia da informação e a globalização — teriam exigido sob qualquer governo o redirecionamento sistemático da economia britânica, o que Thatcher, na melhor das hipóteses, acelerou por meios drásticos. E, apesar de toda a ênfase que colocou na mudança radical, a marca do seu programa legislativo (como a de quase todos os governos desse século) foi a continuidade. A maior parte da legislação que ela herdou não foi questionada. Thatcher, em outras palavras, teve um efeito sobre a política britânica. Mas seria bom não exagerar sua capacidade pessoal de realizar mudanças significativas de longo prazo.

O mesmo pode ser dito do primeiro-ministro britânico Tony Blair. O que poderia ser dito de ambos é que enquanto os estilos "presidenciais" de conduzir o governo britânico aparentemente substituíram o papel do gabinete — em minha opinião, de qualquer forma, uma afirmativa exagerada —, as limitações externas ao espaço de manobra dos primeiros-ministros britânicos cresceram, em vez de diminuírem.

Em regimes autoritários há menos limitações à liderança do regime do que em sistemas pluralistas e democráticos de governo. Seria incorreto sugerir que um ditador individual não tem uma influência profunda sobre a política do seu regime. Tentar reduzir Hitler a nada mais que um número nos interesses dos grandes negócios sempre foi um absurdo. Sob outro líder da Alemanha nos anos 1930, é duvidoso que a afirmação nacional tivesse sido levada tão longe a ponto de sua consequência ser uma guerra europeia geral, e é quase certo que a discriminação contra os judeus não chegasse à "solução final".

Logo, mesmo ditadores não são agentes livres. Neste caso, também, o papel pessoal é condicionado por uma grande variedade de determinantes internas e externas que o indivíduo só pode influenciar em grau menor, se o fizer. A maioria dos líderes autoritários está ligada aos interesses dos grupos de forças que representam — geralmente o Exército e um partido dominante e monolítico. Dada a repressão que invariavelmente acompanha isso, a resistência bem-sucedida vinda de baixo é rara. Mas se os interesses das elites no poder não são satisfeitos, emergem outros contendores à liderança, e é arquitetada uma base coletiva de apoio para um novo aspirante. O resultado geralmente consiste na troca da pessoa do ditador ou na substituição do regime.

Contudo, em circunstâncias excepcionais, geralmente após um período da mais profunda crise ou agitação revolucionária, um ditador é capaz de construir tal nível de poder personalizado que ele consegue, por um período relativamente curto, superar os interesses particulares das elites que o conduziram ao poder, romper os limites que elas impõem normalmente e até ameaçar, enfraquecer ou destruir esses interesses. Neste caso, o impacto do indivíduo é de fato extremamente mais amplo. Mas geralmente isso dura bem pouco

Como a personalidade afeta a política?

— embora pareça infinito para aqueles que têm de sofrer consequências terríveis. Os exemplos mais óbvios são os dois ditadores mais infames do século XX, Hitler e Stalin.

Hitler, como todos os ditadores modernos, governava com uma combinação de aclamação manipulada e repressão aterrorizadora. Mas, até o meio da guerra, suas decisões não diferiam dos interesses das principais elites do poder da Alemanha. E até a guerra se tornar amarga, ele também desfrutava de um elevado nível de popularidade genuína na Alemanha, baseado no que era amplamente considerado seus "sucessos" e "realizações". Isso o capacitou gradativamente a estabelecer uma dominação pessoal pouco habitual até para ditadores e a ficar livre das limitações que as elites de poder tradicionais poderiam ter imposto de outra forma. Na época em que as elites reconheceram que Hitler as estava levando para o desastre nacional, era tarde demais. Grupos dissidentes não conseguiram derrubá-lo a partir de dentro. Nada restou a não ser esperar a destruição do regime a partir de fora. Quando tudo é levado em conta sobre as determinantes estruturais na trajetória do Terceiro Reich, a marca pessoal de Hitler no que aconteceu é inegável. Mas este papel pessoal ainda precisa ser localizado na constelação de forças que criaram e sustentaram tal regime tão destrutivo e desumano. A política, mesmo no Terceiro Reich, não pode ser reduzida ao papel do indivíduo.

No caso de Stalin, embora a marca pessoal sobre a política também seja evidente por si mesma, havia alternativas abertas para a liderança soviética quando Stalin ganhou o poder. O caminho tomado por meio de uma coletivização brutal foi uma escolha de Stalin. E os extremos níveis de terror dirigidos contra seu próprio povo (enquanto os de Hitler foram sobretudo exportados) refletiram a personalidade paranoica de Stalin. Mas a natureza violenta do regime de Stalin não pode ser reduzida simplesmente a uma expressão da paranoia do ditador. Não só refletiu as forças sociais e políticas que produziram tal monstro como também o terror só foi possível porque combinava com os interesses — e era sustentado pelas forças dominantes — dentro do Partido Comunista, tanto no centro quanto nas províncias.

Porém, como o terror gerou o terror, o partido cada vez mais se tornou pouco mais que um veículo do elaborado culto à personalidade de Stalin, enquanto a liderança do Exército era dizimada nos expurgos. Stalin, como Hitler, mas neste caso mais pelo terror e pelo medo que pela aclamação plebiscitária, livrou-se em grande parte de restrições políticas internas. A guerra, na qual Stalin (ao contrário de Hitler) gradativamente reconheceu a necessidade de deixar as decisões estratégicas a cargo de militares profissionais, o conduziu então a um novo pedestal de herói nacional. Até sua morte em 1953, o ditador era intocável e, dessa forma, sua condução da política soviética foi incontestável.

Se em algum instante tentariam um golpe interno caso ele tivesse vivido mais tempo, é puramente uma questão de especulação. O notável, contudo, foi a rapidez com que o domínio do partido, sufocado quando ele estava vivo, voltou imediatamente após a sua morte. Os aspectos estruturalmente prejudiciais do stalinismo, especialmente a insegurança extrema de todos os escalões do governo e da administração sob seu poder, foram, com significativa velocidade, transformados em autoritarismo ortodoxo repressivo sob a adminis-

Como a personalidade afeta a política? 51

tração partidária. Entre Krúchev e Gorbachev, o líder da União Soviética não era um ditador aos moldes de Stalin, mas a figura representativa dos interesses do partido. A mudança dramática veio sob Gorbachev, porque os tradicionais interesses do partido não eram mais compatíveis com as realidades econômicas. A alteração fundamental foi reconhecida como inevitável por partes da elite soviética. Assim que foi introduzida, a mudança não parou mais. O sistema entrou em colapso. O indivíduo, Gorbachev, fora o agente, ou o catalisador, da mudanças. Mas seu papel foi essencialmente reconhecer que as forças impessoais que exigiam mudanças não poderiam mais ser detidas, ao estilo Canuto.

Estes exemplos sugerem hipóteses generalizadas sobre o impacto do indivíduo na política. Primeiramente, nos sistemas democrático-pluralistas, em que as decisões políticas são tomadas pelos processos racionais (num sentido útil) de deliberação, o papel das personalidades mesmo poderosas em conseguir mudanças políticas relevantes é limitado e, na maioria das vezes, subordinado à influência determinante de forças mais amplas e impessoais. Em segundo lugar, em sistemas autoritários, o espaço para a influência individual determinante é muito maior — embora, também neste caso, mais dependente do que se poderia achar inicialmente, da satisfação dos interesses das elites do poder que criaram de início a estrutura autoritária de governo, e sujeita a influências e determinantes externas. Em suma, o papel do indivíduo é ainda circunscrito, embora menos do que nos sistemas pluralistas. Em terceiro lugar, certos sistemas autoritários podem, apesar de tudo, ser descritos como "regimes excepcionais". O pano de fundo aqui é emoldurado por uma crise extraordinariamente aguda de legitimidade do sistema anterior, em que o status "heroico" do líder autoritário que emerge da turbulência política alça-o a uma posição em que, com o tempo, seu poder pessoal se torna um fator de importância decisiva, mesmo na medida em que pode começar a erodir, ou a entrar em conflito com interesses setoriais poderosos. Esta "regra excepcional" pode, por definição, durar apenas um limitado período de tempo antes de entrar em colapso, ser derrotada por forças externas, substituída por um sistema mais pluralista, ou ainda dissolver-se num autoritarismo mais convencional.

Exceto em circunstâncias extraordinárias, portanto, o impacto do indivíduo na política é — para usar um velho termo marxista —, em grande parte, o de "sobredeterminação", isto é, o de acelerar ou retardar em certa medida processos que são na maior parte moldados por forças impessoais. O adágio de Marx, formulado há um século e meio, parece a síntese mais adequada desta relação. Assim, em pelo menos um ponto, Marx estava certo.

Outras leituras

BUTTERFIELD, Herbert. *The Role of the Individual in History*, History 138/9, 1955, p. 1-17.
CLARKE, Peter. *A Question of Leadership*. Penguin, 1999.
FULBROOK, Mary. *Historical Theory*. Routledge, 2002.
MARX, Karl. *The Eighteenth Brumaire of Louis Bonaparte*. International Publishers Co., 1963.
NAMIER, Lewis. *Personalities and Powers*. Hamish Hamilton, 1955.

Comentário de Huw Richards
Escritor e jornalista

O ANTIGO PRIMEIRO-MINISTRO britânico David Lloyd George afirmou que "uma pessoa talentosa ou determinada muitas vezes adiou por séculos uma catástrofe que parecia iminente e que, não fosse por ela, teria ocorrido". O escritor russo Leão Tolstói, por outro lado, acreditava que "as personagens históricas são produtos de suas épocas, emergindo da ligação entre os fatos contemporâneos e os anteriores", e achava que os grandes homens não eram mais que "rótulos que davam nomes aos fatos". Entre esses dois opostos polarizados fica o terreno em que um dos debates históricos mais básicos é travado, a questão de até que ponto indivíduos podem afetar a história. São eles atores completamente independentes ou prisioneiros de contextos propiciados por forças históricas amplas e de longo prazo? Colocar o determinismo histórico contra "uma maldita coisa após a outra" e a teoria contra a narrativa é a versão da história para um dos debates humanos essenciais — até que ponto temos livre-arbítrio?

A personalidade e a política interagem em muitos níveis. A questão poderia incluir a capacidade dos indivíduos de alterar o grande movimento da história, ou simplesmente os destinos de uma única nação ou estado. Poderia usar a personalidade para realçar truques e idiossincrasias de caráter individual, ou considerar uma das questões mais básicas de ciência política: até que ponto um candidato ou líder individual pode afetar os destinos de um partido em nível local ou nacional. Todos os historiadores, mesmo que nunca isolem isso como tema, devem tratar dele, a exemplo de Herbert Butterfield em seu ensaio *The Role of the Individual in History* (1955).

Ainda que não o façam, embora alguns embates polêmicos sugiram isso, eles tendem aos extremos marcantes ilustrados por Lloyd George e Tolstói. *What is History?* (1961), de E. H. Carr, pode tê-lo tipificado como porta-voz do determinismo, mas ao planejar a segunda edição do livro, vinte anos depois, ele estava preparado para aceitar que a morte prematura de Lênin e a sucessão de Stalin tiveram, pelo menos a curto prazo, um impacto significativo na vida da Rússia e que "mesmo se, ao se afirmar que a longo prazo tudo acabou se transformando no mesmo, há um curto prazo que foi muito importante e fez uma grande diferença para muita gente".

Da mesma forma, A. J. P. Taylor pode ter escrito em 1950 a conhecida frase "a história da Europa moderna pode ser escrita em termos de três titãs: Napoleão, Bismarck e Lênin"— Carr assinalou acidamente que ele não tinha intenção alguma de considerar essa possibilidade —, mas também citou satisfatoriamente a frase de Bismarck: "O homem não pode criar a corrente dos fatos. Ele só pode flutuar com ela e ser levado."

Tanto Pieter Geyl em *Napoleon For and Against* (1949) e Georges Rudé em *Robespierre* (1975) assinalaram a tendência de gerações sucessivas de historiadores a reinterpretar tanto indivíduos quanto fatos à luz de seu próprio tempo. Rudé mostrou como os historiadores liberais e anticlericais do início da Terceira República na França tendiam a admirar Danton, o grande rival de Robespierre, mas que a crescente influência marxista, a Primeira Guerra Mundial e a Revolução Russa, nas primeiras décadas do século XX, produziram uma guinada para Robespierre.

Outro fato é a perspectiva. Como Eric Hobsbawm disse sobre a mudança de Emmanuel Le Roy Ladurie da análise estatística em larga escala de *Les Paysans du Languedoc* (1966) para o exame intensivo de uma única e pequena comunidade em *Montallou* (1976), é tão legítimo estudar a história usando um microscópio quanto um telescópio. E escrever biografia, nas palavras de Rudé, "o último reduto do culto da personalidade", é, por definição, considerar o indivíduo significativo.

De início, a história era predominantemente biográfica — as vidas dos santos e dos reis. Ben Pimlott, que escreveu biografias de sucesso do ex-primeiro-ministro Harold Wilson e da rainha Elizabeth II, afirmou que o Novo Testamento é uma biografia em quatro partes: o individual forma o conjunto da narrativa. Esta ênfase exclusiva muda assim que os historiadores começam a recorrer a fontes documentais a fim de reconstruir o passado — um processo que na Grã-Bretanha vem desde *History of the Reformation in England*, de Gilbert Burnet, de 1679. Foi sistematizado pelo alemão Leopold von Ranke (1795-1886), fundador da história como profissão. Os estudos exaustivos de Ranke o levaram a examinar a história em longos períodos e a concluir que "cada vida de significação histórica tem um conteúdo definido", mas mesmo a sua ainda era a história vista de cima, focalizada em governantes e suas políticas.

A Grã-Bretanha, em especial, teve uma longa tradição biográfica, centralizada no ator político individual. Isto chegou a uma apoteose de início com Thomas Carlyle, cujos livros incluíam uma vida de Cromwell e *Os Heróis* (1841). Os políticos vitorianos inspiraram grandes biografias em muitos volumes sobre figuras importantes que detalhavam minuciosamente suas vidas públicas, como *Life of Gladstone* (1903), de John Morley , cujo descendente moderno direto é a vida de Winston Churchill por Martin Gilbert. Foi Benjamin Disraeli que aconselhou a ler biografia em vez de história porque a biografia é "a vida sem teoria". A ênfase no ator individual surgiu naturalmente para aqueles que veem a história como tão próxima da literatura quanto da ciência social e atentam para amplas estruturas teóricas derivadas das técnicas e análises de outras disciplinas. Geoffrey Elton sintetizou isto, enfatizando o papel pessoal de Thomas Cromwell em *The Tudor Revolution in Government* (1953) e se tornando um dos críticos mais incisivos de E. H. Carr em *The Practice of History* (1967).

Contudo, mesmo Carlyle viu a motivação política além dos grandes homens — citando "Fome, desamparo e o pesadelo da opressão pesando sobre 25 milhões de corações", como a causa principal da Revolução Francesa. Que a história poderia ser motivada tanto de baixo quanto de cima, pelas massas ou por indivíduos, foi a afirmação de Jules Michelet, cuja história da Revolução (1847) concluiu: *"l'acteur principal est le peuple"*. Seguidores notáveis dessa orientação incluíram Georges Lefebvre (*La Grande Peur de 1789*, 1932) e, na história britânica, E. P. Thompson (*The Making of the English Working Class*, 1963).

Abordagens que tratam o indivíduo como prisioneiro, ou pelo menos agente de forças maiores, são mais frequentemente associadas com Karl Marx (1818-1883). Mas sua influên-

Como a personalidade afeta a política?

cia é sentida bem além daqueles que se chamariam, ou foram chamados, de marxistas. Foi o historiador americano Arthur Schlesinger Sr. que declarou, em 1928, que o "Grande Homem" é "simplesmente o mecanismo pelo qual os Grandes Muitos têm falado."

Enquanto isso, a escola francesa *Annales* enfatizou a geografia e o longo prazo. Sua obra mais famosa, *The Mediterranean and the Mediterranean World in the Age of Phillip II* (1949), de Fernand Braudel, tem sido descrita como "empenhada em situar indivíduos e fatos num contexto mais abrangente para torná-los mais inteligíveis, pagando o preço de revelar sua fundamental falta de importância".

Nos anos 1950 e 1960, o estímulo pareceu estar com aqueles que realçavam a abordagem da ciência social. S. T. Bindoff, contribuindo para um simpósio sobre abordagens da história, em 1962, assinalou uma tendência a minimizar o indivíduo. Isto era especialmente sentido em países como a Alemanha Ocidental, onde Richard Evans mostrou que os historiadores que reagiam contra o culto da personalidade sob Hitler "evitavam a biografia e se concentravam em escrever a história do passado sobretudo como uma história de padrões, grupos e tendências globais".

Mas o tráfego não era de mão única. Isaiah Berlin respondeu ao ataque de E. H. Carr "à admissão de que as explicações importantes na história devem ser concentradas nos propósitos conscientes das *dramatis personae*", com seu *Historical Inevitability* (1954), afirmando que a única qualidade do homem era a sua capacidade de escolha. Forças externas realmente limitam indivíduos, mas era tarefa do historiador identificar quanto espaço de manobra eles tiveram e que possíveis rotas alternativas de ação estavam disponíveis para julgá-los de acordo.

Em 1979, Lawrence Stone identificou um "renascimento da narrativa", argumentando que as ciências sociais fizeram muito pela história, mas não haviam proporcionado as grandes sínteses superabrangentes que prometiam. Sem dúvida, a biografia desfrutou de uma renascença desde os anos 1950.

Além disso, desde o início do século XX, a psicologia tem tido um papel importante. Havelock Ellis queixou-se, na década de 1890, de que os biógrafos não lhe contavam "uma proporção justa do que ele gostaria de saber". Isso mudou em muitas biografias, seguindo Freud, cujos defensores incluíam Sir Lewis Namier. Ele afirmou em 1955 que "a história é principalmente, e de modo crescente, feita pela mente e pela natureza humanas; porém, sua mente não trabalha com a racionalidade, que já foi considerada seu atributo mais nobre". A análise da psicologia de massa que caracterizava *La Grande Peur* agora era aplicada à compreensão de figuras individuais, especialmente na obra de Max Weber sobre liderança carismática.

Na Grã-Bretanha, enquanto a "alta política" — enfatizando as ações de políticos individuais em vez das forças sociais mais amplas — foi identificada muitas vezes com a direita política, podia-se dizer que a historiografia de esquerda se beneficiou mais da biografia, por meio de obras como *Ramsay McDonald*, de David Marquand (1977), *Hugh Gaitskell*, de Philip Williams (1979), *Hugh Dalton* (1981) e *Harold Wilson* (1992), de Ben Pimlott e *The Cripps Version* (2002), de Peter Clarke. Um dado importante pode ser o fato de que a maior parte das principais figuras de esquerda — Dalton, Gaitskell,

Richard Crossman, Barbara Castle e Tony Benn, entre eles — escreveram diários, enquanto os autores de diários de direita, como Henry "Chips" Channon e Alan Clark, tenderam a ser melhores escritores que políticos. Historiadores como Pimlott cada vez mais identificaram os diários como uma fonte vital, afirmando que a biografia podia e devia aproveitar as técnicas tanto da literatura quanto da ciência social.

Outros autores não se convenceram. *Gaitskell*, de Williams, considerado uma biografia política magnífica, deliberadamente se afastava de alguns aspectos da vida privada de seu biografado. Ellis teria ficado mais feliz com *Hugh Gaitskell* (1996), de Brian Brivati, que dedicou várias páginas ao caso de Gaitskell com a anfitriã conservadora Ann Fleming.

No exterior, a reação aos cultos da personalidade assinalada por Evans levou mais os britânicos que os autores locais a produzir aquelas que são amplamente reconhecidas como as obras básicas sobre as figuras principais da história espanhola e alemã do século XX — *Franco*, de Paul Preston (1993), e *Hitler*, em dois volumes (1998, 2000), de Ian Kershaw. Mas o que é citado como "a virada biográfica" está evidentemente em alta em geral, até mesmo com historiadores alemães se voltando agora para a biografia — ilustrando especialmente aspectos antes inexplorados do nazismo, por meio das vidas daqueles que os sintetizaram.

Tais tendências são acentuadas pela influência do pós-modernismo, com sua profunda desconfiança por tudo que pareça grande teoria. Variam extremamente as opiniões sobre o valor das obras pouco confiáveis na linha do "E se?", com críticos afirmando que são essencialmente entretenimentos de reduzido valor histórico mais intrínseco do que o clássico humorístico do gênero, *What If Grant Had Been Drinking at Appomattox?*, de James Thurber. Mas na sua ênfase da importância de ações singulares, demonstram, como muito da biografia mais convencional, um apetite moderno pela história centrada no indivíduo.

O que faz um governo ter sucesso?

O que faz um governo ter sucesso?

Vernon Bogdanor
*Professor de direito constitucional
da Universidade de Oxford*

É fácil para o governo ter sucesso. Mussolini, dizem, fez os trens andarem no horário, embora pareça ter sido menos competente em tratar da guerra. Mas qualquer governo que pode controlar a sociedade e os meios de comunicação tem uma boa possibilidade de se mostrar bem-sucedido, pelo menos a curto prazo. A questão mais interessante é o que torna um governo bem-sucedido numa democracia, uma forma de regime em que os líderes políticos dependem do apoio público.

Bob Worcester, fundador do MORI, a principal organização de pesquisa da Grã-Bretanha, gosta de dizer que numa democracia a opinião pública é soberana. Isto ocorre ainda mais na época dos referendos e dos "grupos de interesse". Porém, nenhum país, nem mesmo a Suíça, se governa inteiramente por meio dos instrumentos da democracia direta. Os governos, em toda parte, devem avaliar a opinião pública a seu favor.

Mas o que é a opinião pública? Como as atitudes populares podem se distinguir das tendências mais profundas do sentimento público? Por exemplo, pode haver pouca dúvida de que o público britânico estava solidamente a favor da política de apaziguamento de Neville Chamberlain, como as primeiras pesquisas Gallup confirmavam. Isto não deteve a reviravolta pública contra Chamberlain quando, em 1940, a Grã-Bretanha se viu exposta a um perigo maior do que jamais conhecera. Da mesma forma, antes de 1982, poucos eleitores britânicos tinham opiniões definidas sobre as ilhas Falkland. Contudo, se o governo de Margaret Thatcher fosse derrotado na tentativa de retomá-las após a invasão argentina, seu governo poderia ter caído, tão grande era a revolta pública contra os argentinos.

Portanto, o governo de sucesso não consiste simplesmente em seguir atitudes populares, para onde elas levarem. Requer algo mais. Significa discernir aquelas correntes mais profundas de opinião que jazem por trás das manifestações superficiais. Discernir o que Isaiah Berlin certa vez chamou de "o tropel da história". Às vezes, esse tropel pode ser ouvido por líderes políticos com um tipo de mente bem pouco intelectual ou até anti-intelectual. O ex-secretário de Estado dos Estados Unidos, George Schultz, escreveu nas suas memórias que nunca pôde entender como Ronald Reagan sabia tão pouco e realizou tanto. O mesmo se poderia dizer de Franklin Roosevelt.

Porém, não é um acaso tantos dos mais bem-sucedidos líderes políticos das democracias modernas — nos Estados Unidos, Theodore Roosevelt e Harry Truman; na Grã-Bretanha, Benjamin Disraeli e Winston Churchill; na França, Charles de Gaulle — terem sido dedicados estudantes de história. O que aprenderam com a história não foi o esboço de analogias superficiais — as supostas "lições" de Munique ou Suez —, mas uma compreensão das principais forças políticas e intelectuais da época. Para o político que procura ser um estadista, o conhecimento da história não tem preço.

O conhecimento da história também pode nos dar pistas de que tipos de governo poderão se mostrar bem ou malsucedidos. Na verdade, há três grandes inimigos do governo de sucesso. São a ideologia, a moralidade e o pânico.

É improvável que o governo ideológico comprove ser um governo bem-sucedido já que a ideologia reside na contradição à compreensão histórica. Ela obedece a um sistema fechado de pensamento, em vez de a uma abertura necessária para a experimentação. Os governos trabalhistas britânicos entre os anos de Clement Attlee e o advento de Tony Blair descobriram-se vítimas do que o cientista político americano Samuel Beer chamou de "ideologismo compulsivo". Isso era mais evidente na ala esquerda do Partido Trabalhista, que evitava se defrontar com as realidades da economia mista e a melhoria dos padrões de vida da classe trabalhadora no mundo do pós-guerra. "As massas", como disse certa vez Friedrich Engels, "adquirem uma maldita letargia após uma prosperidade tão longa". Mas este ideologismo compulsivo era igualmente perceptível na assim chamada ala direita revisionista ou gaitskelliana do partido, que se preocupava igualmente com a descoberta do "significado real" do socialismo. Como Beer assinalou: "Os competidores, tanto os fundamentalistas quanto os revisionistas, estavam de acordo em relação a uma premissa básica. Todos aceitaram a necessidade de uma filosofia social com consequências programáticas. Os lados opos-

O que faz um governo ter sucesso?

tos estavam em guerra no que diz respeito às suas respectivas ideologias, mas estavam unidos no seu ideologismo."

Foi essa fixação na ideologia que impediu, em grande parte, no governo trabalhista da era Harold Wilson/James Callaghan nos anos 1960 e 1970, um corpo a corpo com os problemas econômicos. O trabalhismo passou muito tempo na oposição, nos anos 1950, discutindo a questão fútil de poder "aceitar" a economia mista. Deixou de considerar a questão real de como uma economia mista deveria ser administrada com sucesso. As ideologias tanto da direita quanto da esquerda eram como faróis rígidos. Ao focalizar os problemas de ontem, afastaram-se dos desafios mais difíceis do mundo contemporâneo.

O Partido Trabalhista teve uma oportunidade muito melhor de sucesso após a retirada em 1995, sob a liderança de Blair, da cláusula 4 da sua constituição, defendendo a nacionalização dos meios de produção, distribuição e intercâmbio, o que permitiu que o partido evoluísse para um partido prático social-democrata ao modo continental europeu. Mas, para governar com sucesso, não basta a um líder liderar. Deve também descobrir partidários que o seguirão.

Assim como um governo que busca criar um novo paraíso na terra provavelmente não terá sucesso, também não o terá um governo que imponha seus próprios valores à sociedade. O exemplo mais contundente do fracasso do moralismo no governo é a tentativa de proibir a bebida nos Estados Unidos, nos anos 1920. A Lei Seca foi caracterizada por Herbert Hoover, antes de se tornar presidente em 1920, como "uma grande experiência social e econômica, nobre na motivação e abrangente no propósito". Porém, longe de curar os males do alcoolismo, ela os estimulou, já que muitas pessoas que anteriormente tinham hábitos moderados começaram a beber livremente em protesto contra a invasão da sua "liberdade pessoal" pela lei. Elas exigiram mais bebida, não menos, e, como o historiador americano do período, John D. Hicks, comentou acidamente, "a iniciativa privada, embora neste exemplo não amparada pela lei, nunca mostrou maior eficiência ao satisfazer uma exigência do consumidor". O que veio depois não foi a temperança, mas a venda clandestina e o crescimento de exércitos privados de pistoleiros e bandidos entre os quais Al Capone foi o mais famoso, embora de forma nenhuma o único exemplo.

Assim, o governo de sucesso geralmente é um governo não ideológico. Também é provável que seja um governo limitado em vez de hiperativo. Em 1993, Anthony King, um cientista político da Universidade de Essex, perguntava no *Daily Telegraph*: "Será que os Honrados Homens de Ação poderiam se sentar de uma vez, por favor?". Ele estava se referindo sobretudo ao justamente esquecido ministro conservador John Patten e à sua lei sobre educação naquele ano, à qual o governo acrescentou 278 emendas durante o estágio de comissão na Câmara dos Comuns, outras 78 durante o estágio de relatoria, 258 durante o estágio de comissão na Câmara dos Lordes, 296 na relatoria e 71 na terceira leitura. Será que alguma delas fez a menor diferença na atividade educacional? Quase certamente, não. Éramos governados, queixou-se King, "por uma tribo inteira de crianças hiperativas". Governos hiperativos tendem, além disso, ao pânico — a lei de Cachorros Perigosos, de Kenneth Baker, em 1991, e o imposto comunitário de Thatcher são os exemplos mais flagrantes. Contudo, muito governo hiperativo acontece durante a primeira fase de um mandato de governo, como o de Wilson em 1964, Ted Heath em 1970 e Thatcher em 1979. Quaisquer que sejam os méritos dos cem dias de trabalho de Franklin D. Roosevelt em 1933, sua repetição por praticantes menos ilustres só levou ao desastre.

Pode-se pensar que um governo de sucesso deixa um país se sentindo mais feliz. Por este critério, os governos do tempo de paz de Churchill e Dwight Eisenhower foram governos bem-sucedidos. Porém, ambos, ao satisfazer os desejos imediatos dos eleitores, ignoraram problemas mais graves — Churchill deixou de desenvolver uma estratégia europeia sólida, enquanto Eisenhower recusou-se a enfrentar o macarthismo ou a segregação, deixando, em cada um dos casos, heranças complicadas para seus sucessores.

Um governo de sucesso deve enfrentar os problemas do futuro, não os do passado. No começo do último século, Arthur Balfour, embora primeiro-ministro de um governo decadente, estabeleceu uma estrutura moderna para a educação secundária, um arcabouço para a organização da defesa, e acabou com o isolamento esplêndido da Grã-Bretanha. John Major, um primeiro-ministro igualmente subestimado, que também teve de enfrentar uma maré vazante, garantiu, com a negociação em Maastricht e hábeis manobras parlamentares em Westminster, que a Grã-Bretanha permanecesse na União Europeia. Além disso, ele introduziu nos serviços públicos muitas das técnicas e disciplinas do setor privado, acreditando, em contraste com Thatcher, que o setor público não teria de se transformar, assim, em serviços de segunda classe. Foi graças a ele que, pelo menos, sabemos se os trens estão ou não no horário. A posteridade será mais generosa com Major do que seus contemporâneos.

O governo de sucesso, então, é o governo ciente de seus limites, um governo tranquilo, um governo de homens e mulheres com um sentimento da história altamente desenvolvido. O problema é que o governo bem-sucedido, como sabia bem o jornalista do século XIX, Walter Bagehot, é quase sempre um governo chato. Aqueles que buscam agitação terão de descobrir outros campos para exercitar seus talentos.

Outras leituras

BEER, Samuel. *Modern British Politics*. Faber, 1965.
——. *Britain Against Itself*. Faber, 1982.
BUTLER, David, ADONIS, Andrew e TRAVERS, Tony. *Failure in British Government: The Politics of the Poll Tax*. Oxford University Press, 1994.
HARBAUGH, William. *The Life and Times of Theodore Roosevelt*. Oxford University Press, 1975.
JENKINS, Roy. *Churchill*. Macmillan, 2000.
MacGREGOR BURNS, James. *Roosevelt, The Lion and The Fox*. Secker & Warburg, 1956.
——. *Leadership*. Harper & Row, 1978.
SELDON, ANTHONY (ed.). *The Blair Effect*. Little, Brown, 2001.
WORCESTER, Robert. *British Public Opinion*. Blackwell, 1991.

Comentário de Huw Richards

Escritor e jornalista

"A QUESTÃO DO QUE QUER DIZER exatamente 'um bom governo' jaz no próprio coração da teoria política. Talvez tenha sido sempre assim." Foi o que escreveu o historiador David Thomson num curto estudo do pensamento de Jean-Jacques Rousseau, escrito em 1966.

Thomson estava olhando para dois séculos atrás, até a época de Rousseau. Mas poucos historiadores ou teóricos políticos de hoje divergiriam do ponto de vista de Thomson. Não importa qual seja o critério — de governo "bom" ou "eficiente" ou "bem-sucedido" — o julgamento é quase inevitavelmente subjetivo. Peçam ao mais rigoroso observador histórico para comparar os governos de Herbert Asquith, Clement Attlee, Winston Churchill, Anthony Eden, Harold Macmillan ou Margaret Thatcher, ou peçam ao seu correspondente americano para fazer um exercício paralelo sobre as presidências de Franklin Roosevelt, Dwight Eisenhower, Ronald Reagan e Bill Clinton; o resultado provavelmente dirá mais sobre eles que sobre esses governos. Como Joseph Nye, fundador do projeto Visões de Governança, de Harvard, o mais amplo estudo contemporâneo de governo, escreveu em 1997: "Um governo puramente neutro é impossível, porque os cidadãos querem alguma discussão sobre o que é bom."

A questão do que faz um bom governo tem estado presente entre teóricos, sempre vulneráveis à observação feita pelo confiável e cáustico Walter Bagehot, em 1867: "Um observador que olha para a realidade viva pensará no contraste com a descrição no papel." Ela também cruza a fronteira, de qualquer forma mal definida, entre a história e a ciência política. Esta, com sua tendência mais teórica, visa a abordá-la mais diretamente, enquanto a sua historiografia é limitada, tratada mais pela implicação do que pelo ataque frontal.

O mais assíduo cronista recente sobre questões do governo é S. E. Finer, autor de uma concisa *History of Government*, em três volumes (1997), que assinalou em 1970: "O estudo comparativo sobre questões do governo é tão antigo quanto Platão e Aristóteles, mas, como a história tem mostrado, é tão enormemente complicado que suas descobertas e até sua tipologia básica ainda são fluidas." Ele também notou que concepções, expectativas e modelos de governo mudaram dramaticamente com o tempo. Ao datar as primitivas formas de governo entre 3500 e 3200 a.C. na Suméria, ele também citou aprovadoramente o comentário de Jean Dunbabin em seu estudo de 1985 sobre a França medieval: "Ninguém foi governado antes do fim do século XIX. Certamente seria insensato afirmar que o governo de um rei ou um príncipe no século XII funcionava segundo as regras fixadas ou englobando todos os habitantes de uma área determinada."

Finer definiu como característica de um estado: uma população territorialmente definida que reconhece uma autoridade comum; pessoal especializado burocrático ou militar; reconhecimento como soberano por outros estados; uma identidade comum autoconsciente; uma população que participa da distribuição e partilha de deveres e direitos. Ele assinalou que tanto a identidade autoconsciente — que a seu

O que faz um governo ter sucesso?

ver, apareceu na Inglaterra no século XIII, na França duzentos ou trezentos anos depois e na Espanha tardiamente no século XVIII — quanto a participação popular emergiram muito depois das outras características.

Além disso, ele singularizou quatro atividades essenciais: a defesa, que caracterizou como "primordial", já que uma política que não pode se defender fracassou por definição; a lei, a ordem e a justiça; a tributação, embora tenha notado que o Sacro Império Romano não tinha tesouro central ou supremo tribunal; e o "território altamente subjetivo" das obras públicas e da previdência social.

Ao analisar a mudança, Finer notou que, até um período comparativamente recente, os estados eram vistos como a propriedade de um senhor escolhido por direito divino. Nesta base, a afirmação de 1655, feita por Luis XIV da França, *"L'État c'est moi"*, geralmente citada como evidência de presunção, foi também uma declaração realista de fato. Finer também mostrou que, embora a Atenas de Platão e Aristóteles tenha sido considerada o ponto de partida do desenvolvimento político, o militarismo autocrata de Esparta forneceu a forma dominante de governo no Ocidente até o fim do século XVIII, com indivíduos muito mais destinados a serem súditos que cidadãos.

Os mais importantes pensadores que trataram do governo foram produtos de seus tempos. As guerras fratricidas da Itália conformaram a mente sutil de Nicolau Maquiavel (1469-1527), cujo apelo reside puramente na *realpolitik* implacável — recomendando, por exemplo: "Os homens devem ser tratados generosamente ou destruídos, porque buscam vingança por injúrias leves, mas não podem fazê-lo pelas graves" — e num elegante estilo epigramático. Ele defendia a importância fundamental da força militar ("onde há boas armas, invariavelmente haverá depois boas leis") e da supremacia da *raison d'état* ("pondo-se de lado qualquer outra consideração, deve-se seguir até o fim o que quer que salve a vida do Estado e preserve sua liberdade").

Da mesma maneira, a crença de Thomas Hobbes (1588-1679) no direito do Estado de impor a ordem para limitar a natureza inerentemente agressiva do homem — a alternativa era um estado da natureza, em que a vida seria, na sua frase mais famosa, "sórdida, brutal e curta" — certamente deve algo à guerra civil, terminada só dois anos antes da publicação de sua obra maior, *Leviatã*.

John Locke (1632-1704), sintetizando uma época que depôs tanto Carlos I quanto seu filho James II, vislumbrou tanto um desafio fatal à doutrina do direito divino quanto um dos critérios básicos para definir um governo malsucedido — quase sempre mais prontamente discernível do que a variedade bem-sucedida. Ele desenvolveu o conceito do consentimento na base do contrato entre governante e governado, afirmando que "um governo inconstante, incerto, desconhecido e arbitrário" violava o consentimento.

Grande parte das teorias subsequentes concentraram-se na questão do consentimento e da legitimidade, ideias defendidas por pensadores como Rousseau e Thomas Paine (1737-1809), chegando a uma conclusão lógica na Declaração dos Direitos do Homem e do Cidadão, de 1789, na França: "A soberania está no povo, é única e indivisível, imprescritível e inalienável."

Nem Paine nem Rousseau, ambos preocupados com os direitos humanos e de propriedade, pretendiam algumas das consequências que irromperam de um conceito indivisível de propriedade. Muitos dos principais pensadores do século XIX dedicaram-se ao equilíbrio entre os direitos individuais e coletivos. Benjamin Constant (1767-1830) afirmou que "há uma parte da vida humana que permanece necessariamente individual e independente, e tem o direito de ficar fora do controle social", enquanto Jeremy Bentham (1748-1832), mais lembrado por sua proposta de que a política deve servir "ao bem maior do maior número", disse que os governos precisavam criar "continuidade e previsibilidade", capacitando seus cidadãos a "formar um plano geral de conduta".

Finer acrescenta que o desenvolvimento decisivo para o governo moderno foi a industrialização, que transformou seu potencial de gerar e coletar renda, seus poderes de supervisão e vigilância, e criou uma classe operária industrial, cujas exigências criaram a pressão por maior intervenção na política econômica e social.

Embora os partidos social-democratas que surgiram desse processo fossem frequentemente marxistas na retórica, na prática tenderam a seguir Edward Bernstein, que afirmou eficazmente, na década de 1890, que o Partido Social-Democrata alemão poderia atingir melhor as suas metas trabalhando dentro das estruturas políticas existentes e, onde necessário, com a cooperação de liberais de classe média.

Apesar de haver uma longa tradição de um anti-estatismo da esquerda liberal — Paine descreveu o governo como "um mal necessário" —, a maior parte da resistência à ampliação da atividade governamental tendeu, pelo menos nas nações de língua inglesa, ao caminho da direita.

Tal resistência foi frequentemente conformada pelo pessimismo. O acadêmico da área do Direito e escritor A. V. Dicey (1835-1922) afirmou que "o efeito benéfico da intervenção do Estado... é direto, imediato e, por assim dizer, visível, enquanto seus efeitos maléficos são graduais, indiretos e ficam ocultos... Por essa razão, a maior parte da humanidade deve quase necessariamente considerar com grande aprovação a intervenção do governo".

Mas se as objeções conservadoras à intervenção maior então não foram muito além. Gary Owen, escrevendo em uma das publicações teóricas de Harvard, assinalou: "Muita gente ansiou por menores impostos e, de modo teórico, por menores gastos governamentais. Porém, através de tudo isso, a maioria das pessoas não se preocupou em pensar nas coisas que gostariam que o governo federal fizesse. A lista de desejos de programas e serviços é longa e está crescendo." Foi o filósofo político italiano Gaetano Mosca que identificou, em 1936, a chave para o sucesso como a "fórmula política", uma ideia que deve "corresponder à mentalidade do tempo e aos sentimentos mais geralmente compartilhados de um povo".

O sufrágio universal na Grã-Bretanha trouxe uma era que aceitou amplamente a opinião expressa por William Beveridge em 1942, de que "o objetivo do governo na paz e na guerra não é a glória de governantes ou raças, mas a felicidade do homem comum", mesmo que haja um amplo desacordo quanto to às medidas para obtê-la. Daí a expansão dos programas de previdência social após a Segunda Guerra Mundial e também das prioridades políticas mais constantemente expressas

O que faz um governo ter sucesso?

no *slogan* "É a economia, estúpido", usado pela bem-sucedida campanha presidencial de Clinton, em 1992. Embora de ideologia antigoverno, políticos conservadores aceitaram que a previdência social e o bem-estar econômico fossem a preocupação central da política.

Mas essas evoluções foram acompanhadas, especialmente nos Estados Unidos, pela fé declinante na eficácia do governo. O pensador da área de administração Peter Drucker afirmou, em 1969, que "o maior fator de desencanto com o governo é que este não tenha funcionado", uma opinião apoiada fundamentalmente em *Reinventig Government* (1992), de David Osborne e Ted Gaebler, um texto que influenciou políticos de centro-esquerda voltados para o mercado, como Al Gore e Tony Blair. Robert Putnam, autor de *Bowling Alone: The Collapse and Revival of American Community* (2000), descreve o problema como "um conjunto de expectativas e desempenho real".

Derek Bok, reitor de Harvard por vinte anos até 1991, concluiu que os Estados Unidos provavelmente não foram tão bem governados como outras "democracias importantes" desde 1960, mas seu tratamento da questão sublinha a contínua subjetividade do tema: "Para alguém que acha que o crescimento econômico ou a pobreza e a justiça social significam mais do que qualquer outra coisa, pode parecer que o país entrou em declínio desde os anos 1970. Pelo contrário, para aqueles que se preocupam especialmente com o meio ambiente, o crime ou a responsabilidade pessoal, os Estados Unidos parecem estar fazendo algo melhor que no começo dos anos 1970, mas não tanto quanto deveriam."

Em outras palavras, o governo de sucesso está no olhar de quem vê. E como os autores daquele estudo muito importante do governo, *Yes Minister*, poderiam ter observado, invariavelmente o problema de quem vê é: "Eu tenho princípios, você é um ideólogo, ele é um fanático estúpido".

Por que os impérios crescem?

Por que os impérios crescem?

Richard Drayton
Professor sênior de história medieval
da Universidade de Cambridge

Todos os impérios são expressões de desigualdades escondidas atrás de uma máscara comunitária. Por "império" queremos dizer algo inclusivo, um espaço de paz, soberania e direitos compartilhados. Assim, em 1533, uma lei de Henrique VIII proclamava, justificando sua primazia sobre a Igreja inglesa, que "este reino da Inglaterra é um império". Ou podemos querer dizer, como temos feito cada vez mais nos últimos dois séculos, um sistema pelo qual uma população central domina uma periferia, como Atenas dirigia a Liga Délica e como os Estados Unidos dominam, de formas diferentes, lugares como o Haiti ou "aliados" como a Grã-Bretanha. Um sistema desse geralmente irá reunir os dois critérios, dependendo de como se olha do centro ou de fora, significando coisas diferentes as castas dominantes por um lado, e por outro aqueles que cortam madeira ou cana-de-açúcar e coletam água ou extraem petróleo. Em ambos os casos, há um mito de virtude partilhada, geralmente para o consumo das elites dos impérios, mas um tipo que também pode atrair esses colaboradores periféricos sem os quais não é possível nenhuma expansão. Esta ideia de comunidade é geralmente proclamada por aqueles na superfície do avanço imperial: assim, os conquistadores espanhóis que queimaram aldeias aruaques levaram a cruz; hoje, lançamos bombas de fragmentação, assassinamos civis e torturamos prisioneiros de guerra em nome da democracia e dos direitos humanos.

O tipo essencial de desigualdade subjacente a esses impérios é o acesso à violência. Na origem romana da palavra, o "imperador" era o líder militar cuja capacidade de extrair aprovação era a premissa do sistema. Os impérios, no sentido de um reino ou estado, começaram com a subordinação de uma comunidade a um poder que tem o monopólio da violência legitimada dentro de uma fronteira. Os sistemas imperiais crescem rapidamente nos momentos em que uma comunidade consegue instrumentos ou técnicas especialmente efetivos para travar guerras e pode então anexar os vizinhos ao seu território, ou subordinar povos distantes. Quando inventaram o moderno estribo, os mongóis puderam lutar com as duas mãos e dominar a Eurásia. Estradas e organização militar deram aos incas supremacia nos Andes, inovações em navegação e artilharia permitiram a portugueses, holandeses, ingleses e franceses controlar o comércio da África e da Ásia depois de 1500. O "alto imperialismo" clássico do fim do século XIX dependia diretamente do setor de armas da Revolução Industrial, que deu aos europeus aqueles rifles de repetição e metralhadoras que lhes permitiram dominar o interior da África (e, claro, a América do Norte e do Sul) pela primeira vez. A última fase predatória do império americano, com suas ambições de "dominação de amplo espectro", é essencialmente consequência de como as tecnologias de satélites e eletrônica abriram um novo fosso de armas no fim do século XX.

Por que a eficiência em produzir violência se transforma tão frequentemente num programa para subordinar os outros? Para o otimista historiador e economista holandês Joseph Schumpeter (1883-1950), o imperialismo moderno era só um atavismo, a última expressão de uma aristocracia guerreira medieval, que logo seria varrida pelo cosmopolitismo pacifista do capitalismo. Considero-o como uma mais antiga e muito mais duradoura perversão da vontade humana de sobreviver. Somos levados, enquanto animais, a nos reproduzir e a garantir os meios vitais para nossos descendentes. Há muito tempo tomamos o atalho para a sobrevivência apoderando-nos de recursos daqueles que percebemos serem diferentes de nós, e que, portanto, não merecem um tratamento igual. O Levítico, 25, coloca a questão com franqueza: "Os pagãos que estão à sua volta" seriam os servos dos hebreus, "mas não deveis oprimir vossos irmãos (...) uns aos outros com rigor". Ou, como o confidente do primeiro-ministro Tony Blair, Robert Cooper, um importante diplomata britânico, disse em 2002: "O desafio do mundo moderno é se acostumar com a ideia dos duplos padrões. Entre nós, funcionamos com base nas leis... Mas quando tratamos (com outros), precisamos voltar aos métodos mais rudes de uma época anterior — força, ataques preventivos, logros, e o que quer que seja necessário." O pânico sobre escassez ou segurança, canalizado por uma ou outra ideia cultural ou racial de identidade, tem gerado ao longo de milênios essa combinação de crueldade, cobiça, fingimento e hipocrisia da qual todo império é expressão.

Por que os impérios crescem?

A vontade de poder de um estado além das suas fronteiras cresce em relação ao seu apetite por recursos externos. Estes podem incluir terra fértil para colonização (se vocês quiserem fazer uma "pequena limpeza étnica", como os colonizadores britânicos na América do Norte e da Austrália), mão de obra escrava ou barata (o que pode incluir mulheres férteis), minérios, pilhagens (apenas coletando pedras preciosas e *objets d'art* ou impondo um regime de tributos, como fizeram os britânicos na Índia e os alemães na França), controle do fornecimento de mercadorias exóticas ou de mercados para exportação. A demanda por essas coisas e, assim, as arremetidas para o exterior dos vikings, ou fidalgos espanhóis ou zulus, podem ser a expressão de certas novas pressões ambientais, aumentos de população, crises agrárias, idades glaciais ou seca. O gosto por artigos de luxo pode, de forma bem independente, estimular mais agressões. Porém, além de vantagem material, os impérios também oferecem recompensas simbólicas e psicológicas. A expansão dá à classe militar de uma sociedade um espaço para exibir seu direito de liderar, enquanto os homens e mulheres que ascendem ao poder político frequentemente buscam teatros exóticos para se pavonear. Aventuras no estrangeiro são buscadas por seu valor político, pois as guerras facilmente geram um estupor patriótico: o Fuhrer se torna um patriarca adorado e a discordância é silenciada já que a oposição a qualquer interesse da elite é apresentada como partidária do estrangeiro. De qualquer forma, o império alivia tensões sociais internas, pois os grupos subordinados domésticos se tranquilizam com a ideia de que, em relação a outros, são a classe dominante.

As experiências de violência e de desigualdade geram, em si, um terrível impulso. *Proprium humani ingenii est odisse quem laeseris*, escreveu Tácito ("Está na natureza humana odiar aqueles a quem ferimos"), ao que ele poderia ter acrescentado: para imitar aqueles que nos ferem. A planificação, justificação e execução da brutalidade, que formam a base de cada império, levam-nos a um endurecimento dos racismos e a uma redução da compaixão. A capacidade de causar dor e morte a pessoas incapazes de reagir à altura estimula os poderosos a se verem como uma espécie diferente dos outros, e se torna parte de sua identidade. Um ciclo começa: não basta mais ser rico e seguro em casa; a ambição por um poder lá fora, que demonstra sua virtude pela guerra, é despertada. Este gosto por sangue é mais difícil de perder que as colônias, como demonstraram recentemente mitos perigosos sobre a necessidade da Grã-Bretanha de brigar acima de seu peso no mundo. A tradição imperial é uma planta resistente, que deita raízes profundamente numa cultura e se agarra facilmente nas culturas daqueles que colaboram com um império e até daqueles que se submetem a ele. A semente de Roma está viva em todos os imperialismos ocidentais, enquanto as elites précoloniais, como na América Latina do século XIX ou na Índia do século XX, frequentemente estendiam a seus compatriotas mais excluídos o paternalismo autoritário do antigo regime. Com o tempo, os brutalizados podem se tornar os brutalizadores, e nações que começaram com sua experiência de opressão, ou uma guerra de libertação contra a tirania colonial, podem exportar um despotismo parasitário.

Contudo, os impérios não vivem só de violência. Eles precisam igualmente da ideia de comunidade: o mito de algum interesse universal do qual o poder imperial é a vanguarda. De forma mais simples, os predadores podem identificar a felicidade da sua própria comunidade como um fim supremo, em relação ao qual o sofrimento dos outros é insignificante. O poder — e a riqueza que o saque torna possível no centro imperial — surge de modo circular para justificar a violência idealista que mantém o crescimento da expansão. Eles podem confundir suas próprias vantagens temporárias com a ideia de que foram escolhidos divinamente para dominar terras ou povos exóticos. A arrogância religiosa é então traduzida frequentemente numa crença de que as leis, costumes e estilos da política ou da economia do império são as melhores possíveis. Povos periféricos se tornam, de repente, o "meio demônio e meio criança" de Rudyard Kipling, os teimosos e atrasados que precisam ser guiados por uma mão forte rumo ao progresso. Aqueles que não se submetem à superioridade natural de Jeová, à lei romana ou a Jesus Cristo, aos parlamentos à moda Westminster, ou às privatizações — em outras palavras, aqueles que se recusam a ceder gratuitamente seus recursos e seu trabalho, e a orar ou agir como seus senhores — merecem ser destruídos. Contudo, os impérios mais bem-sucedidos também aplicarão, como Edward Gibbon escreveu sobre Roma, "a liberdade da cidade... com relação a todos os deuses da humanidade", sua flexibilidade permitindo que a energia dos conquistados seja absorvida e controlada nas artes da guerra ou da paz.

Em algum ponto, as contradições internas dentro do universalismo imperial podem causar uma crise moral. As pessoas começam a acreditar na sua máscara e a exigir o mesmo tratamento para povos metropolitanos e estrangeiros. Mas isto, em si, pode gerar novas causas imperiais, como a ideia dos "direitos do homem" estimulou as conquistas da França revolucionária pela Europa nos anos de 1790, e como a antiescravatura vitoriana depois de 1850 transformou os reinados africanos — que traficantes de escravos britânicos haviam se tornado ricos e fortes por volta de 1750 — em objetos de conquista. O mito de um imperialismo emancipatório, de conquista como libertação, a que chegamos, na alegação do primeiro-ministro britânico do século XIX, lorde Palmerston, "não para escravizar, mas para libertar", mostrou ser um talismã ideológico potente. Ele confortou, em momentos diferentes, aqueles que ostentavam a suástica na Sudetolândia, a foice e o martelo na Polônia e as bandeiras britânica e americana no Iraque. Violento é seu despertar diante desta ilusão.

Outras leituras

BAYLY, C. A. *The Birth of Modern World 1780-1914.* Blackwell, 2004.

CIPOLLA, C. *Guns, Sails and Empires: Technological Innovation and the Early Phases of European Expansion 1400-1700.* Sunflower University Press, 1996.

DRAYTON, R. *Nature's Government: Science, Imperial Britain and the 'Improvement' of the World.* Yale University Press, 2000.

HEADRICK, D. *The Tools of Empire: Technology and European Imperialism in the Nineteenth Century.* Oxford University Press, 1981.

Comentário de Anna Fazackerley

Redatora do Times Higher Education Supplement

JÚLIO CÉSAR, o ditador militar cujo nome foi adotado por uma longa linhagem de imperadores romanos, resumiu tudo simplesmente em 47 a.C.: *"Veni, vidi, vinci"* ("Vim, vi, venci"). Mas o debate sobre por que os impérios crescem acontece desde então. E, à medida que a controvérsia grassa sobre se estamos entrando numa nova era imperial, o debate mostra poucos sinais de terminar.

Linda Colley, autora de *Captives: Britain, Empire and the World 1600-1850* (2002), observou que o Império Romano serviu tanto como fonte de inspiração para impérios ocidentais subsequentes quanto ajudou a legitimá-los. A decisão de Napoleão de se chamar imperador e adotar a águia como seu emblema é apenas um exemplo da maneira com que o imaginário romano despontou no retrato imperial pelo mundo, diz ela. Da mesma forma, os primeiros pensamentos de historiadores romanos sobre impérios influenciaram escritores através dos tempos.

Embora faça poucos julgamentos morais, a biografia de Suetônio, *De vita caesarum* (traduzida como *Os doze Césares* e *Vida dos Césares*), escrita no século II, contém numerosos exemplos do Império Romano como uma força civilizadora e humana. Mas é igualmente lotada de descrições de brutalidade alarmante e às vezes absurda. Como poderia o *imperador* Tibério, que executava qualquer um que ousasse entrar num lavatório ou bordel carregando uma moeda que ostentasse a cabeça do seu predecessor Augusto, ser visto como um bom exemplo a ser seguido? Tácito, que serviu mais cedo nos postos administrativos mais importantes do império, também encheu seus *Anais* e *Histórias* — relatos do Império Romano do século I — de narrativas de corrupção e tirania do governo imperial.

Edward Gibbon, cujo *Declínio e queda do Império Romano* (1776-88) lembrava o estilo histórico de Tácito, captou o paradoxo essencial defrontado por aqueles que buscaram imitar a experiência romana. Para Gibbon, o império militar de Roma foi "a mais civilizada porção da humanidade", com fronteiras "guardadas pela fama antiga e valor disciplinado". Mas o sucesso levou à decadência e à tirania, chegando enfim à queda. Aos seus olhos — e dos muitos que o seguiram — qualquer consideração de ascensão é disfarçada por uma consciência do declínio. Muitos historiadores modernos também são veementes em enfatizar que, ao contrário da crença popular, os impérios não foram unicamente bons ou maus e que nossa reação a eles deve ser correspondentemente complexa.

Do mesmo modo, deve-se considerar por que os impérios crescem. A expansão de um império nem sempre pode ser um processo deliberado e bem planejado. Sir John Seeley, que alardeou a evolução do Império Britânico como "o grande fato da história moderna britânica", no seu livro de 1884, *Expansion of England*, também admitiu que o crescimento do império foi meio acidental, sugerindo que "parecemos ter conquistado e povoado metade do mundo, num acesso de falta de raciocínio". Tal falta de intenção tem sido aplicada a outros impérios. Hugh Thomas, autor de *Rivers of Gold: the*

Por que os impérios crescem?

Rise of the Spanish Empire (2004), sugeriu que Colombo fundou Navidad, a primeira cidade do império espanhol, porque um dos seus navios estava avariado em um lugar próximo e ele não tinha espaço suficiente em seus outros navios para carregar de volta aqueles que haviam desembarcado ali. Dificilmente pode se chamar isso de um começo estratégico.

Muitos historiadores e economistas identificaram o comércio como uma das forças propulsoras do império, sugerindo — de modo simples — que o desejo por açúcar levou às plantações britânicas no Caribe e que os romanos conquistaram o Egito porque queriam trigo. Em *A riqueza das nações* (1776), Adam Smith afirmou que o comércio sozinho era "a grande panaceia" e que o comércio britânico — e com ele a civilização britânica — podia se espalhar pelo mundo sem necessidade das estruturas e da violência imperiais.

Isto não quer dizer que os estudiosos tenham aprovado o imperialismo como uma decisão econômica. O ensaio do economista John Hobson sobre o imperialismo, publicado em 1902, estabeleceu um novo modelo de crítica sobre a economia de império, seguida de perto por boa parte dos textos socialistas posteriores. Hobson descreveu o crescimento do império como uma resposta imprudente ao problema do capital excedente. As nações têm uma escolha direta, disse, ou se concentrar na melhor administração política e econômica dos seus territórios ou "espalhar seu poder e energia sobre a terra, tentadas pelo valor especulativo ou pelos lucros rápidos de algum novo mercado, ou ainda por mera cobiça de aquisição territorial". Segundo seu modelo, a única forma de evitar o imperialismo seria despojar dos seus rendimentos excessivos a elite que se beneficia deles.

Esta visão de construção de império alimentou-se do panfleto de Lênin, na Primeira Guerra Mundial, *Imperialismo, a etapa superior do capitalismo*, escrito em 1916. Nele, descreve o imperialismo como o inevitável — e intragável — resultado final da "etapa de monopólio" do capitalismo. Ele registra os componentes desse "capitalismo parasitário": "monopólios, oligarquia, sede de dominação e não de liberdade, exploração de um crescente número de nações pequenas ou fracas por um punhado de nações mais ricas ou mais poderosas".

Poucos têm tempo agora para discutir o argumento de Lênin. Claro, o estudo da economia do império saiu de moda nas duas últimas décadas, embora um punhado de historiadores ainda esteja tentando decididamente responder a perguntas econômicas. Niall Ferguson apresentou uma análise custo-benefício do Império Britânico em seu livro de 2003, *Empire: How Britain Made the Modern World*, que conclui controvertidamente que o Império Britânico foi, no final das contas, uma boa coisa. Sim, ele concede, a escravidão, a discriminação racial e a reação brutal aos rebeldes foram horrorosas. Mas o livre intercâmbio de mercadorias, capital e trabalho, bem como a imposição da lei, ordem e governo pelo mundo foram triunfos sem paralelo.

Para consternação de alguns tradicionalistas, o campo do imperialismo mudou dramaticamente nos últimos vinte anos, com as discussões de domínio político e econômico sendo substituídas em boa parte por considerações de identidade cultural. No núcleo disto há uma suposição de que o domínio é parte de uma ideia herdada, como a crença (mantida tanto pelos governantes quanto pelos governados) de que alguns povos são civilizados enquanto outros são selvagens e precisam de salvação. Este movimento pode ser traçado até Edward Said. Em *Orientalism* (1978), ele se esforçou por desviar a atenção dos bem documentados e poderosos povos brancos, passando-a para as experiências dos nativos coloniais — introduzindo a voz esquecida dos "outros" na história imperial.

Está implícita em grande parte dessa nova interpretação cultural do crescimento do império, a suposição de que as representações existentes desses "outros" são deformadas por uma visão imperial do mundo e precisam ser retrabalhadas. A atividade de recuperar o que essas pessoas realmente pensavam e como se viam trouxe um alcance alternativo de diferentes disciplinas acadêmicas para o estudo da história imperial. Agora, ela inclui estudos de gênero e raça, crítica literária, história da arte e até antropologia.

Mas recentemente alguns historiadores tentaram orientar o debate imperial de volta à Grã-Bretanha. Colley discordou da suposição de que as únicas vozes esquecidas na história imperial são as dos não brancos. Em *Captives*, trata do começo do Império Britânico — uma época em que a Grã-Bretanha era menor e mais vulnerável — e examina a experiência imperial da perspectiva de agentes britânicos não poderosos, dos soldados e marinheiros a comerciantes e colonizadores. David Cannadine virou as costas desafiadoramente à preocupação pós-Said com a raça em *Ornamentalism: How the British Saw Their Empire* (2001). Bem contra a corrente, examina a visão de mundo e as pressuposições sociais dos homens britânicos que dominaram e governaram o Império. Segundo Cannadine, o "ornamentalismo" que manteve o império de pé era a "hierarquia tornada visível". Ele diz: "O cavalheirismo e a cerimônia, a monarquia e a majestade foram os meios pelos quais este vasto mundo foi mantido coeso, interligado, unificado e sacralizado."

Embora boa parte da história imperial recente tenha-se preocupado em olhar de perto para povos determinados ou para uma época em particular, muitos historiadores concordam que, em relação a esse tema, as perspectivas devem ser ampliadas. Se o império é um fenômeno recorrente, então faz sentido comparar diferentes poderes imperiais. Alguns já seguem esse rumo. *The Birth of the Modern World 1780-1914*, de C. A. Bayly (2004), oferece uma visão extensa de como diferentes impérios mudaram o mapa político. *Empire: The Russian Empire and its Rivals*, de Dominic Lieven (2001), usa o tema de seu especialista, os impérios czarista e soviético da Rússia, para examinar como a geografia, a ideologia, a cultura e a política moldam de uma forma geral os impérios.

Enquanto isso, a história imperial foi sequestrada para se formular uma pergunta política mais atual: está crescendo um novo império — o Império Americano? O secretário de Defesa dos Estados Unidos Donald Rumsfeld disse categoricamente: "Não queremos um império." Mas muitos não se convenceram. O prolífico jornalista americano Tom Wolfe é um dos que comparam os Estados Unidos a Roma sob Julio César, descrevendo-os como "a potência mais poderosa da Terra". E Ferguson, autor de um novo livro sobre o tema, *Colossus*, afirmou que com 750 bases militares em três quartos dos países da Terra, os Estados Unidos não podem ser vistos como nada além de imperiais (embora ele afirme que isto não é necessariamente algo negativo).

Por verdadeiros que sejam tais comentários — e sem dúvida o debate continuará —, não há garantia de que os Estados

Por que os impérios crescem?

Unidos jamais admitam ambições imperiais. Afinal, como assinalou o historiador Eric Hobsbawm no seu livro de 1987, *The Age of Empire 1875-1914*, Estados escolheram frequentemente retratar o imperialismo como algo repulsivo, feito por outras nações, e inteiramente diferente de sua própria expansão de poder. Talvez a única coisa certa é que esses debates vão acrescentar muito à complexidade do estudo da história do imperialismo.

Por que as revoluções acontecem?

Por que as revoluções acontecem?

Fred Halliday
Professor de relações internacionais
da London School of Economics

O que motiva as revoluções é uma das questões históricas mais importantes, por duas razões: em primeiro lugar, devido ao impacto sobre o mundo moderno, em todos os continentes, das revoluções em si; em segundo, porque a análise das causas das revoluções suscita questões metodológicas e teóricas que são essenciais não só para a ciência social e a história, como também para a análise da sociedade moderna e do seu futuro.

Ao longo dos séculos, a questão tem provocado debates não só entre historiadores e cientistas sociais, mas também entre participantes: aqueles que buscam legitimar revoluções atribuem-nas a fatores profundos e insolúveis, sejam internos ou externos, enquanto aqueles que se opõem a rebeliões tendem a citar fatores imediatos políticos ou pessoais, sem legitimidade ou inevitabilidade. Mas muitas destas análises se defrontam com os mesmos problemas. Primeiro, os analistas das revoluções tendem a trabalhar com um senso limitado, circunscrito, dos sistemas sociais e políticos nacionais — Inglaterra, França ou China — e não conseguem perceber como revoltas particulares são parte de um contexto mais amplo, uma guerra civil internacional. Em segundo lugar, a tendência recente na ciência social e na sociologia britânica tem consistido em minimizar a importância das ideias, crenças e ideologias ao estimular tanto os líderes quanto os liderados; parece ter sido uma surpresa para os historiadores da Guerra Fria que trabalharam com os recém-abertos arquivos soviéticos o fato de que Lênin, Stalin e outros realmente acreditavam em algo do que disseram. Finalmente, precisamos prestar mais atenção nas ações de líderes, sem os quais longas crises de maturidade nunca poderiam ter a forma que assumiram.

Também vale a pena lembrar, nestes tempos de triunfalismo global, que os períodos de rebelião não são anômalos ou acidentais, mas são um aspecto central da configuração do mundo moderno. A teórica política Hannah Arendt observou certa vez que o século XX, a época mais sangrenta e veloz em termos de mudanças na história humana, foi feito por guerras e revoluções. Se a Primeira e a Segunda Guerras Mundiais e a subsequente Guerra Fria fizeram muito para moldar essa época, as revoluções — rebeliões coletivas políticas e sociais que derrubaram governos e buscaram estabelecer novas ordens domésticas e internacionais — foram igualmente importantes.

A Primeira Guerra Mundial foi precedida e precipitada em grau considerável por revoluções na Rússia, Pérsia, Turquia, México e China, e foi seguida pela tomada bolchevique do poder, cujas consequências duraram até 1991. A Segunda Guerra Mundial foi seguida pela tomada comunista do poder na China, pela imposição das mudanças revolucionárias de cima para baixo na Europa Oriental e pela ascensão do nacionalismo revolucionário no Vietnã. O caminho da Guerra Fria também foi marcado por uma variedade de revoluções: comunistas ortodoxas na Indonésia; nacionalistas radicais em Argélia, Cuba, Angola, Moçambique e Nicarágua; radicalismo militar no Egito e na Etiópia e, finalmente, um estranho par de extremos contrastantes, mas adjacentes, na tomada do poder por um partido comunista ultradogmático no Afeganistão, em 1978, e o levante popular da revolução islâmica no Irã, poucos meses depois. Também se pode dizer que, apesar de sua natureza pacífica, os movimentos de massa que derrubaram os partidos comunistas da Europa Oriental em 1989, e que por isso apressaram o colapso da URSS, foram revolucionários no grau de mudança política, social e econômica que pretendiam e depois realizaram.

Este papel central da revolução na história internacional moderna, bem como na dos países em questão, aplica-se não só ao século XX como também aos séculos precedentes: o século XVII foi marcado por duas das maiores rebeliões de um tipo político, econômico e ideológico, a "Revolta da Holanda" (1566-1609) e o evento eufemisticamente conhecido como a "Guerra Civil Inglesa" (1642-9) enquanto o século XVIII foi marcado pela Revolução Americana (1776-83) e depois pela mais influente e paradigmática de todas, a Francesa (1789). A Europa do século XIX foi moldada pelo resultado das revoluções de 1848. Variado como foi em caráter e contexto nacionais, além da importância ideológica, bem como no resultado, este conjunto de revoluções não muito grande, mas de qualquer forma imensamente significativo e destacado, formou uma parte essencial da história mundial moderna.

Por que as revoluções acontecem?

Começando com histórias da Revolução Francesa do século XIX e depois repetidas para todas as revoluções posteriores, as abordagens históricas das causas da revolução tenderam a se focalizar em fatores políticos: a força ou o enfraquecimento do Estado; a sabedoria ou a estupidez dos governantes; o crescimento da oposição a partir de baixo. Dependendo da visão do autor, esses fatores também podiam ser sociais e econômicos. As revoluções eram então o resultado de narrativas de mudanças socioeconômicas ou de fatos mais particulares a curto prazo. Nesta escola, o texto mais influente foi *Anatomy of Revolution* (1965), de Crane Brinton, uma obra que deu o devido destaque a ideias e líderes, mas sem uma teoria a respeito das causas, e que trabalhou muito dentro da estrutura nacional, limitada, de análise.

Um segundo conjunto de publicações sobre as causas das revoluções surgiu das estruturas sociológicas e sociopsicológicas desenvolvidas dos anos 1950 em diante. Este mostrou por que ruíram sistemas sociais e políticos existentes, viáveis por um tempo e razoavelmente estáveis. Aqui, as explicações variaram das psicológicas, segundo as quais as revoluções foram feitas por pessoas, grupos ou classes insatisfeitos, às sociológicas, enfatizando a disfunção e o desequilíbrio na sociedade, até análises em termos da sociologia política, considerando as tensões envolvidas na modernização e nos conflitos sobre recursos dentro da sociedade. Exemplos disso incluem as obras de Ted Gurr, Samuel Huntington, Chalmers Johnson e Charles Tilly. Elas mostraram um senso muito mais elaborado das causas sociais, mas também tendiam a operar com o sistema limitado característico da sociologia, e deram pouco espaço ao papel das ideias e crenças.

Finalmente, nos anos 1970, vieram as explicações em torno da mudança macro-histórica ampla, influenciadas particularmente por Karl Marx e Max Weber. Elas minimizaram a atividade ou as causas de curto prazo da personalidade ou da política, focalizando em vez disso a mudança social e econômica a prazo mais longo e, em particular, como uma combinação de fatores externos e internos enfraqueceu o Estado. Indivíduos, partidos e ideologias foram deixados de lado e a ênfase maior foi dada a como os fatores internacionais — guerras, mudanças na economia e no comércio mundial — enfraqueceram o poder dos Estados. As revoluções deixaram de ser fatos que ocorreram dentro de países específicos, como concordou a maior parte das análises históricas e sociopsicológicas, e se tornaram, mais propriamente, parte do conflito mais amplo de estados e grupos sociais no palco internacional. Sobre isso, o estudo central foi *States and Social Revolutions*, de Theda Skocpol (1978), que, além da sua espantosa negligência do processo político, das ideias e da liderança, também tendeu a reduzir os fatores internacionais à guerra entre estados — uma causa internacional importante, mas longe de ser a única.

Nenhum consenso jamais foi alcançado sobre estes temas e dentro de cada um dos três campos amplos houve desacordos. Havia duas boas razões para isso. Uma era a história em si: mal se formulava uma teoria de revolução, por acadêmicos ou revolucionários, e era aceita, e os fatos irrompiam para corrigi-la; a visão da revolução como um caminho necessariamente violento, mas ainda positivo para a criação de uma ordem liberal moderna, baseada nos casos americano e francês do século XVIII, foi contrariada pela criação da URSS autoritária, a pedra de toque das revoluções do século XX; a hegemonia do modelo bolchevique de revolução proletária, dominante após 1917, foi recusada pelo surgimento de revoluções feitas por uma classe previamente depreciada, os camponeses, na China em 1949, e depois em partes da África e da América Latina; a natureza implicitamente "progressiva" das revoluções liberais ou marxistas, dificilmente tolerada pela revolução islâmica do Irã, liderada pelo clero que colocava como meta a restauração do modelo de estado e sociedade do século VII, associado ao profeta Maomé — enquanto a negação de Skocpol do papel de intervenção, enunciada no seu livro de 1978, foi rapidamente colocada em xeque pelas tomadas voluntárias do poder por Khomeini no Irã (fevereiro de 1979) e pelos sandinistas na Nicarágua (julho de 1979). Finalmente, a perspectiva histórica das revoluções como construção do Estado e historicamente irreversível pareceu desmoronar diante da rejeição maciça do comunismo de estilo soviético na Europa Oriental entre 1989 e 1991.

Porém, igualmente importantes foram os debates sobre temas metodológicos. Lênin observou, certa vez, que as revoluções só podiam acontecer quando *duas condições* ocorriam: os governados não poderiam continuar sob um governo à moda antiga e os governantes não poderiam continuar governando à moda antiga. A maioria dos estudos sobre revolução consideraram esse desejo de mudança — dos rebeldes e revolucionários — mas também é importante saber por que o antigo poder, possuindo instrumentos de coerção, entraria em colapso. Um fator é a fraqueza, a corrupção e a indecisão dos governantes, um tema notavelmente recorrente em Carlos I, passando por Luis XVI, Nicolau II e, mais recentemente, o xá do Irã. Gorbachev também; embora certamente não fosse corrupto, era, apesar de toda sua aparência de ação, curiosamente indeciso e carente de percepção política, felizmente talvez. Também é importante considerar não só o contexto social e econômico que leva rebeldes a agir, mas também sua vontade, organização e mobilização. Os revolucionários frequentemente afirmam ter feito as revoluções e, mesmo quando se descontam seus exageros, um elemento de vontade consciente, e visão, parece realmente importante. Além disso, quando aqueles que desejam desacreditar as revoluções invocam frequentemente forças estranhas ou estrangeiras, eles têm um argumento realmente genuíno; as guerras enfraquecem os países, mesmo quando as ganham; as ideias e exemplos de fora, mesmo que recebidos de forma incorreta, podem contribuir para o descontentamento político.

Até certo ponto, as revoluções da história moderna, especialmente desde 1789, formam um conjunto histórico específico de levantes — parte da "história" de visões de mundo rivais que, como afirma Francis Fukuyama, terminou com alguma justiça. Os dois séculos entre 1789 e 1989 abrangem uma época separada, marcada por um conjunto peculiar de pressupostos ideológicos — sobre mudanças sociais, novidades, o caminho para uma modernidade imaginada — provocado exatamente pelos mesmos conflitos com a modernidade que originaram as guerras modernas e são bem diferentes das revoltas e rebeliões anteriores. Ainda é, porém, questão de especulação e ansiedade saber se 1991 marcou não só o "fim da história" como também o "fim das revoluções"; embora, para alguns, realmente ofereça um elemento de esperança para o século XXI.

Por que as revoluções acontecem?

Outras leituras

BRINTON, Crane. *Anatomy of Revolution*. Vintage, 1965.
GURR, Ted. *Why Men Rebel*. Princeton University Press, 1970.
HALLIDAY, Fred. *Revolution and World Politics: The Rise and Fall of the Sixth Great Power*. Macmillan, 1999.
SKOCPOL, Theda. *States and Social Revolutions: A Comparative Analysis of France, Russia and China*. Cambridge University Press, 1978.

Comentário de Chris Bunting
Escritor

NA SEQUÊNCIA-TÍTULO do sitcom britânico dos anos 1970, *Citizen Smith*, o herói "Wolfie" Smith, líder da Frente Popular Tooting, um revolucionário marxista típico da cidade, costumava sair da estação Broadway Tooting, assobiando uma versão animada de *A bandeira vermelha*. A câmara seguia Wolfie vestido com o obrigatório casaco afegão e uma boina à Che Guevara, quando assobiava pelo seu caminho, rua Tooting acima e chutava uma lata na ponte da estrada de ferro. Do outro lado da ponte, lá no alto, com a rua aos seus pés, ele dava um soco no ar, fazia uma pose heroica e berrava para o sul de Londres, a plenos pulmões: "Poder para o povo."

Uma pena para Wolfie que nunca houvesse uma multidão revolucionária esperando para irromper com suas palavras inflamadas. Tudo o que ele conseguiu foi a atenção de duas crianças de dez anos, que chupavam seus pirulitos numa rua vazia, sem a mínima ideia do que ele estava falando. Nosso herói levou quatro capítulos e infinitos planos revolucionários para perceber que seus sonhos de ser levado ao poder e enfileirar seus inimigos diante de um paredão para "um último cigarro, depois bop, bop, bop" eram apenas isso. Tooting estava feliz em seus grilhões.

Toda época e todo lugar têm seus Wolfie Smiths. Há sempre alguém esperando (em algumas sociedades, mais escondido que em outras) que o sistema social e político vire de

Por que as revoluções acontecem?

cabeça para baixo. E, como para Wolfie, a realização desses desejos, tem sido mais frequentemente uma fantasia distante. Para cada tomada da Bastilha, houve dez mil comícios do Partido Operário Socialista em salões quase vazios, ocupados com resmungos sobre a apatia das massas.

Porém, de vez em quando, alguém põe a cabeça acima do parapeito, grita "Poder para o povo" e descobre um coro de vozes excitadas respondendo ao grito. E quando a ideia da revolução empolga uma sociedade, o diabo fica à solta. Normas que governaram gerações podem, de repente, ser jogadas na lata do lixo da história. Em questão de horas, os poderosos podem se tornar caçados. O que era certo pode se tornar errado. Em tais épocas, a palavra "revolução" significa mais que uma moda Che Guevara, é uma descrição literal da experiência de se viver por uma mudança essencial.

Mas por que acontecem essas mudanças radicais em certos lugares e em certos períodos, recusando-se teimosamente a acontecer em outros, quaisquer que sejam os apelos dos Wolfies deste mundo?

Historiadores e profissionais da política têm enfrentado essa questão há séculos. O texto clássico chinês *I Ching*, composto há três milênios, fala da tomada de poder pelos fundadores da dinastia Shang, T'ang e Wu: "O céu e a terra realizam suas mudanças e as quatro estações completam sua revolução. T'ang e Wu lideraram insurreições segundo a vontade do Céu, em resposta aos desejos dos homens. É realmente grande o significado de tal tempo. A mudança de qualquer forma é geralmente considerada pelas pessoas com desconfiança e antipatia, portanto deve ser instigada gradativamente. Quando a mudança é necessária, só será aprovada após se verificar que funciona. Uma necessidade comprovada antes e uma correção firme durante: essas são as condições sob as quais as revoluções podem acontecer com sucesso."

Dentro da tradição ocidental, os gregos antigos dedicaram muitos estudos a tais tomadas violentas do poder político, mas devemos ter cuidado ao presumir semelhanças demais entre sua abordagem do problema e nossa visão moderna de mudança política. Na verdade, a palavra mais usada pelos gregos para expressar a mudança inconstitucional — *stasis* — significa exatamente o oposto de nossa palavra "revolução". Em vez de descrever o movimento rápido de uma "revolução", *stasis* significa "rigidez" e falta de flexibilidade. Então como pode tal palavra expressar mudança política violenta? De modo confuso, o conceito grego focaliza o que pensadores clássicos geralmente concordaram ser a *causa* da revolução — a esclerose e a rigidez de uma ordem política falida — em vez do seu *efeito*, a mudança rápida.

Para Aristóteles (384-322 a.C.), que oferece um guia pragmático para *stasis* em *Política V*, a desordem política é disparada por toda espécie de causas de curto prazo (as mudanças no equilíbrio do poder faccional, por exemplo) e difere segundo a sociedade em que acontece. Mas, fundamentalmente, *stasis* tem a ver com uma perda da fluidez na política e o espírito subjacente de cooperação em que se baseia um sistema político. Quando as facções endurecem suas posições e resistem à suave interação da sociedade, então a ordem política se torna esclerosada e a revolução é possível.

A palavra *revoluzione* não fez sua estreia até o último período medieval na Itália. A raiz dessa palavra foi o verbo *revolvere*, virar para frente e para trás, e seu uso nesse período refletia uma suposição contemporânea comum de que a história tinha um fluxo cíclico. Para os italianos, segundo Fred Halliday em *Revolution and World Politics* (1999), "a mudança radical era acima de tudo algo que voltava a uma época anterior". O que está espantosamente ausente desta e da visão clássica das revoluções é qualquer ideia de que sejam parte de algum grande "progresso" na história, um conceito que depois marcaria profundamente nosso pensamento a respeito do tema. Para pensadores gregos antigos, Platão inclusive, a derrubada de governos por meio de *stasis* era vista como um processo de degeneração. As revoluções eram sintomas de um colapso na saúde de um sistema político — como os ataques do coração que matam um homem velho e inflexível.

Em contraste, os pensadores do fim do século XVIII associaram revolução com juventude, com o progresso histórico e com o amadurecimento (em vez do envelhecimento) de um regime. Um fato, a Revolução Francesa, foi amplamente responsável por essa mudança. Alexis de Tocqueville (1805-1859) escreveu: "Nenhum levante anterior, mesmo violento, despertou tal entusiasmo apaixonado, pois o ideal da Revolução Francesa não foi simplesmente uma mudança no sistema francês, mas nada menos que uma regeneração de toda a raça humana."

Georg Wilhelm Friedrich Hegel (1770-1831), que desenvolveu a ideia de que a história não era uma série de acasos sem significado, mas "a marcha da razão no mundo", explicava a Revolução Francesa como a derrubada de um "estado de coisas totalmente irracional". Ele escreveu: "A ideia do certo afirmou sua autoridade imediatamente e a velha estrutura de injustiça não podia oferecer resistência para seu ataque decisivo... Só agora o homem avançou para o reconhecimento do princípio de que o pensamento devia governar uma realidade espiritual. Esta foi, portanto, uma gloriosa aurora mental."

Este idealismo foi descartado mais tarde por Karl Marx (1818-1883) e seus seguidores em favor de uma visão de mundo rigorosamente materialista, mas sua afirmativa de que a história é progressiva e que as revoluções são instrumentos desse progresso se entranhou profundamente na tradição revolucionária dominante do século XX. Segundo os marxistas, a revolução acontece plausivelmente quando as instituições frustram o progresso econômico. As revoluções modernas são entendidas como o triunfo inevitável da classe operária industrial e urbana, o proletariado, sobre os administradores de formas condenadas e ultrapassadas de organização econômica.

A tradição marxista produziu tantas análises da natureza das revoluções, frequentemente contraditórias, que é impossível incluí-las aqui. Correntes importantes abrangem o leninismo, com sua ênfase no desempenho do partido revolucionário, das táticas e dos líderes fazendo o papel de parteira de uma revolução, e o maoismo, que destacava a capacidade das comunidades, das quais uma revolução surge para moldar sua forma particular. Contudo, a abordagem dominante permaneceu profundamente marcada por uma visão da revolução pós-revolucionária francesa como uma ferramenta de progresso histórico.

Fora da tradição marxista dominante, porém, a análise revolucionária desde os anos 1950 tem sido caracterizada por um lento abandono da maré alta do otimismo histórico rumo a uma visão mais contingente das revoluções como expressões de problemas específicos em sociedades determinadas. Muitas análises modernas, às vezes, parecem ter mais em comum com Aristóteles e os antigos gregos do que com Marx e Hegel.

Revolutionary Change, de Chalmers Johnson (1966), por exemplo, expõe uma análise sociológica da revolução, reminiscente da ideia de Aristóteles segundo a qual as sociedades se baseiam e são legitimadas por sistemas que são internalizados pela população por meio de processos de socialização. Quando tais sistemas de valores e o ambiente se tornam "dessincronizados" devido a rupturas internas ou externas, diz Johnson, a população pode se tornar desorientada e aberta para conversão a ideologias revolucionárias que oferecem sistemas alternativos de valores. As autoridades existentes, a menos que ajam rapidamente para se "ressincronizar" ao ambiente, podem se ver baseadas no poder puro para manter seu controle e vulneráveis a tentativas violentas de mudança política.

Ted Gurr, em *Why Men Rebel* (1970), oferece uma teoria sobre revolução mais psicologicamente embasada. Gurr afirma que a violência política acontece quando um grande número de pessoas se tornam furiosas com as diferenças entre o que acham que merecem de um sistema social e o que na verdade conseguem. Essa fúria nem sempre se expressa como revolução — a ação revolucionária exige um alto nível de organização — mas, para Gurr, a revolução é essencialmente uma função da psicologia de massa.

As teorias estruturais sugeridas por pensadores como Theda Skocpol e Ellen Trimberger, por outro lado, mantiveram a opinião marxista de que a revolução é o produto de condições objetivas econômicas e sociais, em vez de uma experiência subjetiva. Contudo, eles também se afastaram de uma equação simplista, a revolução com progresso histórico.

Na história recente, eles destacaram, as revoluções têm ocorrido em países predominantemente agrários, relativamente atrasados, desafiados por ameaças militares e econômicas de nações mais avançadas. Em vez de ser instrumentos de modernização, as revoluções têm-se ocupado em resistir a incursões estrangeiras. Algumas delas seguiram políticas modernizadoras como parte de tal resistência, por exemplo, a Revolução Meiji no Japão ou a Revolução Russa, mas outras tomaram caminho oposto, como no Camboja em 1975 ou no Irã em 1978.

Skocpol questiona mesmo se a "revolução" no sentido tradicional de uma tomada do poder violenta e cataclísmica é ainda possível em nações industriais avançadas. "Mesmo se, especialmente, as classes trabalhadoras das sociedades avançadas se tornassem politicamente revolucionárias e autoconscientes em escalas nacional e internacional — algo muito diferente e mais difícil de conseguir que a organização em nível de classe local que esteve por trás das revoltas camponeses na França, Rússia e China — elas ainda teriam de enfrentar os poderes repressivos dos Estados existentes... Parece muito improvável que Estados modernos possam se desintegrar como organizações administrativas coercivas sem destruir as sociedades ao mesmo tempo." Será que Wolfie estava gritando em cima da árvore errada?

Por que as revoluções acontecem?

Por que as economias desmoronam?

Por que as economias desmoronam?

Harold James
Professor do departamento de história
da Universidade de Princeton

Uma das muletas psicológicas a que as pessoas modernas se agarram é a ideia de que só houve uma única grande depressão mundial simultânea, produzida por uma confluência de causas tão estranhas que só poderiam acontecer uma vez: o legado da Primeira Guerra Mundial e do acordo financeiro das reparações e da dívida de guerra; o sistema bancário caótico da maior economia do mundo, os Estados Unidos; e a inexperiência em manipular a política monetária num mundo que ainda estaria preso ao dinheiro metálico. Já que estas circunstâncias foram únicas, não podem ocorrer mais. Certo, chefe, como se poderia dizer ao diretor de um banco central. Contudo, os historiadores seriam mais cautelosos.

Boa parte da literatura historicamente informada sobre a globalização defende a opinião de que houve vários períodos antes deste em que a integração mundial crescente estacionou e se inverteu, com consequências penosas. Embora o precedente mais familiar da globalização moderna seja o do fim do século XIX e começo do XX, terminando com a Grande Depressão do período entre guerras, houve também épocas anteriores de integração: o Império Romano, o ricochete econômico do fim do século XV e começos do XVI (o pano de fundo econômico da renascença), ou o século XVIII, quando a tecnologia desenvolvida e a facilidade crescente de comunicação abriram caminho para impérios globais (Grã-Bretanha e França). Todos esses primeiros episódios de globalização acabaram em guerras. Políticas erradas podem arruinar as economias individuais em toda uma variedade de formas diferentes, mas o colapso sistêmico é um produto de um conflito militarizado. Isto é um acidente?

Há duas grandes maneiras da guerra corroer a globalização. A primeira maneira, mais óbvia e mais estudada, é simplesmente a consequência do custo da guerra: o problema de financiar a atividade militar improdutiva, a interrupção do comércio, a suspensão da migração e o congelamento de movimentos de capital devido a prioridades de segurança. A segunda é a tendência do conflito armado, mesmo quando seu alcance é bem pequeno, de provocar discordância internacional em outras áreas de interação entre países. A guerra desafia pressuposições sobre a distribuição global do poder econômico e político.

A ideia de que a guerra é custosa e interrompe "o comércio normal" é bem entendida na literatura econômica clássica. Claro, para aqueles como Adam Smith que experimentaram as guerras das revoluções americana e francesa, como poderia ser de outra forma? O primeiro volume de *A riqueza das nações*, de Smith (1776), encerra o Livro III com a reflexão de que "as revoluções comuns da guerra e do governo secam facilmente as fontes de riqueza que vêm só do comércio."

A maioria dos períodos de conflitos modernos tem sido acompanhada por finanças inflacionárias de guerra e seguida por agudos períodos de deflação. A causa mais óbvia da deflação pós-guerra é o efeito de gastos governamentais crescentes sobre as taxas de juros. Um caminho alternativo de pensamento sobre isso é a liquidação ou a escassez de capital no tempo de guerra e, consequentemente, o preço mais alto do capital novo. O crescimento das taxas de juros reais a longo prazo torna o investimento em tempos de paz mais caro e enfraquece a atividade. Este efeito é reforçado se os governos tentam voltar aos sistemas de taxas de câmbio do préguerra com preços e salários que foram inchados e distorcidos pelos níveis altos da demanda dos tempos de guerra.

Quase todos os episódios históricos mais dramáticos de deflação sustentada aconteceram depois da guerra. Uma depressão econômica sustentada se seguiu à Guerra da Independência Americana e acentuou o caráter inicial anticomercial da política da nova república. Depois do Congresso de Viena (1814-15) terminar com as guerras napoleônicas, a Europa experimentou décadas de deflação, em que o investimento industrial era caro, sendo frequente a falência de empresários. O período seguinte às guerras civis (ou guerras de unificação) na Itália, Alemanha e Estados Unidos, na década de 1860, incluiu uma bolha especulativa imediata (após 1873), com colapsos nos preços do mercado de ações, bancarrotas e investimento reduzido. A Primeira Guerra Mundial também foi seguida por um breve *boom* de reconstrução em 1919 e depois por um colapso nas principais economias ocidentais em 1920-1; uma década após, veio a Grande Depressão.

Alguns desses efeitos clássicos, em que a guerra produziu instabilidade monetária, ainda são muito visíveis no período seguinte aos principais conflitos internacionais da era pós-1945. Os conflitos na Coreia e no Vietnã produziram altas inflacionárias que inicialmente reduziram e depois aumentaram as taxas de juros reais, o que correspondeu a altas e baixas de investimentos. Contudo, a Guerra do Golfo, de 1991, não coube mais nesse padrão: tanto a inflação quanto as taxas de juros caíram, embora à guerra tenha se seguido uma breve recessão, que é geralmente considerada por analistas políticos como o que frustrou a reeleição do presidente George Bush em 1992.

Uma explicação dos efeitos transformadores da guerra em tempos bem recentes é que o custo de cada guerra para a maior superpotência tem caído desde meados do século XX. Em termos atuais, a Segunda Guerra Mundial custou cerca de US$ 4.700 bilhões; a da Coreia, US$ 400 bilhões; a do Vietnã, US$ 572 bilhões; a Guerra do Golfo de 1991, US$ 80 bilhões e a Guerra do Iraque de 2003 custou pouco acima de US$ 20 bilhões. Portanto, seria adequado esperar uma diminuição do impacto puramente fiscal das guerras e, consequentemente, do seu legado deflacionário. Assumindo uma abordagem ingênua à demanda de ação militar e seus equipamentos, os custos em queda deveriam sugerir uma procura crescente e uma nova probabilidade do uso da força para efetuar mudanças de regimes. Quanto menos custa uma guerra, e quanto menores as baixas militares e civis, mais provável ela se torna.

Smith teve uma opinião semelhante sobre algumas das guerras do século XVIII. A combinação de tecnologia, que tornou a guerra entre países avançados e atrasados menos custosa para o país avançado, e novos métodos de distribuir a carga financeira da guerra pela venda de instrumentos de dívida tornou as guerras mais prováveis: "Em grandes impérios, muitas das pessoas que moravam na capital e nas províncias distantes do centro da ação mal sentem qualquer inconveniente com a guerra; mas elas desfrutam, tranquilamente, da diversão de lerem no jornal as façanhas de suas frotas e exércitos."

Mas as guerras também levam a perguntas sobre as regras que orientam a interação econômica, tanto no meio internacional quanto internamente. Todas as guerras, pequenas ou grandes, produzem novos problemas e divisões. Preocupações com segurança derramam-se sobre a economia. Uma tradição de pensamento sobre as guerras (e especialmente sobre as guerras em menor escala da época da globalização do final do século XIX) sugere que elas têm origens econômicas e são travadas — especialmente em época de globalização — devido a um desejo de controlar uma fatia maior dos recursos globais. Isto é conhecido por historiadores e cientistas sociais como a interpretação sobre o imperialismo Hobson-Hilferding-Lenin. É, em grande parte, errada como interpretação das origens das guerras, mas bem poderosa para a compreensão da reação política a elas.

O modelo da guerra imperialista que o liberal britânico John A. Hobson e os marxistas que adaptaram sua explicação tinham em mente era a guerra relativamente curta e não total que caracterizou a época da alta globalização. A guerra hispano-americana de 1898, que trouxe os Estados Unidos para o sistema internacional, foi, ao contrário dos conflitos travados no início do século XIX, um conflito muito desigual entre a economia que mais crescia no mundo, além de ser a maior economia industrial, e uma potência imperial europeia muito atrasada. Embora 274 mil soldados americanos tenham sido mobilizados, só morreram 379. Isto logo foi seguido por outro conflito desigual, a conquista britânica dos bôeres.

Essas duas guerras desiguais foram altamente controvertidas no contexto da política interna e podem ser interpretadas como "tomadas de território", demandas de recursos que eram escassos: açúcar do Caribe e diamantes (do campo de Kimberley) e ouro da África do Sul. Primeiro, as guerras produziram um nacionalismo eleitoral bem-sucedido, com a "eleição cáqui" britânica de 1900, originando um voto conservador e imperialista, e, nos Estados Unidos, uma onda de popularidade para Theodore Roosevelt, que fora o herói da guerra de 1898. Houve então um intervalo em que os críticos assimilaram associações entre a guerra e os ganhos pessoais de um pequeno grupo de homens de negócios e financistas corruptos.

Na Grã-Bretanha, Leo Chiozza Money, um escritor e parlamentar liberal, denunciou a corrupção das finanças. Os liberais insistiam na hipocrisia do governo britânico por denunciar a discriminação racial dos bôeres, enquanto encorajava a imigração chinesa maciça para fornecer mão de obra para o desenvolvimento da África do Sul. Eles conseguiram uma espantosa vitória eleitoral em 1906. Nos Estados Unidos, a opinião se voltou contra os financistas que haviam comprado a eleição do presidente William McKinley em 1896. O próprio Roosevelt começou a denunciar "certos malfeitores de grande riqueza" que tinham-se apropriado de muitos dos ganhos produzidos pela ação pública. Os populistas apresentaram a guerra e o escândalo empresarial como parceiros.

Estas guerras também tornaram as relações internacionais significativamente mais tensas. A guerra dos bôeres foi um dos momentos decisivos na crescente brecha entre a Grã-Bretanha e a Alemanha, com o Kaiser alemão apoiando publicamente os bôeres. Pequenos conflitos prepararam assim o palco para conflitos maiores e mais globais, com discussões sobre a distribuição dos despojos da guerra que pioraram o clima internacional.

Esta capacidade de conflitos relativamente pequenos destruírem grandes elementos de acordos internacionais parece familiar. E o perigo de conflitos em escalada interromperem a globalização tem precedentes históricos que vão muito além do mundo da globalização do final do século XIX.

O primeiro volume do estudo clássico de Edward Gibbon, *Declínio e queda do Império Romano*, foi (por acaso) publicado em 1776, o ano da assinatura da Declaração da Independência Americana e de *A riqueza das nações*, de Smith. O conselho de Gibbon e a preocupação de Smith com a guerra destruindo o comércio parece hoje imediatamente relevante, e bem alarmante. Tanto Smith quanto Gibbon estavam pensando, no rastro da humilhação de um sistema global comercial e militar britânico, sobre os problemas do que pode ser chamado o reverso da globalização.

Gibbon começa com elogios ao caráter pacífico do imperador Augusto e ao realismo e multilateralismo romanos: "Inclinado à paz por seu temperamento e situação, foi fácil para ele descobrir que Roma, em sua posição privilegiada de então, tinha muito menos a esperar do que temer pela contingência das armas; com a realização de guerras distantes, a tarefa se tornava cada dia mais difícil, o empreendimento mais duvidoso, a posse mais precária e menos vantajosa." Esta é uma ótima descrição das atrações e dos perigos da prosperidade econômica. Roma pode ter desfrutado da prosperidade do consumidor, mas esta prosperidade atirou-a a um mundo de conflito que, em troca, destruiu sua economia.

Outras leituras

GIBBON, Edward. *Declínio e queda do Império Romano*. 1776.

JAMES, Harold. *The End of Globalization*. Harvard University Press, 2001.

OLSON, Mancur. *The Rise and Decline of Nations: Economic Growth, Stagflation and Social Rigidities*. Yale University Press, 1982.

ROTHSCHILD, Emma. *Economic Sentiments: Adam Smith, Condorcet, and the Enlightenment*. Harvard University Press, 2001.

SMITH, Adam. *A riqueza das nações*. 1776.

Comentário de Simon Targett
Jornalista do Financial Times

"É A ECONOMIA, estúpido!" Esta frase, rabiscada no quadro de avisos do escritório de campanha de Bill Clinton, tornou-se o bordão da eleição presidencial americana de 1992. Ela refletia a opinião de que o mais importante no processo político era a saúde da economia. Assim, embora George Bush, pai, o presidente em exercício, tenha conseguido uma vitória militar durante a primeira Guerra do Golfo, isso nunca poderia ajudá-lo a obter o apoio de eleitores sofrendo com o desemprego, cortes salariais e uma miséria econômica geral.

Não havia nada de novo sobre a ideia de que a economia era essencial às fortunas políticas de presidentes e partidos — daí a palavra "estúpido". Desde Aristóteles, o filósofo grego que educou Alexandre, o Grande, e que escreveu *Política*, em cerca de 335 a.C., a economia tem sido vista como algo fundamental para a política como um todo.

Em tempos modernos, economistas de estilo próprio buscaram descrever como e por que a economia contemporânea funciona. Adam Smith, que publicou seu *A riqueza das nações* em 1776, enquanto os revolucionários americanos assinavam sua declaração de independência em relação à coroa britânica, foi o primeiro grande expoente disso. Porém, se os economistas se esforçaram em compreender as minúcias e as mecânicas da economia contemporânea, foram os historiadores — ou pelo menos aqueles com uma perspectiva histó-

Por que as economias desmoronam?

rica — que responderam à pergunta muito mais importante e panorâmica: por que as economias desmoronam?

O historiador francês Emmanuel Le Roy Ladurie gostava de dividir os historiadores em dois tipos: os caçadores de trufas, que procuravam toda espécie de detalhes ocultos, e os paraquedistas, que buscavam uma visão panorâmica dos fatos. Alguns caçadores de trufas examinaram a questão econômica, focalizando países específicos ou momentos especiais no tempo: a "tulipamania" que atormentou os holandeses na década de 1680, a escassez de batatas na Irlanda em meados da década de 1840 ou o colapso de Wall Street em 1929. Mas, em sua maior parte, o colapso econômico tem sido o tema favorito dos paraquedistas que, compreendendo a confiança da política na economia, adotaram o uso de palavras com significado mais amplo: império, civilização e coisas parecidas.

Os primeiros autores gregos descreveram um processo cíclico de desenvolvimento político: a ascensão, a queda, a renovação. Porém, foi a Roma antiga que forneceu aos historiadores o melhor estudo de caso para abordar o tema do colapso político — e, implicitamente, econômico.

Lívio e Tácito estiveram entre os primeiros a contar essa história, mas certamente não foram os últimos. Sir Walter Raleigh, o aventureiro elisabetano, tratou do assunto em sua *History of the World* (1614) — uma das primeiras obras de síntese histórica — que ele escreveu na Torre de Londres enquanto esperava o machado do carrasco. Ele destacou que todos os grandes impérios — de Babilônia, passando por Pérsia, Egito e Macedônia, até Roma — se desfizeram devido à arrogância e à exaltação dos príncipes.

No século seguinte, Edward Gibbon, um historiador político, publicou o estudo arquetípico do colapso político-econômico: *Declínio e queda do Império Romano*, que traçou a história da maior potência do mundo antigo. Ele não parou em 410 d.C., quando os visigodos saquearam Roma, data oficial do fim do império, mas continuou a história até 1453, quando o Império do Oriente finalmente entrou em colapso diante do poder dos turcos otomanos. Era uma obra monumental, chegando a seis volumes, com um milhão e meio de palavras e oito mil notas de rodapé. Os políticos britânicos, controlando um império ainda maior, anotaram tudo. William Gladstone, primeiro-ministro quatro vezes entre 1868 e 1894, colocava Gibbon entre os três maiores historiadores de todos os tempos.

Apesar de tudo isso, Gibbon não ofereceu nenhuma sequência consistente de razões para o colapso de Roma. Para ele, ao contrário da ascensão da cidade — "que pode merecer, como um prodígio singular, a reflexão de uma mente filosófica" —, a queda da cidade foi retratada de forma mais simples. "O declínio de Roma foi o resultado inevitável e natural de uma grandeza imoderada", escreveu. "A prosperidade amadureceu o princípio da decadência; as causas da destruição multiplicaram-se com a extensão da conquista, e assim que o tempo ou o acaso removeram os apoios artificiais, a estupenda estrutura cedeu à pressão do seu próprio peso." Ao desenvolver essa conclusão, ele estava lembrando a observação de Lívio: "*Eo crevit, ut magnitudine laboret sua*" (cresceu tanto que desmoronou).

Os historiadores, desde então, tentaram estabelecer uma lista de causas. Michael Grant, um divulgador moderno do

Por que as economias desmoronam?

mundo clássico, em *The Fall of the Roman Empire: A Reappraisal* (1976), identificou uma lista de treze "defeitos" ou "desunidades", combinados para pôr Roma de joelhos. Mas, se Gibbon não tinha uma lista assim, ele sugeriu, em troca, uma forma alternativa de responder à questão do colapso, mudando o raciocínio. "A história de sua ruína é simples e óbvia", escreveu, "e em vez de perguntar por que o Império Romano foi destruído, devemos, em vez disso, nos surpreender pelo fato de ter durado tanto". Isto mostrou ser uma forma importante de tratar o problema. Eric Hobsbawm, falando da sorte do Império Britânico em *Industry and Empire: From 1750 to the Present Day* (1968), aludiu ao "declínio relativo" — mesmo que os impérios americano e soviético tenham ocupado seu lugar como superpotências globais. "*O status quo* foi de alguma forma abalado, mas nunca foi totalmente interrompido", observou. "Até agora sofremos erosão, mas não colapso." Em seu *History of the World* (1976), John Roberts disse que autores do século V lamentavam tanto o "colapso" do Império Romano que "é fácil ter a impressão... de que toda a sociedade desmoronara, o que não aconteceu". Na verdade, disse, o que falhou foi o aparato do estado.

Roberts sugeriu que isso aconteceu porque ele se "tornou grande demais para a base demográfica, fiscal e econômica que o sustentava", assim como Gibbon assinalara a decadência interna como uma causa para o colapso. Georg Wilhelm Friedrich Hegel (1770-1831) teve a mesma opinião. Em *A filosofia da história*, Hegel apresentou a primeira grande "história universal", começando sua história na China, levando o leitor aos mundos grego e romano, terminando com a Alemanha contemporânea. Cada civilização cedeu o bastão da história para a próxima, num caminho de mão única até os dias presentes, à medida que se dobravam à pressão de problemas internos. Ele citou o exemplo da cidade medieval, que abrigava os comerciantes que se tornariam os porta-estandartes do sistema econômico capitalista, substituto do velho sistema feudal.

Karl Marx (1818-1883), o mais famoso intérprete de Hegel, foi um passo além, apontando para as sementes de decadência dentro de uma sociedade capitalista. Em *O Capital* (1867), ele disse que o estado capitalista, que uma minoria privilegiada de proprietários dominava, seria substituído por um levante da classe trabalhadora marginalizada.

No século XX, houve um aumento dramático do número de pessoas que tentaram fazer uma história mundial ou global e que, ao fazerem isso, buscaram explicações para o colapso de economias, impérios ou civilizações. No fim da Primeira Guerra Mundial, H. G. Wells, um dos primeiros grandes escritores de ficção científica, começou *The Outline of History*, publicado em 1920, que cobria a história do mundo dos tempos primitivos até os dias atuais. Ele deu uma resposta para a pergunta: "Por que a república romana fracassou?". Segundo ele, "a essência do seu fracasso foi não poder manter a unidade".

Na época em que Wells escrevia, Oswald Spengler fazia o mesmo, com *Der Untergang des Abendlandes* (1918-22), que traçou a "decadência do Ocidente" e afirmou que cada cultura era sujeita às mesmas leis de crescimento e declínio. Arnold Toynbee, um classicista inglês, seguiu o exemplo de Spengler. Seu *Um estudo da história* (1934) dividia a história em histórias de povos específicos, cada um com seu passado e seu futuro separados. Mas ele achava que havia causas comuns para o declínio. Como Gibbon, ele considerava que "o problema do colapso das civilizações (era) mais óbvio que o problema do seu crescimento". Apontou para as fraquezas domésticas como causa principal do colapso — e não, em outras palavras, para as ações de bárbaros ou forças externas. "Todas as civilizações não ocidentais que estão vivas hoje", escreveu — pensando em Rússia, Índia, China, Japão, no antigo Império Otomano e na Arábia —, "sucumbiram internamente antes de serem erodidas graças ao impacto externo da civilização ocidental."

Nesse período, como no passado, políticos também tentaram praticar a "grande história", buscando entender por que sistemas políticos aparentemente invencíveis desmoronam. Entre eles, Jawaharlal Nehru, que depois se tornou primeiro primeiro-ministro da Índia. Ele escreveu *Glimpses of World History* (1934) na sua cela da prisão, exatamente como Sir Walter Raleigh fizera trezentos anos antes. Num capítulo sobre "o declínio e a queda do Império Mughal na Índia", escreveu: "Ele caiu, como quase todos os impérios caem, devido a suas fraquezas inerentes. Literalmente, ele se partiu em pedaços."

Na segunda metade do século XX, o pessimismo dos historiadores que escreveram durante os anos de guerra deu lugar a um novo otimismo. Em 1963, William McNeill afirmou em *The Rise of the West* que o contato com estrangeiros foi o motor principal da mudança da sociedade. Ao descrever a decadência do Império Britânico, McNeill observou que "se tivesse sido deixada a seus próprios recursos", a revolução industrial teria "morrido". Mas o industrialismo da Grã-

Bretanha, "reagindo com atitudes divergentes e instituições em outras terras", adquiriu um segundo ímpeto, e os operadores do velho império, "como todos os demais no mundo, tiveram de se ajustar a isso".

Enquanto isso, os Estados Unidos haviam assumido uma nova primazia, tornando-se, por volta de 1917, "uma potência mundial", eclipsando a Europa Ocidental como o inegável centro e árbitro da civilização ocidental. Isso levou historiadores a procurar pelas origens do declínio e queda do Império Americano. Em *The Rise and Fall of the Great Powers: Economic Change and Military Conflict From 1500 to 2000*, escrito em 1988, Paul Kennedy realçou um enigma que tem desafiado economistas, políticos e historiadores desde os tempos clássicos: ser uma grande potência exige uma base econômica florescente, porém, ao entrar em guerra — ou, pelo menos, ao dedicar recursos a armamentos —, uma grande potência arrisca erodir essa base, especialmente em relação a outras que dedicam seus recursos ao investimento produtivo para um crescimento a longo prazo. Sendo assim, ele previu que a hegemonia dos Estados Unidos, URSS e outros grandes países se corroeria, enquanto outras nações ficariam mais ricas.

Esta tese, que alarmou os estrategistas de Washington, já se comprovou pela metade. A URSS hoje não existe mais, tendo se envolvido na custosa Guerra Fria com os Estados Unidos. Enquanto isso, economistas, citando o precedente histórico, estão elaborando cenários para o dia em que a China eclipsar os Estados Unidos. Goldman Sachs, o banco de investimentos americano, num recente relatório para investidores, declarou que a China ultrapassaria os Estados Unidos

Por que as economias desmoronam?

como a nação número um em 2040. A razão para isso teria menos a ver com o colapso americano e mais com a ascensão chinesa. Até agora, se há uma resposta para a pergunta "por que as economias desmoronam?", esse tema do declínio relativo e da carga crescente de um império em expansão parece ter sido a resposta mais popular do historiador.

O que torna as leis efetivas?

O que torna as leis efetivas?

Alan Macfarlane
Professor de ciência antropológica
da Universidade de Cambridge

Ao se considerar o que torna as leis efetivas, tudo depende do que queremos dizer por "efetivas" — efetivas nos custos? Efetivas em suprimir o crime? Em fornecer a segurança de que as economias capitalistas precisam? Efetivas em proteger os cidadãos ou súditos? Isso pode criar conflitos.

Um indicador de efetividade consiste em saber se existe "o império da lei", mas o que significa isso? Poderia ser interpretado como pessoas sendo preparadas para acertar disputas por meio de processos legais, e não pela força. Na maioria das sociedades, as pessoas temem e odeiam a lei, ou acham que ela é fraca e corrupta. Convencer pessoas a usar a lei como o processo normal de solucionar disputas é bastante difícil e exige uma enorme habilidade política e boa sorte. Aconteceu cedo na Inglaterra, mas ainda não se espalhou em muitas partes do mundo.

Também se pode propor que todas as ações e todo poder estão, em última análise, sob a lei. Acima dos governantes há algo mais alto; eles também estão sob a lei. A maioria dos sistemas legais desenvolve-se de modo diferente. Primeiro, os governantes podem dizer: "Nós fazemos as leis e mantemos as leis." Mas depois de um tempo eles se esquecem da segunda metade. Eles estão acima da lei. Então a lei não os governa, eles governam a lei. Pode-se ver isso na Rússia de Stalin, na China do presidente Mao, ou na França, no fim do século XVII. Há uma lei para os poderosos e ricos e outra lei para o povo.

O "império da lei" depende da aplicação uniforme da lei e de um procedimento comum. O que significa que o processo legal deve estar separado do processo político, que juízes e tribunais devem ser independentes. Tudo isso é difícil de manter. Forças poderosas, econômicas e políticas, estão constantemente esperando para predispor a lei na sua direção.

Estas separações são especialmente frágeis em tempos de guerra — tanto durante as guerras reais, como a Segunda Guerra Mundial, quanto durante as guerras inventadas ou ideológicas, como as "guerras" contra os hereges medievais, "guerras" contra Satã e seu império de bruxas, "guerras" contra o comunismo nos expurgos de McCarthy, nos anos 1950, "guerras" contra o terrorismo. Em cada caso, as liberdades civis são corroídas e a independência legal é esmagada. Vimos isso claramente nos Estados Unidos e na Grã-Bretanha quando o medo e o pânico foram usados para justificar a suspensão dos direitos legais normais, após os ataques terroristas contra o World Trade Center.

Um segundo indicador de efetividade diz respeito ao grau em que as pessoas são fiéis às decisões legais. O grande problema é convencer as pessoas a aceitar o que acontece no processo legal. Este tira as pessoas de suas vidas comuns, de seu envolvimento em relações de conflito. Ele as coloca numa arena que está fora do tempo e do espaço normais e rearranja suas vidas. É preciso pressão para convencer pessoas a seguir uma decisão que elas poderão achar contra seus interesses.

Para forçar a aceitação, a lei é frequentemente um processo dramático e elaborado. As pessoas se vestem com roupas estranhas, o juiz senta-se bem acima do tribunal, palavras compridas são usadas de uma maneira estranhamente formal. Há muitas vezes penas públicas dramáticas, como no chamado "teatro de Tyburn", onde os criminosos eram levados pelas ruas e executados diante da multidão na Inglaterra do século XVIII.

Um terceiro indicador de efetividade é o que se refere ao grau em que cidadãos ou súditos se sentem protegidos por suas leis e processos legais. Em quase todos os casos legais sérios, tem-se a confrontação entre o estado e o cidadão ou súdito. O estado tem quase todo o poder e o indivíduo sozinho é inerentemente fraco. Então, se o estado diz que você é suspeito de um delito, como você pode se defender?

É por isso que o sistema de júri é tão eficiente. Sob tal sistema, onde é dever de seus iguais decidir sobre sua culpa ou inocência, tudo muda. O júri não está em julgamento, mas é composto por observadores e árbitros. Uma coisa é esmagar um indivíduo já acusado de uma transgressão. Inteiramente diferente é poder convencer doze indivíduos livres, que concordaram, sob juramento, a julgar tão justamente quanto possível, sem medo ou favorecimento.

Assim, o júri age como um filtro para o poder do Estado, uma proteção para o indivíduo ou súdito sozinho. É uma instituição-chave em qualquer democracia. A maioria dos países na Europa Ocidental tinha júris de alguma espécie há mil anos.

O que torna as leis efetivas?

As tribos que destruíram o Império Romano tinham começado um sistema legal de julgamento pelos pares diante de juízes itinerantes e isso se manteve por mais de meio milênio.

Contudo, quase todos renunciaram ao sistema de júri por volta do século XVIII. Uma razão foi social. O jurista Sir John Fortescue assinalou no século XV, ao comparar o sistema de júri da Inglaterra com sua inexistência na França, que os júris só funcionam se o país está cheio de uma grande classe de pessoas moderadamente ricas, instruídas e independentes que possam atuar como jurados. A Inglaterra tinha essa classe; a França, não.

Em segundo lugar, a maior parte da Europa foi recolonizada por uma forma de lei romana absolutista, do século XIV ao XVII. Esta se baseava numa forma inquisitorial de justiça, em que magistrados (no caso, funcionários de grau subalterno com uma autoridade limitada para administrar e garantir a lei) julgavam casos sem o uso de júris. Só a Inglaterra evitou essa "recepção" da lei romana e manteve seu velho sistema de júri. Contudo, agora há pedidos crescentes pela sua abolição num amplo espectro de casos, com políticos e outros reformistas citando os conhecidos atrasos, custos e ineficiências de se permitir julgamentos de júri popular. O fato de que membros do público gradativamente se verão diretamente confrontados pelo Estado, não mais protegidos por seus pares, levará algum tempo para se tornar óbvio.

Além do júri há uma instituição que a maioria de nós aceita sem questionar, mas que o grande historiador legal, F. W. Maitland, certa vez descreveu como "uma maravilhosa instituição" e "tão puramente inglesa, talvez a parte mais tipicamente inglesa de toda a nossa organização governamental".

São os magistrados ou o que se costumava chamar juízes de paz. Magistrados leigos são pessoas comuns, locais, sem treinamento profissional em direito. Cerca de 97% de todos os casos não vão além da corte dos magistrados e mesmo os casos mais graves têm de ser aprovados pelos magistrados antes de poderem ir além no sistema legal.

Os magistrados forneceram outra proteção importante para o cidadão, já que são independentes do governo. Não são pagos pelo Estado, nem respondem diretamente a ele. Garantem que a justiça seja local, descentralizada, e que os cidadãos comuns (que representam) possam entender a lei. A Inglaterra teria uma história muito diferente sem eles. Isto não só em relação a fatos específicos — por exemplo, eles formaram a espinha dorsal da resistência e derrubada de James III na "Revolução Gloriosa" de 1688 — porém de modo mais geral. O simples fato da sua presença inibe as pretensões do executivo. Porém, como o júri, trata-se de uma espécie ameaçada na medida em que as pressões crescem para substituí-los por magistrados assalariados — advogados pagos e treinados, que inevitavelmente têm uma associação mais estreita com o Estado.

O grau de confiança do público na lei é profundamente afetado por seus executores, isto é, a polícia. Até meados do século XIX, a polícia inglesa era local, destreinada, aldeãos comuns cujo dever era, a cada vez, agir como policiais. Não usavam uniforme especial, não portavam armas especiais, não controlavam nenhum posto policial ou prisão local. Não eram vistos como impositores externos, armados, do poder central da maneira que a polícia era em quase toda parte da Europa.

O que torna as leis efetivas?

139

Esta força policial localizada fez as leis serem bem mais efetivas. A polícia conhecia sua comunidade porque era parte dela. Como era geralmente confiável, a informação chegava a ela. Não precisava estar fisicamente presente para evitar o crime ou a desordem. O ato de policiar de forma marcial com um "poder de ocupação", sem apoio local, geralmente é desastroso.

A força policial britânica foi institucionalizada há 150 anos, mas ainda conserva vestígios do seu sabor único. Os guardas ainda andam desarmados em grande parte; ainda são vistos por muitas pessoas comuns como confiáveis, incorruptos, prestativos e talvez um pouco pedantes, mas basicamente do lado delas, embora a disseminação de armas, drogas, tensões raciais e o crime internacional violento estejam atualmente pressionando enormemente essa tradição.

Finalmente, o que torna uma lei eficiente é o modo pelo qual as pessoas sentem que ela acompanha seus interesses e não vai contra eles. Quando se torna uma ferramenta para alterar rapidamente uma estrutura social, pode criar tensões profundas. Podemos ver isto com relação à premissa básica de direitos humanos e a lei.

É tácito na lei da Grã-Bretanha moderna que os indivíduos tenham direitos. Homens, mulheres, crianças, pessoas incapacitadas, até animais e o feto não nascido têm "direitos" intrínsecos. Pouquíssimas sociedades no mundo partilham essa opinião. Geralmente se pensa que um indivíduo só existe como parte de um grupo: ele ou ela tem direitos em relação aos outros e estes direitos são inseparáveis das responsabilidades; não há direitos intrínsecos que venham com o nascimento.

A ideia de que "a vida, a liberdade e a busca da felicidade" são direitos humanos intrínsecos e inextinguíveis seria considerada por grande parte do mundo, mesmo hoje, e certamente durante a maior parte da história, como uma afirmação abusiva. Quando os britânicos levaram a ideia para a Índia no século XIX, isso causou uma enorme confusão e intranquilidade. Um membro de uma casta inferior, uma mulher, uma criança, nunca foram concebidos como tendo os mesmos direitos intrínsecos de uma pessoa de casta superior, um homem, um adulto.

Esta pressuposição dos direitos humanos individuais é uma característica muito antiga da lei inglesa. Agora se espalhou pelo mundo e se tornou uma doutrina central de uma nova forma de atividade missionária. Ela tem muitos méritos. A proteção dos fracos (crianças, mulheres, os pobres) contra os fortes é atraente. O reequilíbrio das relações desiguais (escravos, esposas, trabalhadores de fábricas) beneficiou-se do conceito de direitos humanos individuais que são protegidos pelo Estado.

Mas quando levada a extremos e sem atenção suficiente aos direitos compensadores de comunidades e grupos, ou às responsabilidades que acompanham os direitos, a ênfase nos direitos humanos pode ser tão perigosa quanto a sua ausência. Ela leva a lei ao desrespeito. A engenharia social pela lei tem de ser realizada muito cuidadosamente. Para muitos, a atenção obsessiva aos direitos humanos que vem sendo promovida pela legislação europeia está surtindo exatamente este efeito.

Sistemas legais se sucedem. Numa extremidade estão aqueles em que a lei é um sistema imposto pelo governo central, absolutista, para manter uma população relutante em

O que torna as leis efetivas?

sombria submissão. Vemos isto em muitos casos, desde a França do século XVII aos estados comunistas e fascistas do século XX. No outro extremo, em muitas sociedades simples, as pessoas operam seu próprio sistema legal por meio do consenso e da autovigilância.

Por acaso, e com a vantagem de ser uma ilha, a Inglaterra conseguiu manter uma posição com relação ao extremo autorrestritivo. Isto não só lhe deu um sistema legal estável, moderadamente justo e confiável, como também sustentou suas liberdades e flexibilidade religiosa e econômica. Temores exagerados de terrorismo, combinados com um modelo superburocrático de governo que emana de partes do projeto da União Europeia, estão arriscando levar o sistema rapidamente, nessa progressão, rumo ao extremo absolutista.

Outras leituras

BAKER, John. *An Introduction to English Legal History*. Butterworths, 1979.

GRAY, John. *False Dawn: The Delusions of Global Capitalism*. Granta, 1998.

POUND, Roscoe. *An Introduction to the Philosophy of Law*. Yale, 1954.

ROBERTS, Simon. *Order and Dispute*. Penguin, 1979.

Comentário de Huw Richards
Escritor e jornalista

TODOS, MENOS OS MAIS radicais niilistas — que não é um grupo notavelmente representado entre os historiadores —, concordariam que as leis efetivas são um suporte essencial para qualquer sociedade que funciona. Até o historiador radical E. P. Thompson (1924-1993), um polemista feroz contra as más leis, escreveu que o império da lei era "um bem humano injustiçado", enquanto o ícone dos conservadores intelectuais, Edmund Burke, notou em 1780 que "más leis são a pior espécie de tirania". Contudo, o que torna as leis efetivas — boas e não ruins — é algo que tem sido acaloradamente discutido por séculos. Para Nicolau Maquiavel, aconselhando os construtores de Estados em 1517, pode ser "necessário para aquele que estabelece um Estado, e dispõe as leis nele, pressupor primeiro que todos os homens são maus e que sempre irão agir de acordo com a pobreza dos seus espíritos, sempre que tiverem livre-arbítrio". Mas para John Stuart Mill, em 1859, "um estado que reduz seus homens, a fim de que sejam instrumentos mais dóceis nas suas mãos, até para propósitos elogiáveis, descobrirá que com homens pequenos nenhuma grande coisa poderá ser realmente realizada".

Podem ser atividades aliadas, dada a ênfase da maioria dos sistemas legais nos precedentes, mas a lei e a história tendem a não ser companheiras muito à vontade. Em 1888, F. W. Maitland pronunciou uma aula inaugural na Universidade de

O que torna as leis efetivas?

Cambridge intitulada "Por que a história da lei inglesa não é escrita", afirmando, entre outras coisas, que uma das dificuldades era a montanha de fontes originais. Antes, ele se queixara de que enquanto a Alemanha continuasse a produzir um fluxo de versões impressas de fontes primárias vitais, a produtividade britânica ficava bem atrás. J. H. Baker, dando sua aula inaugural na mesma cátedra, 110 anos depois, "Por que a história da lei inglesa não foi terminada", também afirmou que "a história não pode ser escrita de qualquer forma confiável, até que a melhor fonte tenha sido conseguida" e disse que isso ainda estava restringindo os historiadores das leis.

Porém, a lei estava no começo da história como uma profissão claramente definida na Grã-Bretanha. Arthur Marwick, autor do estudo historiográfico de 1970, *The Nature of History*, disse que enquanto a Universidade de Oxford tinha um professor "Regius" (de cátedra instituída por fundação real) de história desde o começo do século XVIII, foi só com a designação, em 1866, do historiador constitucional William Stubbs que se estabeleceu a base para o estudo sério da história na universidade.

O medievalista Richard Southern assinalou em 1961 que a história constitucional forneceu o núcleo intelectual de que a história necessitava então para sua sobrevivência como uma disciplina intelectual autônoma: "Intelectualmente era altamente respeitável. Era sistemática; dava uma unidade orgânica para um grande número de fatos que, de outra maneira, estariam desconectados. Era difícil."

Maitland era o equivalente de Stubbs na Universidade de Cambridge. Uma razão para seu atrativo duradouro é a qualidade do seu texto e a imaginação histórica. Ele sintetizou as possibilidades da história legal na frase: "Se alguma fada me desse o poder de ver uma cena que fosse da mesma espécie de cada época da história de cada raça, o tipo de cena que eu escolheria seria um julgamento por assassinato, porque acho que isso me daria tantos indícios quanto uma quantidade de assuntos de primeira importância." Outra razão é o declínio comparativo da história legal e constitucional na parte inicial do século XX.

Nenhum congresso de especialistas em história legal foi realizado na Grã-Bretanha entre 1913 e 1972. Ao apresentar teses no congresso que acabou essa seca de 59 anos, Dafydd Jenkins, da Universidade Aberystwyth, argumentou que "os advogados sempre se confundiram com a aparente continuidade de sua herança relativa, em uma forma de pensar que inibe a compreensão histórica. Historiadores "puros", por outro lado, frequentemente fugiram aflitos dos mistérios da lei que permeia sua história".

Em 1981, John Guy, arquivista-assistente de registros públicos e depois professor de história na Universidade St. Andrews, ofereceu uma síntese nada lisonjeira da produção dessa área: "Com a distinta exceção da obra de F. W. Maitland, a história legal tendeu a ser uma das três coisas: a comemoração de advogados individuais por razões (geralmente) de lealdade institucional; a coleção de epítomes de materiais legais 'úteis', frequentemente em ordem alfabética; a fórmula de histórias 'épicas' e geralmente '*whiggish*' (de tendência liberal), em que toda a sequência das instituições legais e da lei inglesa é narrada por um homem... notavelmente do ponto de vista da doutrina pura ou da superioridade do sistema inglês sobre os 'continentais' e invariavelmente sem qualquer

O que torna as leis efetivas?

aparência de consideração de materiais históricos ou até legais, que não estivessem convencionalmente disponíveis em forma impressa." Maitland, afirmou ele, pelo menos estava ciente de que a lei tinha um contexto social.

Apesar de tudo, os debates teóricos sobre lei eficiente datam pelo menos dos gregos e romanos. Temas centrais correntes consistiam em saber até que ponto a lei deve ter um conteúdo moral; se ela deve derivar de um código unificado e coerente ou evolui como lei comum; e até onde era permissível discordar dela. Os teóricos legais foram genericamente divididos em duas correntes: os que acreditam na lei natural, vendo a lei como o resultado não só de decisões mas de princípios subjacentes, algo mais descoberto que feito — uma posição inerentemente moralista — e aqueles que acreditam no positivismo, vendo as leis como resultado de decisões políticas, coisas que refletem o poder daqueles que as fazem para impor sua vontade, sem ligar para a moralidade.

A base religiosa das sociedades clássicas e medievais indicava que as teorias sobre a lei natural desfrutaram de séculos de domínio. Foi um credo expresso pelo escritor e filósofo romano Cícero (106-43 a.C.): "A lei é a razão mais alta, implantada na natureza, que determina o que pode ser feito e proíbe o contrário. A lei verdadeira é a razão certa de acordo com a natureza. Limitar essa lei é sacrílego, evitá-la é ilícito e a repelir é impossível." Isto não tornava a lei totalmente inflexível. Santo Agostinho (354-430) ofereceu uma primeira justificativa cristã para a discordância: "Uma lei injusta não é lei." Aristóteles já produzira um dos mais importantes conceitos para a lei natural — equidade, definida como "uma correção da lei onde ela é deficiente segundo sua universalidade."

A equidade foi um dos conceitos-chave que apoiaram a tradição inglesa da lei comum, que se desenvolveu por meio do costume, do acréscimo e do precedente em vez de seguir uma codificação formal associada ao imperador romano do século VI, Justiniano. Este definiu a justiça como "a vontade confiável e duradoura de entregar a cada um o que lhe é devido". Edward Coke, um dos maiores pensadores legais ingleses, debatendo o caso da abordagem da lei comum em 1604, afirmou: "Aquilo que foi corrigido e aperfeiçoado por todos os mais sábios homens com a passagem dos tempos, sendo provado e aprovado pela experiência contínua como bom e vantajoso para o bem comum, não pode ser alterado ou mudado sem risco e perigo."

As opiniões variaram sobre até onde os juízes deveriam reagir a um contexto social mutável. O Lorde Presidente do Supremo no século XVIII, lorde Mansfield, achava que "à medida que mudam os costumes da sociedade, a lei deve se adaptar às várias situações da humanidade", mas sir James Parke, importante juiz do século seguinte, afirmou que os precedentes devem ser seguidos "quando não são completamente irrazoáveis e inconvenientes". A tradição da lei comum teve um dos defensores mais vigorosos em William Blackstone, autor de *Commentaries*, de 1765, que Baker descreve como "apologista do status quo com muita eloquência".

Blackstone viu-se sob o ataque demolidor de Jeremy Bentham (1748-1832), fundador da escola positivista de teóricos legais. Bentham imaginou a "teoria da separação", sob a qual a lei era separada da moralidade, e afirmou que "direitos naturais são um simples absurdo". Ele pedia leis baseadas na "maior felicidade do maior número". Sua preocupação

O que torna as leis efetivas?

com a liberdade individual — "cada lei é contrária à liberdade" — continuou com Mill, que sustentava: "O único fim em que a humanidade tem garantia, individual ou coletivamente, de interferir com a liberdade de ação de qualquer número, é a autoproteção. O único propósito para o qual o poder pode ser exercitado legitimamente sobre qualquer membro de uma comunidade civilizada, contra sua vontade, é impedir o mal contra os outros. Seu próprio bem, físico ou moral, não é garantia suficiente." O princípio do "natural", em troca, viu-se sob o fogo do juiz inglês sir James Stephen (1829-1894), que viu nele uma receita para a desintegração social.

Este debate seria reprisado um século depois, quando um estudo do governo britânico em 1957, presidido por sir John Wolfenden, recomendou descriminalizar a homossexualidade com base no fato de que não era função da lei "intervir nas vidas pessoais dos cidadãos ou procurar impor qualquer padrão particular de comportamento". Isso provocou uma réplica polêmica do lorde Devlin em seu livro de 1965, *The Enforcement of Morals*, que defendia a "moralidade do senso comum". Enquanto isso, a lei natural ganhou um novo estímulo com a obra do professor de Harvard Lon Fuller (1902 1978), que afirmava que a aceitação só poderia ser obtida pela harmonia com os valores sociais amplos.

Um teste de eficiência legal sob a qual a legislação sobre comportamento privado é crescentemente questionada é o da imposição. Jean-Jacques Rousseau (1712-1778) afirmou: "Quando é possível desobedecer com impunidade, a desobediência é legítima." Foi o cientista Albert Einstein que afirmou, em 1935, sobre a experiência dos Estados Unidos com a Lei Seca: "Nada é mais destrutivo para o respeito pelo governo e pela lei da terra do que promulgar leis que não podem ser impostas." E o vice-presidente americano Hubert Humphrey proclamou em 1965 que "não há prisões suficientes, policiais suficientes, tribunais suficientes para impor uma lei que não é apoiada pelo povo".

As questões da aceitação e aquiescência foram essenciais para os teóricos do século XX. Entre os positivistas, H. L. A. Hart (1907-1992), cujo *Concept of Law*, de 1961, está entre os textos mais influentes da teoria legal moderna, considerou que a efetividade da lei se baseava num conjunto de regras sociais em vez de padrões de obediência. Ele rejeitava a lei baseada na moralidade, como a que poderia levar a ameaças à liberdade, argumentando que a lei funcionava se suficientes pessoas conformadas com ela convenciam outras de que havia uma boa razão para se comportar dessa maneira.

Anos recentes viram um interesse crescente pela história legal e constitucional na Grã-Bretanha, em resposta às significativas mudanças constitucionais associadas com a entrada na União Europeia a partir de 1973, a devolução de poderes ao Parlamento escocês e a Assembleia de Gales, a partir de 1999, e a crença, não totalmente confinada à esquerda política, de que os governos de Margaret Thatcher (1979-90) expuseram graves fraquezas da constituição existente. David Marquand, em *The Unprincipled Society* (1988), achava que a herança legal e constitucional da Grã-Bretanha era um obstáculo à reforma política, enquanto Andrew Adonis e David Butler disseram, em 1994, que a introdução da impopular "poll tax" refletiu a ausência de pesos e contrapesos num executivo todo-poderoso. Contudo, John Gray, professor de pensamento europeu na London School of Economics, expressou a preocupação de que fórmulas legais e constitucionais poderiam se tornar tão dominantes sobre a política "que não importariam mais os resultados da deliberação política." Mesmo assim, *The British Constitution in the Twentieth Century* (2003), um volume de vários autores editado pelo professor de governo em Oxford, Vernon Bogdanor. (veja neste livro o capítulo 4, "O que faz um governo ter sucesso?"), pode ainda ser anunciado, de modo confiável, como o primeiro levantamento erudito de seu tema.

O que causa o nacionalismo?

O que causa o nacionalismo?

David A. Bell
Professor de história
da Universidade Johns Hopkins

O nacionalismo é um desses fenômenos curiosos que ficam cada vez mais obscuros e confusos à medida que se olha mais de perto para eles. A palavra é de uso comum, e a maioria dos leitores instruídos provavelmente aceitaria sem discussão a definição principal oferecida pelo *Oxford English Dictionary*: "Defesa ou apoio dos interesses da nação de alguém." Porém, os estudiosos do assunto não conseguem concordar se o nacionalismo é um simples sentimento ou um programa político, um fato moderno ou antigo, o produto de condições mais especiais ou uma doutrina incerta. Como agir então?

Seguindo dois notáveis estudiosos do tema, Ernest Gellner e Eric Hobsbawm, descobri uma definição mais útil, bem mais específica. Simples sentimentos de apoio, lealdade ou crença numa nação são adequadamente cobertos pelos termos "sentimento nacional" e "patriotismo." O que distingue o nacionalismo é que ele se refere não apenas a sentimentos, mas a doutrinas e movimentos políticos organizados. Além disso, esses movimentos e doutrinas têm um objetivo claro: a construção e/ou o acabamento de uma nação determinada. Os movimentos nacionalistas, afinal, quase sempre afirmam que suas nações permanecem um projeto inacabado, e sofrem com problemas que precisam ser retificados pela ação política (por que outra razão se ter um movimento, antes de mais nada?). Em alguns casos, alegam que sua nação foi privada de territórios que pertenciam, por justiça, a ela; em outros, que a comunidade nacional se diluiu ou poluiu pela presença de minorias nacionais; em outros, ainda, que cidadãos têm um conhecimento e uma ligação imperfeitos em relação aos valores e tradições nacionais e à cultura nacional. O nacionalismo sérvio dos anos 1990, para citar um exemplo recente, incorporou quase todos esses problemas. Mais frequentemente, o objetivo definido de um programa nacionalista pode ser resumido assim: unir todos os membros de uma nação dentro do seu território histórico, onde possam exercer coletivamente a soberania política, enquanto se identificam com a cultura nacional.

Como os nacionalistas justificam suas ações ao invocar os direitos de sua nação, mas simultaneamente confessam que esta nação ainda não existe realmente, há algo mais do que um pequeno paradoxo sobre o nacionalismo. O paradoxo é, na maioria das vezes, resolvido por meio de um apelo à história: embora a nação possa não existir plenamente hoje, explicam os nacionalistas, ela existiu antes e ainda conserva todos os seus direitos daquele tempo — sem dúvida, esses direitos constituem uma herança sagrada. Os nacionalistas, em resumo, situam-se para sempre num presente cercado e imperfeito, no meio caminho entre um passado mais glorioso e um futuro mais glorioso.

Definido nesses termos, o nacionalismo é mesmo um fenômeno moderno, datado no máximo do século XVIII e originado na Europa. Antes desse período, observadores europeus frequentemente usavam a palavra "nação", que eles definiam na maioria das vezes como um grupo de pessoas unido pela língua, pela lei e/ou pela tradição histórica, mas viam as nações como entidades essencialmente orgânicas — como fatos da natureza. As nações podiam nascer, crescer, definhar e morrer, mas não podiam ser criadas (ou recriadas) por uma ação política sistemática. A ideia de que milhões de pessoas pudessem ser moldadas e conformadas pela política — desde que houvesse novas e aperfeiçoadas lealdades nacionais, uma cultura nacional nova ou melhorada, talvez até uma nova e aperfeiçoada língua nacional — era ainda impensável. Só com a era das revoluções democráticas a ideia começou a ganhar partidários.

Para entender como o nacionalismo surgiu inicialmente, vale a pena prestar atenção especial ao caso da França revolucionária. No fim do século XVIII, a França era um país multirracial, multilingual, em que só uma minoria da população falava o francês padrão. Os reis da França nunca haviam visto essa diversidade como um problema político urgente, mas os revolucionários de 1789 acreditavam que não poderiam criar uma comunidade coesa e democrática sem pegar os povos componentes da França e, nas palavras do revolucionário Henri Grégoire, "misturá-los na massa nacional". Eles planejaram assim ambiciosos programas educacionais para erradicar as diferenças regionais, especialmente em questões de linguagem e na criação de uma comunidade nacional coesa e unida. Imaginaram legiões de instrutores levando o evan-

O que causa o nacionalismo?

gelho da nação para o campesinato ignorante, que falava "*patois*", numa imitação consciente dos missionários da contrarreforma que haviam ido para o campo, anteriormente, com o propósito bem diferente de assegurar a conformidade com os ensinamentos católicos. As políticas "revolucionárias" continuaram a inspirar os projetos nacionalistas franceses até os dias de hoje.

Porém, o nacionalismo francês não nasceu apenas no domínio do pensamento político. Quando planejaram seus projetos, os antigos nacionalistas franceses já podiam ter assegurada a existência de um território nacional coeso, administrada por um aparelho estatal centralizado. Podiam contar com a existência de uma elite social e cultural que, morando em qualquer parte da França, já falava um francês padrão e procurava orientação cultural em Paris. A disponibilidade de um serviço postal confiável e de transporte também confiável (uma rede de carruagens de horário regular e de longo percurso), bem como um florescente número de periódicos nacionais, facilitaram a comunicação entre essa elite e permitiram que ela, já em 1789, se imaginasse como pertencente à mesma comunidade. Sem essas pré-condições materiais, o projeto nacionalista da revolução teria sido, antes de mais nada, difícil de imaginar, quanto mais de começar a realizar.

Talvez a questão mais importante de se reter sobre o nacionalismo revolucionário francês é a de que ele funcionava. A perspectiva de se unir para construir uma nova e maior comunidade nacional oferecia vantagens materiais para membros potenciais dessa comunidade e também um sentimento de objetivo espiritual a pessoas cada vez mais alienadas dos ensinamentos cristãos tradicionais (não por acidente a parafernália material do nacionalismo — paradas, procissões, bandeiras, hinos etc. — copiou de perto exemplos cristãos, embora os adequasse a novos usos). Os revolucionários franceses não conseguiram ensinar todos os cidadãos franceses a falar francês (uma meta que só poderia ser conseguida no século XX), mas em outros setores tiveram um sucesso notável. De modo mais importante, em alguns anos a partir de 1789, estabeleceram um exército realmente nacional, de recrutas, que rapidamente transpôs as fronteiras do *ancien régime* e se empenhou num programa de conquista. Na época de Napoleão Bonaparte, os líderes franceses adquiriram a ambição não só de construir uma nova nação francesa, mas uma nova "grande nação" que dominaria a Europa.

Nos dois séculos desde a época revolucionária, o nacionalismo evidentemente mudou o mundo — e, ao fazer isso, mudou suas próprias causas. Nem todo movimento nacionalista seguiu o caminho dos revolucionários franceses. A razão é que o sucesso visível e a disseminação do nacionalismo criaram cada vez mais incentivos para as pessoas *se tornarem* nacionalistas, e cada vez mais exemplos para imitarem. Mesmo no começo do século XIX, pensadores de fora da França — com o exemplo da Revolução Francesa diante de seus olhos — acharam mais fácil do que o francês imaginar essa integração em comunidades nacionais. Na Alemanha napoleônica, apesar de um alto grau de fragmentação política e administrativa, intelectuais de destaque vieram a acreditar que só a construção pública de uma nação alemã unida iria salvá-los de ser absorvidos pela França. Estimularam, portanto, a resistência a Napoleão e inspiraram projetos que iriam florescer no tempo de Otto von Bismarck. Estes mesmos

O que causa o nacionalismo?

intelectuais também começaram a popularizar a ideia de um mundo naturalmente dividido em nações distintas, cada uma com seu "gênio" particular, língua e cultura.

O sucesso definitivo dos alemães ao resistir a Napoleão — e de outras nações também — inspirou por sua vez outros movimentos nacionalistas pelo continente, no começo do século XIX, da Grécia, passando pelos Bálcãs, até a multinacional Áustria-Hungria, chegando aos extensos territórios do Czar. O período em torno das revoluções europeias de 1848 é justamente chamado de "a primavera das nações". Por volta do fim da Primeira Guerra Mundial, esses movimentos tinham destruído a maioria dos antigos impérios europeus (só o russo conseguiu se manter, como a União Soviética, por mais setenta anos), enquanto a Conferência de Versalhes confirmava o princípio da "autodeterminação nacional" como a base para uma nova ordem mundial dos estados.

Como resultado dessas mudanças, é justo dizer que ao longo do século XX, o nacionalismo foi menos uma escolha do que uma necessidade para povos de todo o mundo que buscavam poder político e influência. Uma coisa fora adotar o nacionalismo no início do mundo moderno com impérios grandes, multirraciais, religiosamente inspirados, onde o conceito moderno de "Estados-nações" ainda chocava e era estranho à maioria dos estudiosos. Outra coisa foi adotá-lo num mundo onde a humanidade era tida como naturalmente dividida em Estados-nações e onde qualquer unidade política que não se conformasse a essa norma teria um tempo difícil ajustando-se a um sistema internacional ainda mais rigidamente interligado. A própria palavra "internacional" trai esta pré-concepção, da mesma forma que os nomes "Liga das Nações" e "Nações Unidas".

No mundo pós-Primeira Guerra Mundial, portanto, o nacionalismo não só permaneceu onipresente na própria Europa, mas também se espalhou rapidamente além do continente europeu. E para seu próprio espanto, as potências imperialistas europeias descobriram que quanto mais influência cultural controlassem — quanto mais conseguissem comunicar suas crenças e valores aos seus súditos coloniais — mais estimulariam a resistência nacionalista a seu regime. Assim, enfim, seus próprios impérios coloniais mostraram que não eram mais bem-sucedidos que a Áustria-Hungria ao evitar os demônios centrípetos do nacionalismo. Nos anos após a Segunda Guerra Mundial eles partilharam do seu destino, dissolvendo-se em constelações de Estados-nações independentes, frequentemente violentos e instáveis. Quarenta anos depois, o mesmo aconteceu com o Império Soviético, tendo sua própria ideologia internacionalista exaurida. Nos Bálcãs, os exemplos foram frequentemente perturbadores. Mas, como toda população que se moldou num Estado-nação, a pressão para fazer o mesmo só aumentou sobre as populações adjacentes. A maior parte dos novos Estados-nações não possuía nada como as pré-condições materiais de nação com que os franceses puderam contar no século XVIII. Em alguns casos, eles não tinham outra base além de linhas num mapa colonial. Mas as causas do nacionalismo não são mais o que eram no século XVIII, pois o nacionalismo se tornou um princípio fundamental da ordem mundial. Até que mude este estado de coisas (e alguns acham que a mudança já começou), o nacionalismo é algo que se tornará impossível evitar.

O que causa o nacionalismo?

Outras leituras

ANDERSON, Benedict. *Imagined Communities: Reflections on the Origin and Spread of Nationalism.* Verso, 1983; edição revista, 1991.

A. BELL, David. *The Cult of the Nation in France: Inventing Nationalism, 1680-1800.* Harvard University Press, 2001.

GELLNER, Ernest. *Nations and Nationalism.* Blackwell, 1983.

D. SMITH, Anthony. *The Ethnic Origins of Nations.* Blackwell, 1986.

Comentário de Karen Gold

Escritora

"HÁ MAIS DE MIL ANOS antes da chegada dos eslavos, no século VI d.C., as terras a leste do Adriático eram o lar de povos conhecidos no mundo antigo como ilírios, precursores dos atuais albaneses." Assim é contada a história de Kosovo nas páginas da internet do Movimento de Paz e Liberação Albanês. O website do Ministério Sérvio de Informação conta uma história bem diferente: "Os sérvios habitavam o território de Kosovo e Metohija desde o século VI. Esse território era o centro do estado sérvio, um tesouro nacional inalienável, indispensável para a identidade do povo sérvio."

O sentimento nacionalista vem tão naturalmente para nós como a respiração, segundo o filósofo alemão Gottfried von Herder. Escrevendo no final do século XVIII, cheio do sentimento romântico e da política liberal, ele cunhou as palavras *Nationalismus* e *Volk*, e apresentou o argumento de que o nacionalismo era uma entidade orgânica dentro de nações individuais, incorporada na sua língua e cultura, e existindo, consciente ou inconscientemente, quer se queira ou não. "Podemos assimilar ou adotar o que é semelhante à nossa natureza e permanecer frios, cegos e até desdenhosos e hostis a qualquer um que seja estrangeiro ou distante... Uma nacionalidade é tanto uma planta da natureza como uma família, só com mais ramos." Temos de agradecer a Herder pelos irmãos Grimm, aos quais ele inspirou a coletar contos de fadas e do folclore alemães, a expressão cultural do *Volk*. E também temos de agradecer a Herder por esta ideia "orgânica" de nacionalismo, que continuou virtualmente inquestionada por mais de cem anos.

Só foi mesmo no século XX que os historiadores começaram a sugerir que uma crença no nacionalismo como uma situação natural era útil a líderes políticos e/ou elites que queriam convencer pessoas a agir de uma forma unida. Tais relatos historicamente programáticos do nacionalismo surgiram em 1907 com o político social-democrata austríaco Otto Bauer em *The Question of Nationalities and Social Democracy* e, em 1944, com Hans Kohn, ao afirmar em *The Idea of Nationalism* que o nacionalismo era um estado de espírito relativamente moderno e artificialmente criado. Os historiadores focalizaram períodos e episódios-chave para defender sua teoria, apontando, em especial, para a Revolução Francesa, cujos líderes forneceram noções de *la patrie* e de uma língua francesa padronizada na esperança de unir um amontoado desordenado de camponeses, falando dialetos diferentes, por toda parte da terra recém-libertada. Eles traçaram o caminho pelo qual os impérios napoleônico e britânico do século XIX — ambos mais invasivos administrativamente do que seus predecessores imperiais — despertaram o ressentimento enquanto, pelo menos na Europa, não chegaram a preencher a lacuna da fé deixada pela religião e pelos governantes divinamente indicados. Os líderes da resistência, numa linha ininterrupta de Giuseppe Mazzini, da Itália, passando por Daniel O'Connell e indo até Mahatma Gandhi, da Índia, continuam essa afirmativa, vendo na sua totalidade o nacionalismo como uma maneira de unir e inspirar as massas insatisfeitas a rejeitar seus opressores a fim de criar, ou recriar, uma nação.

Alguns historiadores, como Elie Kedourie, da London School of Economics (a LSE tem sido solo rico para teorias do nacionalismo florescerem), afirmaram que a principal razão por que o nacionalismo se espalhou nessas circunstâncias foi por ser uma ideologia que apareceu no lugar certo, no tempo certo. Mostraram-no para pessoas alienadas e elas aceitaram. Pensadores marxistas e protomarxistas, em especial Eric Hobsbawm e Ernest Gellner, destacados teóricos do nacionalismo nos últimos vinte anos, foram mais críticos. (O próprio Marx ignora virtualmente o nacionalismo como uma distração horizontal do conflito vertical de classe.) O antropólogo Gellner em *Encounters with Nationalism* (1994) afirmou que o nacionalismo surgiu de pressões criadas pela Revolução Industrial, quando pessoas de origens diferentes, falando dialetos diferentes, convergiram para a cidade e tiveram de se juntar a uma força trabalhadora instruída e estabelecida. Assim, o Estado criou uma língua comum, um passado comum e uma cultura comum para elas. Benedict Anderson, em *Imagined Communities: Reflections on the Origins and Spread of Nationalism* (1991), disse que o Estado se baseava particularmente no "capitalismo impresso" para conseguir isso. O nacionalismo surgiu graças à sociedade industrial, afirmou. Mas sem propaganda não teria sobrevivido e florescido.

Esta visão do nacionalismo vindo de cima foi criticada por Hobsbawm como inadequada, embora verdadeira. O artefato do nacionalismo não pode ser entendido sem se compreenderem as pressuposições, esperanças, necessidades, expectativas e interesses das pessoas comuns sob o capitalismo, afirmou,

O que causa o nacionalismo?

em especial em *Nations and Nationalism since 1780* (1990). Os mitos e as histórias, que as nações criaram sobre elas próprias e também umas sobre as outras só se espalharam porque a classe trabalhadora precisava acreditar nelas.

Por que precisava? Respostas a essa pergunta levam-nos a um território inteiramente diferente de explicações (olhando lá para trás, até Herder). Sociobiólogos propuseram uma predisposição genética para o nacionalismo: membros de um grupo que acreditam ter direito a seu próprio território provavelmente o defenderão com mais sucesso do que aqueles que têm dúvidas quanto a isso, ou até do que os que têm princípios generosos com relação a compartilhá-lo. Primordialistas culturais, como o antropólogo americano Clifford Geertz, defendem uma posição semelhante, afirmando que território e parentesco são dados culturais inescapáveis. Psicólogos como Harold Isaacs, em *Idols of the Tribe* (1975), e Joshua Searle-White, em *The Psychology of Nationalism* (2001), também apresentaram teorias próximas, pressupondo uma tendência universal das pessoas a considerar outros grupos menos importantes que os seus, e a formar estereótipos sobre eles. Histórias de horror que circulam sobre outras nações — das crueldades rivais em Kosovo aos boatos sem fundamento de estupros e assassinatos coletivos atribuídos a ambos os lados na Primeira Guerra Mundial, indo até o antigo libelo de sangue em que os judeus acreditam — parecem embasar essa alegação.

Mas historiadores criticaram-na como problemática. Anthony Smith, professor de nacionalismo e etnicismo na LSE, diz: "O problema é que os psicologistas tendem a igualar nações com grupos. Mas há muitos grupos no mundo, e eles não são necessariamente nações... E há algumas nações onde todo mundo nem sequer fala a mesma língua, como a Suíça. Ideias sobre grupos realmente não chegam à especificidade do nacionalismo."

Muito do debate sobre a longevidade do nacionalismo e, assim, implicitamente, sobre o que o causa, depende de definições. Ele deve ser definido como um programa político determinado ou um movimento mais cultural? Smith acredita que as raízes do nacionalismo estão na cultura. Isso leva a um "perenialista" — alguém que acredita que o nacionalismo precede o século XVIII, embora de formas menos sofisticadas. Ele sugere que se prenuncie a nação moderna como "etnossímbolos", construídos sobre a língua e uma literatura vernacular, mas também sobre elementos menos óbvios: memória, valor, mito, simbolismo, paisagem. A ideia de nacionalismo pode ser moderna, mas suas raízes estão num passado compartilhado e remoto, ele afirma.

Outro perenialista, o falecido teólogo da Universidade de Leeds, Adrian Hastings, destacou os séculos XIV e XVII como períodos em que a identidade nacional foi especialmente forte; outros afirmam que os judeus e armênios mantiveram poderosas identidades nacionais por milênios. Mazzini, ao formular o nacionalismo italiano do século XIX contra a França napoleônica, defendeu apaixonadamente as raízes culturais do seu movimento: "Eles (os italianos) falam a mesma língua, ostentam a marca da consanguinidade, ajoelham-se ao lado das mesmas tumbas, glorificam a mesma tradição, exigem (...) contribuir com sua pedra para a grande pirâmide da história."

O que causa o nacionalismo?

Ironicamente, não havia interesse acadêmico ou público nas raízes do nacionalismo antes e depois de sua vistosa expressão nas duas guerras mundiais. Em vez disso, as épocas de pico da exploração acadêmica das causas do nacionalismo foram os anos 1960, estimuladas pela independência africana e asiática, e o final dos anos 1980 e começo dos 1990, após o colapso da União Soviética e da Iugoslávia. A discussão aqui foi se o nacionalismo é a causa ou o produto da demolição dos velhos estados e da criação de novos. O sociólogo americano Robert Brubaker, por exemplo, afirmou que a organização da União Soviética em partes componentes era o que ensinava as pessoas a pensarem nelas como lituanos ou ucranianos. Em contraste, Michael Hechter, em *Containing Nationalism* (2000), e o teórico político tcheco Miroslav Hroch destacaram os laços sociais e para linguísticos e uma memória de um passado comum como o gatilho para se exigir uma nacionalidade — embora mais induzida pela circunstância histórica do que por qualquer motivação orgânica.

Os sociólogos, sobretudo de esquerda, debateram recentemente até que ponto um "novo nacionalismo" está aparecendo na Europa, expressado como um sentimento anti-imigrante, e até onde é impelido por uma questão de identidade ou por interesses de classe. A questão fundamental entre eles é a mesma que entre Kedourie, Gellner e Hobsbawm: até que ponto o nacionalismo é atribuível a uma ideologia compartilhada, à frustração entre indivíduos que buscam uma identidade sendo decepcionados pelo que lhes oferece o Estado do século XX, ou a pressões que vêm de cima, unificam e moldam?

Qualquer que seja o caso, este é o nacionalismo dentro de nações identificadas. O nacionalismo entre povos que ainda não são nações tem outra causa muito moderna, afirmam os historiadores: o fato de que as estruturas mundiais de hoje só ouvirão as vozes das pessoas por meio da representação de um Estado-nação. "Já que quase todo o mundo é organizado em Estados-nações, então se alguém quiser ser conhecido como uma entidade legítima, tem de ser um Estado-nação", diz David A. Bell. "Então, é quase inevitável que se siga o nacionalismo."

É quase inevitável, mas não totalmente. A necessidade de criar, ou recriar nações na União Soviética desmantelada, não foi uniformemente forte, diz. A Federação Russa continua uma federação. Na Ásia central, as forças religiosas parecem estar exercendo uma pressão mais poderosa do que as nacionalistas.

Então estamos para ver um declínio no nacionalismo pelo mundo, para ser substituído pela globalização ou pela religião? A maneira pela qual as pessoas veem o futuro do nacionalismo depende muitíssimo das explicações que creditam ao seu passado, diz Smith. "Se pensam que o nacionalismo é um dado na história, então se pensará que ele vai estar por aí muito tempo. Se pensam que é um fenômeno completamente moderno, então se poderá pensar ou não que vai se esvair mais ou menos rapidamente."

O que causa o nacionalismo?

Por que as guerras começam?

Por que as guerras começam?

Thomas Palaima
Professor de letras clássicas da Universidade do Texas,
em Austin, e pesquisador sobre guerra e violência

Por que as guerras começam? A resposta simples é que elas nunca acabam. A paz é uma ilusão conjurada por uma versão do antigo truque mágico romano: "Onde provocam uma desolação, chamam isso de paz." As implicações plenas da muito citada observação de Tácito podem ser traduzidas assim: "Use sua tecnologia militar desenvolvida e superioridade avassaladora em recursos humanos e naturais para criar uma terra deserta. Chame isso de paz. As pessoas em casa acreditarão em você. Querem acreditar em sua própria benignidade."

Duvidam disso? Então observem que a paz sempre vem com qualificativos. Considerem a explicação de A. J. P. Taylor sobre a inocência romântica difundida por toda parte, de que a "guerra para acabar com todas as guerras" se despedaçou: "Não tinha havido nenhuma guerra entre as Grandes Potências desde 1871. Nenhum homem no vigor da mocidade sabia como era uma guerra." Em agosto de 1914, os quase 22 mil soldados britânicos que morreram na África do Sul entre 1899 e 1902 não estavam presentes para contar a história. Aqueles que ainda estavam vivos, dos 425 mil veteranos da

Guerra dos Bôeres, já não estavam no estágio mais vigoroso da vida. E a África do Sul não era uma grande potência — nem os zulus, ashantis, afegãos ou outros povos massacrados em guerras coloniais ao longo desse período de paz europeia.

A guerra é infinita. Como Paul Fussell assinalou em *The Great War and Modern Memory* (1975): "A ideia de guerra infinita como uma condição inevitável da vida moderna parece ter-se tornado seriamente acessível à imaginação por volta de 1916." Ele cataloga as guerras que tornaram real o imaginado: a guerra civil espanhola, a Segunda Guerra Mundial, a guerra civil grega, a guerra da Coreia, a guerra árabe-israelense e a guerra do Vietnã. Orwell publicou o canônico mito moderno da guerra eterna em 1948. Os fatos comprovaram que ele foi presciente e atemporal. A antiga história grega já mostrara que ele tinha razão.

Entre os recentes estudiosos da guerra, Philip Bobbitt, em *The Shield of Achilles*: *War, Peace and the Course of History* (2002), chega bem perto de ver a guerra pelo que ela é. Ele pensa e escreve sob a perspectiva de modernos Estados-nações e da diplomacia internacional, mas seu título alude à *Ilíada* de Homero e ele começa considerando a reavaliação de Tucídides das paradas e dos começos pelos quais o general ateniense no exílio posteriormente identificou como contínua a guerra que assolou todo o mundo conhecido. Agora, nós a chamamos de Guerra do Peloponeso e a situamos entre 431-404 a.C., criando assim a ilusão confortadora de que os fundadores da nossa tradição cultural ocidental deixaram, nada sabiamente, a guerra sair de sua jaula por um tempo quase desastrosamente longo, mas posteriormente a forçaram a entrar lá de volta. Contudo, a guerra infinita era uma condição inevitável da Grécia antiga.

Tucídides, como outros gregos, distinguia períodos de guerra formalmente declarada e períodos de paz oficial. Mas ele também conhecia os textos originais de Hesíodo e Homero e bastante sobre assuntos diplomáticos e estratégicos contemporâneos, e sobre a natureza humana, para entender que a *eris*, "disputa, contenda, discordância política", era uma força constante dentro e entre as *poleis*, as cidades-Estado da Grécia antiga; e que elementos que competiam dentro da maioria das *poleis*, bem como as forças controladoras dentro das *poleis* individuais, descobririam, com terrível regularidade, causas verdadeiras (*aitiai*) ou pretextos (*prophaseis*) para operações militares abertas, fossem civis ou entre Estados. Tucídides presumiu que eles faziam isso de modo sincero em defesa dos seus próprios interesses.

Bobbitt afirma igualmente que os principais conflitos armados do século XX formam uma única época de guerra, a "longa guerra do Estado-nação", e que, entre 1914 e 1990, "apesar de períodos frequentemente longos em que não (houve) conflito armado, os vários compromissos da guerra nunca ajustaram decisivamente questões que acabavam reaparecendo através dos conflitos". Se fossem vivos hoje, Tucídides e Heródoto concordariam com Bobbitt, concluindo que os períodos da chamada paz foram intervalos em que os Estados-nações estavam se preparando inevitavelmente para a próxima fase de guerra franca, mesmo que cidadãos e líderes desses Estados-nações acreditassem que a paz realmente chegara.

Para a visão da "guerra longa", leia-se a *Ilíada* em prosa de Heródoto sobre a guerra do século V que definiu seus

Por que as guerras começam?

tempos. Heródoto escreveu sobre a agressiva dança que durou um milênio entre gregos e não gregos, que culminou nas duas guerras pérsicas entre 490 e 479 a.C. Tudo nesses extensos nove volumes de geografia, etnografia, antropologia, jornalismo, história e registros de campo da tradição folclórica relaciona-se com o crescimento do poder, o bordado intrincado das causas e efeitos e as diferenças fundamentais na definição de atitudes culturais que levaram forças aliadas gregas e persas ao confronto em Maratona, Termópilas, Salamis e Plateia.

Heródoto reconheceria a continuação de sua longa guerra entre Ocidente e Oriente nos conflitos e tensões atuais envolvendo israelenses e palestinos, os Estados Unidos e organizações terroristas como a al-Qaeda, os gregos e turcos em Chipre, e as guerras no Afeganistão e no Iraque. O jornalista do *New York Times*, Thomas Friedman, estava sendo herodotiano em *From Beirut to Jerusalém* (1995), quando observou que árabes, judeus e cristãos no Líbano e Israel se "envolveram numa luta entre as novas ideias, as novas relações, as novas nações que estavam tentando construir para o futuro, e as lembranças antigas, as paixões antigas e as rixas antigas que os forçavam a voltar para o passado". E o passado significa a guerra.

Tucídides acompanha como uma nova linhagem do vírus da guerra, a agressão imperial ateniense, se desenvolve e se espalha numa "longa guerra" entre coalizões de cidades-Estado dominadas por superpotências que, como a guerra do século XX de Bobbitt, dura quase oitenta anos. A "longa guerra" de Tucídides começa com uma guerra fria de cinquenta anos entre uma superpotência estabelecida necessariamente conservadora em política externa (Esparta) e uma superpotência emergente viciada em suas próprias energias intervencionistas superabundantes (Atenas). O vírus ateniense posteriormente envolve Atenas e Esparta e seus aliados numa guerra mundial de 27 anos.

A *História da guerra do Pelonoponeso*, de Tucídides, não analisa muito bem por que a guerra começa, mas estuda como e por que a guerra, como uma quase-constante, atinge novos níveis de violência, que formas assume e por que seres humanos apoiam a guerra.

A melhor forma de ver o que Tucídides tem a dizer sobre por que começam as guerras é ler a tradução anotada, com comentários, de 1993, feita por Paul Woodruff, *On Justice Power and Human Nature: The Essence of Thucydides' History of the Peloponnesian War*. De longe o mais importante destes temas é "poder".

Tucídides sintetiza os nove livros de Heródoto numa análise de 25 parágrafos sobre o crescimento do poder na pré-história e na história gregas. Ele demonstra que as comunidades humanas são organizadas segundo propósitos competitivos darwinianos, para adquirir, depois explorar e defender os recursos naturais limitados que estão disponíveis. As mais bem-sucedidas converterão as energias que mobilizaram para garantir sua sobrevivência com aquisição agressiva de recursos e dominação de comunidades rivais, para melhorar a segurança e o bem-estar material dos seus cidadãos. Estados dominantes desenvolverão altas culturas e usarão conceitos e ideias generosos para disfarçar suas agressões.

Como os atenienses do século V a.C., os modernos europeus e americanos podem se dar o luxo de se interessar por

Por que as guerras começam? 175

conceitos abstratos como a justiça. Devido a nosso uso bem-sucedido de força no passado e no presente, controlamos e consumimos uma porção imperial dos recursos mundiais e acreditamos na ilusão da paz. Tucídides concentra-se em recursos, poder e autossuficiência do estado (*autarkeia*). Ele justapõe suas análises sobre a oração fúnebre de Péricles, a peste em Atenas e o último discurso de Péricles para nos dizer tudo que precisamos saber sobre os autoconceitos imperiais promulgados como reviravolta política autojustificada, a frágil natureza dos códigos de comportamento humano civilizado e a necessidade do uso incansável do poder militar para conquistar e manter o império.

Se a guerra é uma mestra severa, os gregos foram ensinados severamente. Lincoln MacVeagh, embaixador americano na Grécia, observou numa carta ao presidente Franklin Roosevelt, no Natal de 1940: "A história da Grécia é pelo menos 50% discórdia." A. G. Woodhead, autor do guia-padrão das inscrições históricas gregas, cita MacVeagh para corrigi-lo: "Noventa e cinco por cento, pelos registros de que dispomos, estariam mais perto do correto." A guerra era realidade na Grécia antiga. Duvido que muitas famílias durante quaisquer das quatro gerações da Atenas do século V não tivessem a experiência de um pai, marido, irmão, filho ou parente próximo que houvessem arriscado ou perdido a vida em batalha. A própria cidade esteve sob condições virtuais de sítio por boa parte das três décadas finais de seu único século realmente grande. Numa única operação de seis anos no Egito, pelos meados do século, os atenienses perderam oito mil homens, pelo que avalia, cerca de 18 a 25% da sua população masculina adulta. E, segundo cálculos conservadores, os atenienses tiveram sua própria "geração perdida" durante a guerra do Peloponeso, em que pelo menos 30 mil cidadãos adultos morreram.

Os gregos não tinham ilusões sobre a guerra e a paz do tipo das que levaram Freud, no princípio da Primeira Guerra Mundial, a escrever seu ensaio *Pensamentos para os tempos sobre a guerra e a morte: I. A desilusão da guerra*. Freud atribui o trauma causado pela Grande Guerra à enorme brecha entre a moralidade artificial da sociedade civilizada moderna e a conduta humana em tempos de guerra. Tal abismo não existia no século V a.C. Rapazes aprendiam sobre a guerra na *Ilíada*. O épico de Homero mostrava-lhes os custos verdadeiros da guerra e retratava as muitas contradições no comportamento humano dentro de um exército em campanha ativa e dentro de uma cidade-Estado sob sítio.

Nenhum grego jamais esquecia que sua comunidade estava constantemente ameaçada por comunidades rivais. As peças de Aristófanes exprimem uma apreciação das vantagens para os cidadãos comuns do fim do conflito armado. Mas um agricultor ateniense nunca se enganaria com a ausência de campanha ativa pelo que chamamos de paz e ficaria perplexo por termos de perguntar por que as guerras começam.

Outras leituras

BOBBITT, Philip. *The Shield of Achilles: War, Peace and the Course of History*. Alfred. A. Knopf, 2002.

FREUD, S. "Thoughts for the Times on War and Death: I. The Disillusionment of the War", *in* E. Jones (ed.), *Sigmund Freud: Collected Papers*. Basic Books, 1959, vol. 4, p. 288-304.

FUSSELL, Paul. *The Great War and Modern Memory*. Oxford University Press, 1975.

RICH, J. e SHIPLEY, G. (ed.). *War and Society in the Greek World*. Routledge, 1993.

STRASSLER, R. B. (ed.). *The Landmark Thucydides*. Simon & Schuster, 1996.

TRITLE, L. *From Melos to My Lai: War and Survival*. Routledge, 2000.

WOODRUFF, P. (ed. e trad.). *On Justice, Power and Human Nature: The Essence of Thucydides' History of the Peloponnesian War*. Hackett, 1993.

Comentário de Peter Furtado
Editor da revista History Today

O NEOZELANDÊS DAVID LOW resumiu perfeitamente. Num cartum publicado no *Evening Standard* em maio de 1943, ele retratou um rebanho de carneiros reunido fora de um imponente edifício governamental para ouvir os crocodilos, cobras e abutres no palanque anunciar: "Meus amigos, fracassamos. Simplesmente não conseguimos controlar suas paixões guerreiras." Aí, em irônico contraponto, estão duas das explicações tradicionais para a irrupção da guerra: paixão popular (às vezes nacionalista) e cálculo da elite, a primeira tragicamente formada pela credulidade e a segunda brutalmente pelo cinismo.

A palavra "guerra" exige uma certa dignidade para suas operações e obviamente significa mais do que "ausência de paz", mas não é fácil de se definir. Só uma pequena proporção das erupções de violência em larga escala da história começa com alguma espécie de declaração formal, ou mesmo num momento identificável. Exatamente quando uma incursão, uma vingança, uma rebelião — ou uma operação policial — se torna uma guerra, depende muitas vezes de quem está dando a definição, e por quê. Alguns, como o historiador John Keegan, veem "o jeito ocidental de guerrear", com dois exércitos claramente definidos, empenhados juntos numa incursão assassina, como norma, mas há muitas outras formas.

Por que as guerras começam?

Algumas guerras são puros e simples exercícios de se dominar riquezas ou terras — e muitas culturas não se desculpam por isso: as tribos germânicas que se apoderaram do Império Romano e as hordas mongóis que construíram o maior império territorial que o mundo jamais conheceu não buscaram nenhuma outra justificativa para suas ações. Mas outros — e isso é particularmente verdadeiro no caso de guerras travadas por civilizações estabelecidas com códigos morais desenvolvidos —, numa tradição que data pelo menos dos escritos de Santo Agostinho no final da antiguidade, acham imperativo definir "uma guerra justa" e afirmar a justiça da causa do dia antes de obrigar outros a morrer por ela.

Exatamente como é preciso dois para discutir, também é preciso dois para fazer uma guerra. A invasão da Tchecoslováquia por Hitler, em 1938 — embora imoral — não envolveu guerra, diferentemente da invasão da Polônia no ano seguinte, pois esta foi arduamente combatida, primeiro pelos poloneses e depois por seus aliados, França e Grã-Bretanha. O fato de que ambos os lados têm de optar pela luta explica por que tão frequentemente ambos os lados podem proclamar que estão lutando defensivamente.

Há bastante tempo existe uma afirmativa pessimista de que o conflito entre humanos é uma condição natural. Uma variante disso é a crença marxista na inevitabilidade da luta entre classes e entre os estados que representam interesses de classes. Tais afirmativas levam a questão das origens da guerra de volta para filósofos, teólogos, antropólogos, psicólogos e biólogos. Mas são os historiadores que podem reivindicar descobertas específicas em tempos específicos. Pois se estas disciplinas nos dizem que é inevitável para os humanos

180   Grandes questões da história

mostrar uma propensão para a guerra, elas suscitam outras perguntas: por que a guerra não é permanente e universal? Por que e como as guerras terminam? Por que e como pessoas esforçam-se por evitá-las ou organizar as coisas para que elas possam ser evitadas consequentemente?

Uma explicação é a de que se, como propôs o estrategista militar do século XIX, Carl von Clausewitz, a guerra é uma extensão da política por outros meios, então logicamente a política também é uma substituta da guerra, e assim a profissão da diplomacia objetiva administrar o conflito sem recurso à violência. Os diplomatas buscam manter o status quo, ou permitir a mudança em etapas pequenas e administráveis, enquanto os guerreiros buscam a mudança cataclísmica e súbita. As guerras acontecem quando a diplomacia falha em permitir que aconteçam bastante suavemente ou rapidamente as etapas necessárias — e as razões podem ser várias. A. J. P. Taylor, em sua obra sobre as origens da guerra no século XX, afirmou — para espanto de muitos — que ela pode acontecer sem que haja responsabilidade de qualquer grupo pela sua deflagração.

Nem todas as rupturas em relações internacionais ocorrem como resultado das decisões da elite: alguns conflitos simplesmente são viscerais demais para ser administrados racionalmente por meio de canais diplomáticos, talvez sejam os resultados de ódios ideológicos, religiosos, nacionalistas ou racistas originados de sentimentos populares. Nesse caso, pode realmente haver um clamor popular pela guerra, embora isto possa ser manipulado por aqueles que se posicionam para ganhar com o conflito. O equilíbrio entre a exigência popular e as políticas internas é frequentemente debatido: o estudo das origens da Primeira Guerra Mundial, de Fritz Fischer, por exemplo, viu a belicosidade do Kaiser principalmente como uma questão da administração interna da opinião pública em geral, nos anos anteriores a 1914.

O *casus belli* pode mascarar causas subjacentes que refletem mudanças a longo prazo no poder relativo das forças contrárias, talvez quando uma se desenvolve econômica ou tecnologicamente mais depressa que a outra. Outro modo de ver isto é afirmar que as guerras são realmente estimuladas por conflito econômico (a velha abordagem marxista) ou por conflito tecnológico — ou seja, uma corrida para controlar os recursos ou a oportunidade dada a um grupo por sua superioridade esmagadora. Mas o declínio do determinismo histórico torna evidente que tais fatores não podem ser considerados isoladamente, independentemente das opções feitas por elites políticas e militares.

O fato é que a deflagração de uma guerra não pode ser explicada puramente em termos das necessidades estratégicas de generais, dos desejos de políticos, de exigências de banqueiros, do fascínio pelos armamentos, da hipocrisia do clero, da cegueira do povo, ou mesmo pela maldade da natureza humana, embora tudo isso possa ser importante. Como Jeremy Black enfatizará mais adiante neste livro, a explicação histórica plena também exige a consideração do contexto cultural, em especial as ideias e os sistemas de valores das lideranças de ambos os lados. Alguns sistemas políticos têm mais probabilidade de optar pela guerra que outros. O sistema religioso que sustentou o império asteca no século XVI via a guerra e o sacrifício como um caminho para a honra, e todo o sistema social e econômico asteca foi construído com base na realização de guerras regulares que forneciam prisioneiros cujo sacrifício sangrento poderia alimentar os deuses. Algumas interpretações do Islã prometem o paraíso para aqueles que se sacrificam numa guerra santa — a política belicosa é mais provavelmente encontrável num estado onde predominam tais interpretações. Por seu lado, as democracias gostam de acreditar que são notoriamente relutantes em ir para a guerra, pelo menos uma contra a outra.

Nenhuma explicação isolada sobre o ato de guerrear pode incluir os astecas e os tanques Panzer, as hordas mongóis e o regimento de Wellington. Vale mais a pena examinar as circunstâncias que fazem homens e mulheres racionais considerar a guerra uma opção válida. Usar a compreensão tardia para explicar isso só pode diminuir o peso do momento original da decisão.

Historiadores sempre foram fascinados por guerras. Tucídides e Xenofonte viam a guerra como o resultado do cálculo político e de mudanças no equilíbrio do poder, embora ambos considerassem as guerras que descreveram como conflitos culturais entre duas visões de mundo diferentes e, em última análise, antagônicas — para Tucídides, entre os atenienses democráticos e os espartanos conservadores e oligárquicos; para Xenofonte, entre os persas imperiais, orientais e tirânicos, e os gregos federalistas, amantes da liberdade, nacionalistas e decentes.

Para os historiadores romanos Lívio e César, a guerra era uma função do Estado, algo justificado pelos próprios êxitos das armas romanas que eles narravam. Os historiadores cronistas da Idade Média cristã, liderados pelo Venerável Beda, achavam que a história tinha um significado

Por que as guerras começam?

didático, tendendo a ver o sofrimento causado pela guerra como castigo de Deus para o mal, e o sucesso na guerra como sinal de favor divino.

Estas duas abordagens, a realista e a moralista — suplementadas pela abordagem estruturalista que afirma que as guerras são um resultado inevitável de contradições fundamentais no sistema de poder —, dominaram o debate até nossos dias. Mais talvez, a teoria do inesperado. Embora as causas de longo prazo fossem populares nos anos 1960 e 1970 marxistas, caíram desde então nas mãos do revisionismo: por exemplo, a guerra civil inglesa foi vista pelo historiador marxista Christopher Hill, nos anos 1960, como tendo causas econômicas a longo prazo e profundas raízes intelectuais na transição de uma sociedade feudal para uma comercial, enquanto a maior parte dos historiadores de hoje, liderados por Conrad Russell, preferem ver a guerra como o resultado de erros de cálculo a curto prazo e afirmam que ninguém a prevê, mesmo doze meses antes das hostilidades começarem.

Sem surpresa, as guerras que tiveram suas origens mais discutidas são as duas guerras mundiais do século XX. Enquanto Fischer culpou o alto comando alemão por desafiar a supremacia britânica e por desestabilizar o equilíbrio do poder na Europa, outros viram a Primeira Guerra Mundial como resultante de um risco calculado da Alemanha, que ficou fora de controle; uma terceira abordagem desvia o foco da Alemanha e culpa o ambiente cultural e intelectual da Europa, enquanto uma quarta (recentemente expressa pelo historiador britânico Niall Ferguson) sugere que tudo poderia ter sido evitado se o secretário do Exterior britânico tivesse agido mais sutilmente no verão de 1914. Claro, elas não precisam ser culturalmente exclusivas.

Essas afirmações têm uma origem direta nas atitudes em relação ao Tratado de Versalhes, que é visto, muitas vezes, como a causa que contribuiu para a ascensão de Hitler e a volta da guerra em 1939. Sem dúvida, certos historiadores (como Michael Howard) preferem considerar as duas guerras como parte de um único conflito, interrompido por uma trégua de vinte anos. Mas o fato de que as duas guerras principais do século XX foram iniciadas pela Alemanha levou alguns a buscar suas origens no caráter belicoso da nação alemã — uma abordagem adaptada por Daniel Goldhagen em seu *Hitler's Willing Executioners*, um estudo do lugar do antissemitismo na cultura alemã. Para a maioria, a Segunda Guerra Mundial foi travada para acabar com o plano de domínio continental de Hitler e para evitar as consequências do pacto nazi-soviético.

Foi insuflada vida nova em todas estas questões pela guerra no Iraque, e os historiadores se dividiram como qualquer outro grupo em seus acertos e erros. Mas provavelmente foram menos barulhentos do que na discussão da "guerra ao terror" depois do ataque ao World Trade Center, quando debateram a questão de um "choque de civilizações" histórico entre o Islã e o Ocidente, como afirmou Samuel P. Huntington. O contragolpe típico do historiador às afirmativas de Huntington foi cético, com um apelo ao cuidado e à complexidade e também à atenção às especificidades do quando, onde, quem e como.

Como se ganham as guerras?

Como se ganham as guerras?

Jeremy Black
Professor de história da Universidade de Exeter

Historiadores costumavam enfatizar os aspectos materiais da guerra — especificamente a qualidade e a quantidade dos recursos. Hoje, o foco está mais na cultura estratégica — como as tarefas são estabelecidas e entendidas, como os recursos são usados e as questões organizacionais são afetadas por padrões e evoluções sociais.

Velhas suposições de historiadores, segundo as quais as sociedades são impulsionadas apenas por uma busca de eficiência e maximização da força enquanto adaptam seu armamento para a guerra — ignoram o processo complexo pelo qual o interesse em novas armas interage com o desejo de continuidade. As reações de grupos guerreiros às armas de fogo, por exemplo, variaram ao longo dos anos, com as sociedades na Europa Ocidental mostrando-se mais ansiosas para confiar nas armas de fogo do que as da Ásia Oriental e do Sul. Isto se torna mais fácil de entender quando se pensa nas tarefas e possibilidades diversas com que os exércitos se defrontam na hora real de ir para a guerra — quando não é nada claro que armas ou táticas serão bem-sucedidas — e não em termos de progresso militar definido.

Fatores culturais também desempenharam um papel nas reações ao processo do combate. Entender a perda e o sofrimento, tanto no nível dos soldados comuns quanto das sociedades como um todo, é muito mais condicionado culturalmente do que a ênfase na uniformidade da batalha pode sugerir, e as variações na disposição de sofrer perdas influenciam tanto os êxitos militares e estilos de combate, como mostram as diferenças nas estratégias britânicas de guerra no último século.

Além disso, a guerra não tem realmente a ver com a luta, mas com a tentativa de impor a vontade. O sucesso nisso envolve muito mais do que a vitória no campo de batalha — isto é apenas uma pré-condição de um processo muito mais complexo. Primeiro, o derrotado deve estar disposto a aceitar o veredicto da batalha. Isto envolve acomodação, se não aculturação — algo que tem sido muito mais que frequente em diferentes períodos e lugares. Assimilar cultos religiosos locais, cooptar as elites locais e, possivelmente, hoje, oferecer os vários estímulos sintetizados na globalização têm sido os meios mais importantes de se conseguir isso. Dessa forma, a história militar se torna um aspecto da história total; a vitória na guerra é mais bem estudada em termos de contextos políticos múltiplos.

Como a interação da política e da estratégia produz compreensões específicas da guerra e da vitória, estas, em troca, moldaram reações à perspectiva de conflitos futuros — até mesmo porque a causa principal dos agressores que decidem ir à guerra é uma presunção de sucesso. Isso significa que os pressupostos culturais são cruciais tanto antes quanto depois do conflito. Em verdade, a etapa do combate fica entre estes períodos, como parte de um processo progressivo da guerra.

Os agressores se baseiam em referências a outras guerras para produzir, ou pelo menos manter, esta suposição de sucesso. Eles dão um brilho a histórias de pessoas e países para proporcionar indícios de vitória, enquanto discutem outras guerras para sugerir que o padrão da história militar é claro. Isso quer dizer conceitualizar o conflito de uma maneira que minimiza deliberadamente o risco e, assim, nega a natureza da guerra e suas consequências: na prática, mesmo se a vitória é provável, seus resultados o são bem menos. Para os regimes que consideram o conflito, a história militar tem uma meta utilitária importante: tanto encoraja as pessoas a lutar pela vitória no campo de batalha quanto garante um legado de vitória assim que a batalha terminar.

Mas a história militar também deveria ser sobre sublinhar a precariedade da vitória e sobre as dificuldades de traduzi-la em êxito duradouro. Não que os estudiosos sejam inerentemente antiguerra, mas ao isolar o conflito para examinar os desafios, o consenso automático sobre o conflito é o de que as culturas belicosas mostram-se aptas a assumir e exigir.

Em anos recentes, falando-se relativamente, tem-se dedicado atenção demais à "revolução em assuntos militares" (RAM), percebida em avanços americanos em operações que incluem informação e armamento de precisão. Na prática, não é sempre o mais bem armado que prevalece, e não há razão para afirmar que esta situação mudará, apesar de desenvolvimentos tecnológicos.

Certamente, os americanos encontraram dificuldades de assegurar os efeitos que buscavam após a derrubada de

Saddam Hussein no Iraque. Também é importante assinalar que os Estados Unidos são a potência militar mais forte e excepcional e, em alguns aspectos, ficam de fora da análise da guerra moderna. Sem dúvida, a guerra expedicionária é atípica, a maioria dos conflitos se passa dentro dos países, com militares e paramilitares sendo usados para resistir a desafios aos governos, sejam estes de caráter autoritário ou democrático. Além disso, o esforço militar envolve questões fundamentais de organização social: o policiamento interno, por exemplo, é essencial para o objetivo militar.

Se a guerra não é vista em termos de tanques americanos rodando rumo a Bagdá (tanques só investem em enganosas histórias populares), e sim em termos de operações contra insurreições nas selvas da Colômbia, ou da topografia irregular do sul de Armagh e das favelas da Faixa de Gaza, é pouco evidente que vencer signifique muito mais que a contenção de um problema. Historiadores precisam colocar esta dimensão civil da guerra bem mais em destaque, em vez de só a considerar quando se aproximam da guerra normal entre forças convencionais. Este é o tipo de ênfase que se dá geralmente às histórias da Guerra Civil americana, quando, sob a perspectiva do conflito moderno, é mais instrutivo considerar aqueles aspectos da guerra que se aproximou das operações de guerrilhas, por exemplo, no Missouri, do que os combates de grande escala na Virgínia.

Finalmente, a maioria das guerras, tanto no passado quanto hoje, acontece nos ambientes múltiplos agrupados como o não Ocidente. Isto se tornou cada vez mais o caso desde 1945, embora os conflitos da Bósnia e Kosovo dos anos 1990 tenham sugerido brevemente outra coisa. Muito do que se escreve sobre a guerra é uma questão de pensamento estreito, com uma tendência particular para tratar o não Ocidente como uma sociedade primitiva assim que mencionado. Isto é especialmente absurdo quando tantos dos conflitos ocorrem na África, no sul da Ásia e na América Latina. Minha ênfase sobre o não Ocidente inclui um desafio à abordagem convencional da história militar com seu elenco estabelecido de personagens, fatos e ideias, mas vale a pena perguntar se é pertinente esta agenda quando histórias gerais da guerra podem ignorar ou subestimar tais conflitos em grande escala, como a rebelião de Taipeng ou a guerra civil chinesa.

Há um problema geral quanto ao julgamento sobre o que vale a pena se discutir na história militar. É mais importante enfatizar os fracassos portugueses na África no final do século XVII — no vale do Zambeze e em Mombaça — ou os êxitos austríacos na Hungria? E, no caso desses últimos, quanta ênfase deve ser dada às derrotas austríacas na guerra austro-otomana de 1737-9? Até que ponto os triunfos europeus na América do Norte, no mesmo período, devem ser colocados em contraponto com o fracasso holandês em Formosa (Taiwan) ou o russo no vale do Amur?

A falta de qualquer agenda óbvia de discussão é ainda mais evidente antes do período da projeção do poder ocidental que começou no final do século XV. Esta atividade pelo menos fornece uma razão para justificar a atenção dada à história militar por países que representam menos de um quarto da população mundial, embora a efetividade desta projeção de poder seja geralmente exagerada. Antes do final do século XV, porém, não fica claro por que a guerra medieval europeia (que tende a ser europeia ocidental) merece a atenção relativa que recebe. Seu impacto sobre a guerra em outros lugares foi limitado e, em escala, o conflito no leste e no sul da Ásia foi mais importante. Mesmo no caso do Oriente Médio, o foco sobre as cruzadas é enganoso, até porque a extensão dos seus êxitos baseou-se em parte nas lutas mais duradouras entre potências islâmicas que competiam pelo domínio da região. Além disso, o impacto dos turcos seljuk e, subsequentemente, dos mongóis, foi mais significativo que o dos cruzados.

Se adotarmos uma abordagem cultural da história militar, é evidente que não só as formas de guerra como também seus princípios fundamentais estiveram sujeitos à variedade e à mudança. Isto desafia a afirmação básica da similaridade que até então sublinhava a história militar — uma convicção que desculpa o modo com que grandes períodos de tempo (especialmente a Idade Média) e grande parte do mundo (sobretudo a África subsaariana e o leste e o sudeste da Ásia) foram ignorados. Subtraindo-se, contudo, o sentimento de que a história militar é uma questão de descobrir temas ou "lições" comuns entre Salamis e Trafalgar, ou Alexandre o Grande e Wellington, resta um tema mais desafiador, que certamente poderá contar algo sobre a guerra.

Onde quer que aconteçam as guerras, entender como são bem-sucedidas tem a ver com se focalizar conceitos políticos, sociais e econômicos, e com o que causou as guerras, em primeiro lugar. Tanto dentro quanto entre países, as políticas de injustiças são cruciais em conseguir apoio popular para a guerra. Elas fornecem um para-raios para tensões regionais, raciais, religiosas e de classe, tornando difícil garantir um acordo. Choques resultantes são então lembrados — como vitória ou injustiça — nas memórias coletivas de grupos competidores, e isto ajuda a tornar mais fácil convencer as pessoas a arriscar a vida. É por isso que precisamos ver os conflitos em termos da cultura. Embora seja relativamente fácil conseguir que pessoas matem outras, é menos fácil convencê-las a arriscar a vida por um longo período. Apesar da fantasia da RAM em torno de um banimento unilateral do risco de baixas, a capacidade de convencer pessoas a arriscar a vida e o perigo da mutilação são fatores fundamentais para entender como se ganham as guerras.

Outras leituras

BLACK, Jeremy. *War: Past, Present and Future.* Sutton, 2000.
——. *War in the New Century.* Continuum, 2001.
——. *World War Two.* Routledge, 2003.
BUCKLEY, John. *Airpower in the Age of Total War.* Routledge, 1998.
HOWARD, Michael. *The Invention of Peace.* Profile, 2000.
SONDHAUS, Lawrence. *Navies of Europe 1815-2000.* Longman, 2002.

Comentário de Steve Farrar
Redator do Times Higher Education Supplement

DESDE QUE EXISTEM guerras a se ganhar, a questão sobre o que decide quem vence tem sido um problema muito além da especulação acadêmica. Governantes, generais e seus cronistas sempre remexeram nas cinzas de conflitos passados a fim de adivinhar lições para o futuro. Às vezes, seus pensamentos foram transmitidos para ajudar a próxima geração, bem como para celebrar suas próprias realizações.

Um dos primeiros a abordar a questão foi o estrategista chinês Sun Tzu. Contemporâneo de Confúcio, Sun Tzu compilou um "canivete do exército suíço" da teoria militar por volta de 479 a.C., conhecido hoje como *A arte da guerra*. Cobrindo uma faixa de itens relevantes, do engano até o momento da diplomacia, ele extraiu conclusões das suas próprias experiências para orientar líderes em potencial através dos elementos básicos para se travar uma guerra. Sua obra é apimentada com achados como "não comece uma guerra a menos que tenha certeza de que pode vencê-la" e "na paz, prepare-se para a guerra; na guerra, prepare-se para a paz".

No Ocidente, a grande autoridade romana foi o escritor do século IV, Vegetio. Seu *Sobre a guerra* era essencialmente uma lista do que se deve ou não fazer, desde como escolher, treinar e equipar soldados, até como lutar em batalhas e construir fortificações. Apesar de se concentrar apenas em um exército romano de infantaria, Vegetio mostrou-se profundamente influente por mais de mil anos, juntamente com escritores clássicos mais antigos, como o historiador grego do século II, Políbio, o líder militar e ditador romano Júlio César (100-44 a.C.) e o estrategista do século I, Frontino, cujo livro *Dos Estratagemas* dava exemplos de truques militares para o uso de oficiais. Autores medievais buscaram dicas de como ganhar guerras em Vegetio, enquanto escreviam volumes sobre o comportamento cavalheiresco e os aspectos legais dos conflitos.

O grande erudito da renascença, Nicolau Maquiavel (1469-1527), construiu uma reputação como pensador militar com *A arte da guerra*. Ele também destacou a importância da guerra em *O Príncipe*, notando que "um príncipe deve, portanto, nunca ter outro objetivo em mente nunca adotar outra coisa para seu estudo, além da guerra, de sua organização e disciplina." Ele foi um admirador tanto de Frontino quanto de Vegetio, mas não se limitou a tentar reviver a ciência militar clássica. Embora Maquiavel discutisse a organização, táticas e como vencer batalhas, além de avaliar o impacto da artilharia sobre o significado estratégico das fortificações, há uma análise mais profunda ao lado disso e uma proposta de colocar a guerra dentro de sua estrutura política e econômica, pelo menos para preparar o príncipe para sua futura tarefa.

Desde o final do século XVII, a ciência e a tecnologia inflamaram a imaginação do escritor militar. Tanto a Real Sociedade quanto a Academia Real Francesa de Ciências envolveram-se em projetos de pesquisa empenhados em ajudar a arte da guerra. Entre as figuras mais influentes estava

Sébastien le Prestre de Vauban (1633-1707), um engenheiro militar francês que produziu tratados sobre a arte do cerco e fortalezas, tornando as novas ideias e descobertas da ciência disponíveis ao soldado. Mais tarde, Jacques-Antoine-Hippolyte de Guibert (1743-1790), em seu ensaio sobre táticas, de 1772, examinou os triunfos de Frederico o Grande, rei da Prússia no século XVIII, que superou obstáculos notáveis para ampliar seu reino.

Princípios gerais da guerra, do próprio Frederico, que enfatizava a disciplina e a organização de exércitos profissionais, circulou em segredo entre seus generais antes de ser publicado na França, em 1760. Para Frederico, a guerra era uma disputa de posições, em que pequenos ganhos se acumulavam ao forçar o inimigo a se movimentar em meio às batalhas. Depois, veio a Revolução Francesa, e a guerra deixou de ser um jogo de governantes. A autoconsciência nacional foi incitada e o serviço militar universal produziu exércitos de cidadãos que faziam da guerra mais um choque de povos. O aristocrata alemão Dietrich von Bulow, um contemporâneo da Revolução, refletiu sobre esse novo tempo em *The Spirit of Modern Warfare* (1799).

Da guerra (1832), de Carl von Clausewitz, ocupa um lugar especial no pensamento militar. Embora este volume póstumo seja mais frequentemente citado do que lido, foi o primeiro a realmente se defrontar com a essência do tema. O oficial prussiano, inspirado pelas guerras napoleônicas que testemunhou, foi sucinto: "A guerra não é nada mais do que a continuação da política do Estado por meios diferentes." A guerra era um ato nacional de violência, um instrumento para conseguir um objetivo específico que só podia ser realizado desarmando ou derrotando o inimigo para forçar a vontade de alguém sobre ele. No coração dessa luta, segundo a tese de Clausewitz, está uma "batalha decisiva" particular.

Em contraste com Clausewitz, o militar francês Antoine Henri Jomini não estava interessado em problemas filosóficos. Ele também testemunhou as guerras napoleônicas e era evidente que o propósito da guerra era ocupar o território inimigo. Em *The Art of War* (1838), Jomini apresenta conselhos práticos que o fizeram ser apreciado por gerações de generais que o seguiram. Para ele, a chave era dispor de uma maior parte das forças para cair em cima de uma parte menor das forças do inimigo, em áreas decisivas, no teatro da guerra.

Em 1890, o estrategista naval americano Alfred Thayer Mahan publicou *The Influence of Sea Power Upon History*, sugerindo que o domínio do mar e, em especial, do comércio marítimo, foi o fator decisivo no resultado da longa luta da Inglaterra contra a França. Contudo, o estudo detalhado de conflitos passados feito pelo historiador alemão Hans Delbruck em seu influente *History of the Art of War* (1900), em quatro volumes, concluiu que nenhuma teoria de estratégia por si só poderia ser correta para qualquer época, e que os objetivos da guerra poderiam ser mais limitados do que a aniquilação das forças inimigas.

No rastro da Primeira Guerra Mundial, surgiram novas ideias. O teórico italiano Guilio Douhet afirmou em *Command of the Air* (1921) que ofensivas bem-sucedidas de forças de superfície não eram mais possíveis. A impossibilidade de armar com sucesso uma defesa contra o ataque aéreo tornava os bombardeios maciços contra os centros povoados do inimigo a única estratégia efetiva. Para Douhet, não havia mais uma distinção militar útil entre combatentes e não combatentes. O conceito do que realmente quer dizer vencer uma guerra estava mudando rapidamente.

O pensador militar britânico Basil Liddell Hart, em *Strategy: The Indirect Approach* (1927), tornou-se o principal expoente do uso de tanques para entradas pesadas em território inimigo. Ele destacou o movimento, a surpresa e a flexibilidade, forçando o inimigo a agir quando e onde o atacante quisesse.

Na recente União Soviética, ideias avançadas sobre manobras de guerra foram desenvolvidas por Alexander Svechin, Mikhail Tukhachevsky e Victor Triandafillov, que defenderam estratégias de ataque profundo em seu *The Nature of the Operations of Modern Armies* (1929). Muitos dos principais pensadores militares soviéticos eram ex-oficiais imperiais cujas inovações incluíam a combinação de forças aéreas e terrestres.

O surgimento da Guerra Fria pareceu mudar tudo. Para Bernard Brodie, em *Strategy in the Missile Age* (1959), a bomba tornou a guerra algo que não poderia ser vencido sem consequências catastróficas. Desse modo, a coibição se tornou vital, e novos meios de se conseguir os objetivos da política externa tiveram de ser descobertos. Thomas Schelling, em *Arms and Influence* (1976), lutou com o dilema, usando a teoria dos jogos para imaginar novas estratégias.

As superpotências lutaram para resolver suas divergências em nível local em países como a Coreia e o Afeganistão, onde os povos tiveram de imaginar caminhos próprios para travar uma guerra contra um inimigo muito mais poderoso. Na China, Mao Tsé-tung, em *A guerra de guerrilhas* (1937), defendeu estratégias não ortodoxas para dar à população do campo uma chance de vencer guerras assimétricas contra uma oposição mais rica e urbana; no Vietnã, o general Vo Nguyen Giap desenvolveu estratégias de guerrilha que ajudaram a derrotar primeiro os franceses, depois os americanos. Isso significou que a contrainsurgência se tornou cada vez mais importante e isso se refletiu em estudos como *Defeating Communist Insurgency: The Lessons of Malaya and Vietnam* (1966), de Robert Thompson, e *Low Intensity Operations* (1971), de Frank Kitson, que destacavam modos pelos quais a ameaça da guerrilha podia ser enfrentada.

Estudos estratégicos ganharam popularidade na academia desde a Segunda Guerra Mundial. Um dos principais volumes foi *Makers of Modern Strategy: Military Thought from Machiavelli to Hitler* (1943), editado por Edward Mead Earle, que resultou de um seminário sobre política externa americana em 1941. Um livro semelhante, *Makers of Modern Strategy: From Machiavelli to the Nuclear Age* (1986), editado por Peter Paret, inclui a era nuclear e mais um capítulo sobre a construção da estratégia soviética, pela consultora americana de Segurança Nacional, Condoleezza Rice.

Entre os principais acadêmicos recentes que estudaram a guerra, estão os professores de Oxford, Michael Howard, que examinou a interação de guerra e sociedade em *War in European History* (1976), e Hew Strachan, com o festejado volume *European Armies and the Conduct of War* (1983). Em seu *A History of Military Thought*, em três volumes (2001), o pro-

Como se ganham as guerras?

fessor de Tel Aviv, Azar Gat, trata da importância dos objetivos políticos na determinação do uso da força e conclui que, já que a maioria dos objetivos é bem limitada em perspectiva, pouquíssimos conflitos realmente exigem a derrubada de um Estado inimigo — apesar das recentes campanhas no Afeganistão e no Iraque.

Como se desenvolvem as civilizações?

Como se desenvolvem as civilizações?

Colin Renfrew
*Professor de arqueologia e diretor do Instituto McDonald
de Pesquisa Arqueológica, Universidade de Cambridge*

Como é que nós, seres humanos, chegamos ao que somos? Praticamente toda cultura e toda religião têm seu próprio mito da criação, seu equivalente do Livro do Gênese. E hoje a ciência moderna pode realmente nos oferecer respostas a partes da pergunta que os pesquisadores vêm investigando desde a época de Charles Darwin. Hoje, astrônomos e cosmologistas nos fizeram saber algo sobre o *big bang* e as origens do universo. Além disso, eles e os geólogos nos permitiram saber muito sobre as origens do sistema solar e da Terra. Biólogos podem nos contar sobre as origens da vida e a evolução das espécies, e geneticistas moleculares revelaram o código genético do DNA. Assim também, após décadas de pesquisas, especialmente na África, primatologistas e antropólogos puderam usar o registro fóssil para fornecer um relato coerente do aparecimento de nossa própria espécie a partir de nossos ancestrais hominídeos — a chamada "revolução humana". Porém, o mais difícil de entender é o comportamento humano. Após mais de um século de estudos e pesquisa arqueológica, ainda não compreendemos muito claramente como as primeiras civilizações surgiram em diferentes partes do mundo e por que elas surgiram exatamente onde e quando apareceram.

"O estudo adequado da humanidade é o homem", como observou Francis Bacon, mas nossa realização mais notável ainda não é muito bem entendida. Indícios das primeiras sociedades complexas — as primeiras sociedades-estado, centralizadas em grandes cidades — existem por todo o mundo, de Roma, passando por Atenas, até os esplendores do Egito antigo. Também há Nínive, Nimrod, Babilônia, as cidades famosas da Mesopotâmia e suas remotas predecessoras nos locais sumerianos de Ur e Uruk. No México, as realizações dos maias clássicos ainda surpreendem o olhar e a grande cidade de Teotihuacán, no vale do México, abandonada por volta de 800 d.C., continua a nos espantar assim como espantou os astecas que governavam a região quando Cortez chegou à América Central em 1519. O surgimento da vida urbana na Índia do norte e no Paquistão antes de 2000 a.C. e a ascensão da civilização chinesa por volta da mesma época estão bem estabelecidos. Assim, está claro que em muitas partes diferentes do mundo civilizações surgiram durante os três ou quatro milênios antes da era moderna, civilizações que podemos reconhecer como semelhantes em alguns aspectos, com seus centros urbanos, seus templos e palácios, seus sistemas próprios de escrita e suas organizações de estado.

Compare-se essa situação com a posição da humanidade cerca de 20 mil anos antes. Todas as sociedades humanas de então eram simplesmente pequenos grupos, geralmente de não mais que vinte a quarenta pessoas, vivendo as vidas nômades de caçadores e buscadores de comida. A transição que se seguiu — do caçador da Idade da Pedra ao morador urbano — pode ser documentada nos registros arqueológicos: podemos examinar os sítios arqueológicos, os templos e os palácios; podemos escavar os mais remotos locais de aldeias em diferentes partes do mundo e as primeira tumbas, investigar a organização social em constante transformação; podemos surpreender a invenção da escrita em diferentes continentes, examinar as origens da alfabetização e traçar o desenvolvimento da administração centralizada. Mas ainda resta a questão de como e por que essas mudanças fundamentais e radicais aconteceram naquele lugar do mundo e naquele momento. Por que não aconteceram em toda parte muito mais depressa? Ou, claro, por que aconteceram?

Há um paradoxo aqui, que eu gosto de chamar de "paradoxo sapiente". A maior parte da atenção científica tem focalizado o surgimento da nossa própria espécie — de nós — *Homo sapiens sapiens* no sistema de nomenclatura padrão. O registro fóssil sugere que evoluímos de nossos primeiros ancestrais hominídeos na África entre 200 mil e 100 mil anos atrás. A genética molecular moderna mostra-nos quão pouco, em termos de DNA, diferimos de nosso parente símio mais próximo, o chimpanzé. E muitos estudos do DNA confirmam que nossa espécie emergiu na África e gradativamente se disseminou a partir dali há cerca de 70 mil ou 60 mil anos, e pelos milênios subsequentes povoou o resto do mundo, chegando à Europa por volta de 40 mil anos atrás. Podemos medir a crescente capacidade craniana de nossos ancestrais remotos e notar a sofisticação cada vez maior das ferramentas de pedra que usavam. No sul da França e no norte da Espanha, podemos admirar as pinturas que fizeram nas

Como se desenvolvem as civilizações?

cavernas há 30 mil anos, com notáveis representações ao natural dos animas que viam e caçavam. Podemos garantir que esses homens de 30 ou 40 mil anos atrás tinham capacidade de falar, com a maioria das complexidades de vocabulário e gramática que os humanos partilham hoje. A genética molecular moderna sugere que biologicamente, em termos de suas capacidades físicas e mentais — mesmo quanto aos seus DNA —, eles eram muito como nós. Um bebê recém-nascido então ou um de hoje não seriam significativamente diferentes. E o que acho mais notável é que ao longo de quase 30 milênios não tenha havido nenhuma mudança imediatamente óbvia e claramente significativa nos estilos de vida desses primeiros humanos. Claro, eles se espalharam e povoaram a Terra. Mas ainda eram caçadores de comida nômades, sem moradia permanente. A vida agrícola de aldeias estabelecidas, com a formação das primeiras comunidades sedentárias, não começou no Oriente Médio e na Anatólia antes de nove mil ou oito mil a.C. Evoluções comparáveis com o começo da agricultura ocorreram na China, na América Central e em outros lugares, porém bem mais tarde. Por que, então, se a nova espécie *Homo sapiens* era tão inteligente, o desenvolvimento da vida rural estabelecida e o crescimento de cidades, e, claro, o aparecimento da civilização, não aconteceram muito antes? Este é o paradoxo.

Trabalhos recentes deram-nos alguns fortes indícios rumo à sua resolução. Um dos grandes triunfos da arqueologia nos últimos quarenta anos tem sido o de localizar e investigar por todo o mundo os lugares onde a agricultura e os primeiros assentamentos de aldeias permanentes ocorreram inicialmente, e o de estudar os processos aí envolvidos de domesticação

208   Grandes questões da história

de espécies de plantas e animais selvagens. Robert Braidwood, na Jarmo pré-histórica no Iraque, e Kathleen Kenyon, na Jericó pré-cerâmica neolítica, na Jordânia, foram pioneiros no estudo das origens agrícolas, bem como Richard MacNeish, no vale Tehuacán, no México. Recentemente, um trabalho semelhante tem sido realizado sobre o cultivo de arroz no sul da China. Em muitas dessas regiões, a fixação e a produção de comida permitiram que se desenvolvesse uma população com especialização artesanal, governo centralizado e formação urbana, por um milênio ou dois. Sabemos agora que a agricultura em aldeias permanentes foi uma precursora da vida urbana nessas sociedades e quando e onde ela aconteceu.

Gordon Childe foi o primeiro arqueólogo a definir e discutir a "revolução urbana" no Velho Mundo, e Robert Adams o primeiro a estabelecer uma comparação pioneira dos processos de desenvolvimento urbano na Mesopotâmia e na América Central. Desde então, vários fatores essenciais têm sido propostos para o processo de urbanização: mudança climática, crescimento da população, irrigação, guerra, comércio e a influência integradora de grandes religiões, todos têm sido destacados de vez em quando. Há trinta anos, Kent Flannery escreveu uma tese desafiadora intitulada *A evolução cultural das civilizações* em que ele reuniu várias dessas ideias. Ele mostrou convincentemente que nenhum fator único, tomado isoladamente, poderia explicar o crescimento da civilização, sendo preciso uma abordagem plural.

Recentemente, alguns estudiosos têm criticado formulações gerais, como as de Childe, Adams e Flannery, por carecerem dos detalhes específicos necessários para abranger satisfatoriamente cada caso. Pois, claro, cada civilização antiga, no Velho Mundo ou no Novo, foi única. Tinha seu próprio ambiente, sua base de subsistência, seu sistema social próprio e suas particularidades próprias de crença. Mas quanto mais se focalizam as especificidades de um único exemplo, mais se perde o poder explanatório da generalização efetiva.

E algumas linhas gerais amplas se tornam claras. A mudança climática deve ter desempenhado uma parte importante, levando algumas sociedades de caçadores-buscadores rumo à produção de comida; parece inerentemente provável que a produção de comida tenha sido muito difícil até o fim da última idade glacial, cerca de dez mil anos atrás. Porém, as mais espantosas descobertas recentes foram no Oriente Próximo e na Anatólia, onde parecem ter-se desenvolvido centros de culto — em alguns casos recuando até aldeias agrícolas antigas, ou até antes, às primeiras dessas aldeias. Novas formas de simbolismo, incluindo rituais religiosos, desempenharam um papel importante por essa época e podem ter precedido o desenvolvimento da sociedade estabelecida, e até encorajado seu começo. Isso nos dá, penso, uma pista crucial. Pois a capacidade humana de usar símbolos e de desenvolver conceitos abstratos, depois empregá-los de modos práticos, é decisiva para os avanços que ocorreram.

Até agora não há um modelo simples, nenhum equivalente da dupla hélice da genética molecular para trazer coerência e simplicidade à sempre crescente quantidade de dados que vêm sendo coletados sobre a evolução das civilizações. Contudo, estamos começando a ver mais claramente onde as questões se colocam. Elas envolvem o desenvolvimento em sociedades antigas de novas maneiras de entender o mundo — de novos conceitos, incluindo, por exemplo, o poder e a autoridade, o que afetou radicalmente o modo pelo qual a sociedade foi organizada e o que poderia ser realizado. A escrita, com todo seu potencial para organização, foi uma dessas inovações. O que é necessário agora é uma nova arqueologia cognitiva que analisará mais efetivamente as estruturas simbólicas — do conceito da herança da propriedade às mais abstratas noções de religião — que os criadores das primeiras civilizações desenvolveram e que, por sua vez, tornaram possível uma evolução posterior.

Outras leituras

MITHEN, Steven. *After the Ice: A Global Human History 20.000-5.000 BC*. Weidenfeld & Nicolson, 2004.

POSTGATE, Nicholas. *Early Mesopotamia: Society and Economy at the Dawn of History*. Routledge, 1994.

RENFREW, Colin. *Figuring It Out: The Parallel Visions of Artists and Archaeologists*. Thames & Hudson, 2003.

——. e SCARRE, Chris (eds.). *Cognition and Material Culture: The Archaeology of Symbolic Storage*. McDonald Institute, 1998.

SCARRE, Chris e FAGAN, Brian. *Ancient Civilizations,* 2a. ed. Prentice Hall, 2003.

Comentário de Stephen Phillips
Escritor

A QUESTÃO DE COMO cresce nosso padrão mais característico e moderno de organização social vai ao cerne da experiência histórica humana. Segundo a definição do dicionário, a civilização é uma etapa intelectual, cultural e materialmente desenvolvida de evolução social, tipicamente marcada por formas de registro como a escrita, para conservar informação e disseminar o conhecimento, e pela presença de instituições sociais e políticas complexas.

Algumas das primeiras sociedades que correspondem a essa descrição floresceram em ricas terras agrícolas ao longo de rios na África do Norte, Ásia Central e Índia, abrangendo — desde o Nilo no Ocidente até o Ganges no Oriente — o Egito, a Grécia, o Irã, o Iraque e a Índia dos nossos dias. Estas culturas diferenciaram-se dos agricultores e caçadores de comida nômades que as precederam no chamado crescente fértil, e isso predominou por toda parte, por meio de colonizações urbanas e da produção de excedentes agrícolas suficientes para apoiar estruturas sociais e políticas como o trabalho especializado e a realeza.

Embora tenha havido uma fertilização cruzada por meio do comércio, diferenças nos modos pelos quais cada cultura se organizou levaram historiadores a designá-las como civilizações separadas — do Ocidente para o Oriente: o Egito antigo, Babilônia, Suméria e Índia. Outras civilizações que têm sido isoladas para estudo histórico incluem os maias da Meso-América e os astecas da América Central, os incas da América do Sul, e Grécia e Roma na bacia mediterrânea.

Para historiadores, as civilizações devem demonstrar nova coerência e consistência crítica ao longo do tempo, observou Peter Stearns em *Western Civilization in World History* (2003). Durante sua expansão, de 600 a.C. a 200 d.C., o Império Chinês, por exemplo, apresentou uma língua comum (o mandarim), órgãos políticos e burocráticos centralizados e crenças confucianas comuns, assinalou Stearns. Embora algumas civilizações possam ser menos unificadas politicamente, como o Ocidente moderno — geralmente se referindo à América do Norte e à Europa ocidental —, deveriam revelar valores comuns duradouros e padrões sociais e políticos.

Contudo, como as civilizações evoluem constitui um ponto muito debatido, carregado de bagagem política dos diferentes contextos em que foi colocado ao longo dos anos. Sem dúvida, o termo "civilizações" em si tornou-se politicamente carregado, com conotações de superioridade de certas culturas, consideradas cultas, refinadas e sofisticadas, com relação àquelas tidas como primitivas, selvagens e atrasadas.

Um dos primeiros historiadores a tratar da questão examinou as civilizações clássicas da Grécia e de Roma. Políbio, um grego escravizado pelo Império Romano em 168 a.C., declarou a meteórica ascensão dos seus captores um item de inflamada importância. "Pode alguém (...) não (...) atentar para saber por que meios, e sob qual (...) política, como quase todo o mundo habitado foi conquistado e submetido ao domínio de (...) Roma (...) em 53 anos?" Escrevendo no zê-

Como se desenvolvem as civilizações?

nite do destino da república romana, ele atribuiu o sucesso à sinergia entre democracia, aristocracia e monarquia.

A linha divisória intelectual da renascença na Europa, com seu reflorescimento do conhecimento e formas artísticas clássicas, banhou a Grécia e Roma antigas com um brilho mágico de idades de ouro culturais reverentemente consideradas pelos historiadores. Mas durante o iluminismo dos séculos XVII e XVIII essa visão começou a ser questionada.

Voltaire, filósofo francês do século XVIII, declarou que os historiadores deveriam ampliar seus horizontes além da narrativa dominante que traçava a grandeza europeia contemporânea a partir da civilização greco-romana, onde a "faísca racional" ocidental supostamente se inflamou antes. "É tempo de parar de insultar todas as outras seitas e nações como se elas fossem apêndices da história do Povo Escolhido", afirmou. Os historiadores americanos Paul K. Conkin e Roland N. Stromberg, escrevendo nos anos 1970, assinalaram que o projeto de Voltaire foi frustrado, enfim, pelo que se chamou "falácia racionalista". Esta foi a concepção que, apoiada por gente que, neste caso, pensava como um intelectual do iluminismo, levou Voltaire a estabelecer analogias dúbias entre os deístas chineses e europeus e os nativos americanos e filósofos naturais.

Tal pensamento a-histórico era uma cilada a respeito da qual Giambattista Vico (1668-1744) alertara décadas antes em *A nova ciência*. Vico incentivou o cultivo da empatia para entender outras sociedades. A chave para apreender as motivações de povos pré-racionais na aurora da civilização reside em estudar seus mitos e metáforas, afirmava.

Vico também deu seu próprio empurrão na visão cíclica, narrada por Políbio e outros, a respeito de civilizações sucessivamente em ascensão (caracterizadas pela humildade, um sentimento de respeito e reverência religiosa, e rigor) e declinantes (marcadas pela decadência, corrupção e dissolução antes da reversão à barbárie). Com cada virada da roda de Vico, seus avanços e recuos, esta convicção do progresso fundamental foi essencial para as sensibilidades históricas durante e depois do iluminismo. O filósofo alemão Georg Wilhelm Friedrich Hegel (1770-1831) também localizou os fatos históricos dentro da inelutável marcha da civilização rumo à perfeição definitiva.

Esta ideia de progressão histórica ressoou profundamente com Karl Marx. No projeto secular de Marx, a história da civilização começa com o coletivismo primitivo, sucedido pelo feudalismo, depois capitalismo, antes do proletariado explorado se levantar e estabelecer o comunismo. Porém, Conkin e Stromberg observaram que o marxismo também parece baseado numa leitura da história greco-romana ocidental e se baseia menos facilmente na história de outras civilizações.

Alegres suposições de progresso — lineares ou cíclicas — desabaram com o horror da Primeira Guerra Mundial. O conflito motivou volumes pessimistas como *A decadência do Ocidente* (1918-22), do professor alemão Oswald Spengler. Outros, como o historiador inglês Arnold Toynbee, viram a redenção da humanidade numa civilização mundial unitária abraçando uma religião global. Esta foi a solução utópica que Toynbee postulou em seu *Um estudo da História*, em dez volumes (1934-54). Examinando cerca de 21 civilizações, ele viu o padrão alternativo habitual de crescimento e declínio, com

Como se desenvolvem as civilizações?

a religião como a ponte entre civilizações sucessivas, afirmam Paul Conkin e Roland Stromberg em *The Heritage and Challenge of History* (1971). A obra de Toynbee alinhava-se contra o que ele deplorava como o provincialismo rasteiro entrando na história profissional, cada vez mais marcada por uma especialização restrita e estudos em estilo de monografias.

Contudo, a reação contra amplas varreduras e grandes esquemas estava solidamente baseada na esteira das atrocidades do século XX, cometidas em seu nome. Resumindo a desconfiança que evocavam então, a crítica das imutáveis e consistentes leis da história, em *The Poverty of Historicism*, de Karl Popper (1957), era dedicada às massas levadas à morte por convicções falsas de que nações ou raças eram designadas divinamente.

Enquanto isso, o estudo de antigas civilizações tem sido transformado pelo que foi chamado de "revolução arqueológica". Isso ocorreu desde a invasão do Egito por Napoleão em 1798, acompanhado por um corpo de duzentos estudiosos, que expropriou numerosas relíquias para estudo. A arqueologia ajudou a preencher lacunas e abrir novos horizontes de conhecimento. Pode-se inferir, da descoberta de um machado de bronze, por exemplo, que a sociedade que o produziu dominou a subsistência (já que as técnicas envolvidas em sua produção eram complexas demais para ser obscurecidas por atos como cuidar de crianças e conseguir comida) e se envolveu em comércio (já que o cobre e o estanho que compõem o bronze necessitavam ser importados).

O estudo combinado de textos antigos, junto com o uso de disciplinas como paleontologia, arqueologia e zoologia, também tem sido cada vez mais utilizado para construir um retrato de civilizações antigas. Agora, outros campos também estão contribuindo. O best-seller e ganhador do prêmio Pulitzer em 1998, *Guns, Germs and Steel* (1993), do biólogo evolucionista Jared Diamond, por exemplo, traz à questão avanços recentes da biologia molecular, da genética de plantas e animais, da biogeografia e linguística. Isto sugere que o terreno, a flora e espécies da Eurásia levaram mais à agricultura, domesticação de animais e fluxo de informação do que os da África e das Américas — e que as culturas mais complexas e populosas que surgiram eram mais resistentes a doenças. Modelos médicos foram incorporados ao estudo das civilizações. Um exemplo notável é o volume de 1977, do historiador americano William McNeill, *Plagues and Peoples*, que mostrou como os vírus levados por colonos europeus devastaram civilizações indígenas americanas como a dos astecas.

McNeill tem sido associado com o movimento da história mundial que, embora provocando grande teorização, tentou conservar um sentimento pelo quadro amplo e lançou luz sobre culturas antes subestimadas. Esta ênfase pode ter sido o corretivo pedido pelo historiador britânico Geoffrey Barraclough num ensaio de 1956, *The Larger View of History*, que declarava que "estaríamos melhores se pudéssemos descartar nossas histórias da Europa e liberar nossas mentes de sua concentração míope no Ocidente." Ele acrescentou que esta concentração, "embora possa concebivelmente servir para endurecer nossos preconceitos e fortificar-nos em nossa crença na superioridade de nossos valores e tradições, possivelmente nos enganará perigosamente sobre o mundo em que vivemos". É uma opinião que se mistura com ênfases pós-modernas que destacam histórias antes marginais e análises fora do centro.

Como se desenvolvem as civilizações?

Enquanto isso, a globalização criou temores sobre a sobrevivência de civilizações não ocidentais contemporâneas em meio à homogeneização cultural associada com o comércio internacional intensificado, empresas multinacionais e comunicação de massa, assinalou Stearns. Em 1992, o estudioso americano Francis Fukuyama deu uma guinada otimista nessa tendência, em *The End of History and the Last Man*, aclamando a "emergência de uma cultura global real... centralizada no crescimento econômico impulsionado pela tecnologia e as relações sociais capitalistas necessárias para produzi-lo e sustentá-lo". Duas recessões depois, contudo, entre a turbulência global, parece haver, afinal, muita milhagem sobrando na história das civilizações.

Por que crescem os movimentos religiosos e espirituais?

Por que crescem os movimentos religiosos e espirituais?

Linda Woodhead
Professora sênior de estudos cristãos
da Universidade Lancaster

Aqueles que apreciam o espetáculo de acadêmicos errando o caminho alegraram-se com a falha geral na previsão da ascensão maciça da religião que aconteceu em muitas partes do mundo desde os anos 1970. O crescimento de formas vigorosas de islamismo, de hinduísmo, de budismo e da cristandade carismática expôs uma embaraçosa carência teórica.

Alguns atribuíram a falha à antiga preocupação dos acadêmicos com a secularidade. A existência de um grande e sofisticado volume de teoria sobre secularização pouco ajudou quando se tratou de explicar o processo igualmente importante da sacralização. Mas isso é fácil demais. Não que a teoria da secularização esteja errada — há que considerar o espantoso e constante declínio da frequência à igreja desde os anos 1970 na maior parte da Europa para ver como estava certa nas suas previsões principais — é só que a teoria da secularização não pode mais proclamar que conta toda a história.

Primeiro, é útil fazer uma distinção clara entre religião (o sagrado primariamente como uma questão social) e espiritualidade (o sagrado primariamente como uma questão individual).

Se começarmos com a religião, e considerarmos o registro histórico, torna-se claro que as religiões florescem quando estão em aliança com o poder terreno. Tal poder pode ser político, econômico ou militar. Idealmente, podem ser os três. A iniciativa da aliança pode ser da religião ou do poder terreno. Idealmente, pode vir de ambos, com os dois lados se beneficiando da aliança.

Considere-se a disseminação da cristandade primitiva. O fator essencial no seu sucesso foi sua aliança com o Império Romano, a partir do século IV. Sem isso, seu destino provavelmente teria sido semelhante àquele da religião terrena, sua rival, o maniqueísmo, que não conseguiu garantir patrocínio político e foi incapaz de consolidar seus primeiros triunfos.

Não que a adoção do cristianismo como a religião oficial do Império tenha sido um acaso feliz — da mesma forma que a adoção do cristianismo como religião do Estado pelas primeiras nações europeias modernas, e a aliança progressiva entre o islamismo e várias formações políticas não foram acasos felizes. A aliança bem-sucedida entre o poder sagrado e o secular parece depender de dois fatores principais. Primeiro, o secular precisa necessitar do sagrado. Deve haver uma carência que a religião pode preencher melhor (agindo como uma força de unidade nacional, legitimando as exigências de um monarca, personalizando as desigualdades sociais e de gênero etc.). Em segundo lugar, deve haver alguma homologia entre o sagrado e o secular (o antigo Deus cristão ostentava uma espantosa semelhança com o imperador romano, por exemplo, e a ética religiosa tende a apoiar valores familiares durante períodos em que os papéis de gênero se rompem na sociedade mais ampla).

Isso não significa que a religião só floresce em aliança com poderes fracos. Até a potência mais forte pode "precisar" da religião, como vemos muito claramente no caso dos Estados Unidos de hoje. Como um adesivo popular diz: "Deus abençoou a América. Agora a América abençoa Deus." A questão do que vem primeiro, a convicção da "escolha" ou do sucesso da religião, é uma questão clássica do tipo o ovo ou a galinha. Quando a Grã-Bretanha imperial estava no auge do seu poder, também experimentou um período de intensa cristianização e também acreditava que era uma nação escolhida por Deus.

Mas há outra condição sob a qual a religião também pode crescer. Pois ela vai bem não só quando faz aliança com o poder terreno, mas também quando mobiliza a resistência a esse poder. A religião pode florescer, por exemplo, quando apoia identidades migrantes dentro de uma cultura mais ampla, hostil (vide o filme de Martin Scorsese, *Gangues de Nova York*). Ela também pode florescer quando apoia identidades político-culturais em larga escala contra um poder maior (como no caso do islamismo pós-colonial diante da força do capitalismo ocidental).

Assim, o notável êxito do islamismo em décadas recentes é mais bem explicado em termos de sua capacidade tanto para aliar-se com o poder político em vários países islâmicos como para servir de defesa e ponto de união contra o poder crescente do Ocidente, especialmente os Estados Unidos. O islamismo se acha no ponto ideal em que coincidem as duas condições mais propícias para o crescimento religioso.

Por que crescem os movimentos religiosos e espirituais?   223

Está implícita nessas considerações a ideia de que o sagrado é uma forma independente de poder. Sendo relativamente flexível, pode-se aliar com toda espécie de coisas, não só poderes terrenos e regimes políticos. Claro, indivíduos também podem deter tal poder e, assim, transformar a religião em espiritualidade.

Não é de surpreender o fato de que as religiões têm poderosas defesas contra a perda do seu monopólio sagrado. Indivíduos que proclamam uma conexão com o poder sagrado podem ou ser cooptados (geralmente como monges e freiras) ou condenados (como místicos, magos, bruxas e possuídos pelo demônio). Recentes denúncias papais da espiritualidade *New Age* indicam quão seriamente é tomada a ameaça da espiritualidade e com que rigor ela é combatida. A espiritualidade, portanto, cresce mais provavelmente quando a religião não é bastante forte para controlá-la e contê-la. Isso acontece mais certamente quando a religião é incapaz de formar uma aliança forte com o poder terreno.

Deixem-me ilustrar isto chamando atenção para uma época altamente inusitada: a Europa de 1700-1900. O inusitado era que as igrejas cristãs conseguiam atingir uma hegemonia cultural maciça, mais intensa e extensa do que qualquer outra conseguida anteriormente ou desde então. Alianças com o poder terreno foram um fator importante, pois o cristianismo ajudou a facilitar a transição para a modernidade capitalista, garantindo a posição precária das classes médias, aperfeiçoando as piores privações da sociedade industrial e purificando mulheres e trabalhadores. E, sob o reinado do poder eclesiástico, a magia, a superstição e a espiritualidade conheceram um declínio acentuado. Correntes espirituais subterrâneas como o transcendentalismo e a teosofia não só eram fracos como também autoconscientes de sua posição contracultural e anti-*establishment*.

O declínio da magia que é frequentemente atribuído ao triunfo da ciência, eu atribuiria porém ao triunfo da religião confessional. Quando a religião perdeu gradativamente a sua força, na medida em que diminuiu seu papel de garantir a ordem social e o fornecimento da educação e bem-estar, a espiritualidade começou a reviver. Mas o que renasceu não foi o mesmo que estivera no lugar antes do início do período moderno. Isso fora uma forma de espiritualidade preocupada com a obtenção do que pode ser chamado de "bens objetivos" e "prosperidade externa". A tecnologia aperfeiçoada, a riqueza crescente e o desenvolvimento de uma sociedade pós-materialista agora originava novas formas de espiritualidade mais interessadas em "bens subjetivos" e "prosperidade interna". Era uma nova e personalizada forma de magia, cujo objetivo era encantar não o mundo, mas o eu.

Na Europa, então, onde a religião é agora fraca e a aliança com o poder terreno é mínima, esperaríamos encontrar um florescimento da espiritualidade. E assim constatamos: da Irlanda à antiga URSS, da Islândia à Itália. Na cidade de Kendal, na Cumbria, onde nossa equipe de Lancaster realizou um estudo profundo da religião e da espiritualidade, objetivando constatar seu peso relativo, descobrimos que se o crescimento da espiritualidade e o declínio da religião organizada continuarem em suas taxas atuais, os números envolvidos na primeira, numa base semanal, irão superar os números da segunda, numa base semanal, por volta de 2030.

Desenvolvendo este panorama, também se pode prever que onde a religião é forte e está amparada pela aliança com o poder terreno, como em boa parte do mundo islâmico, formas individualizadas de espiritualidade (como algumas formas mais tradicionais do sufismo) irão sofrer. Outra vez, os fatos confirmam a previsão.

Mas há ainda um terceiro cenário: onde a religião está em aliança frouxa com formas terrenas de poder, mas não é hegemônica. Nessa situação, esperaríamos descobrir a coexistência da religião e da espiritualidade. Novamente, a previsão se confirma. Até certo ponto vemos esta situação nos Estados Unidos, onde as igrejas se tornam recipientes de formas cada vez mais subjetivas de espiritualidade cristã. Contudo, o mais surpreendente e importante exemplo diz respeito ao maciço surgimento do cristianismo carismático no hemisfério sul, em décadas recentes.

Pois o que vemos na América Latina, África e parte da Ásia é uma forma altamente irregular de religião cristã, em que indivíduos se apoderam do sagrado, estabelecendo seu próprio sacerdócio e suas próprias igrejas. Longe de fluir por canais rigidamente regulados, o Espírito floresce onde bem entende. E onde é recebido traz não só benefício subjetivo, como também apoio objetivo e auxílio ao fazer a difícil e custosa transição para o capitalismo global. Como o islamismo, o cristianismo carismático apresenta-se como pós-colonial. E como o islamismo, embora de maneira diferente, encontra-se num ponto favorável para crescer: capaz de explorar os recursos da religião, enquanto oferece muitos dos benefícios da espiritualidade.

Porém, eu afirmaria que a religião provavelmente florescerá em aliança e/ou desafio com o poder terreno, enquanto a espiritualidade provavelmente florescerá na esteira de tal aliança. Mas pretendo igualmente chamar atenção para o movimento correspondente de secularização que está bem no coração da socialização: pois quando a religião cresce, a espiritualidade tende a declinar, e vice-versa. Certamente, há exemplos na história em que o pêndulo fez uma pausa de um lado ou de outro no seu balanço, mas na confusão da atualidade é mais comum descobri-lo posicionado em alguma parte, no intervalo entre eles.

Outras leituras

BRUCE, Steve. *Politics and Religion.* Polity, 2003.

MARTIN, David. *A General Theory of Secularization.* Blackwell, 1978.

STARK, Rodney. *The Future of Religion.* University of California Press, 1985.

TAYLOR, Charles. *Varieties of Religion Today.* Harvard University Press, 2002.

WOODHEAD, Linda e HEELAS, Paul. *Religion in Modern Times.* Blackwell, 2000.

Comentário de Stephen Phillips
Escritor

DURANTE GRANDE PARTE da existência da história como disciplina intelectual, a propagação da religião foi o único tema de interesse para os estudiosos. Para os eruditos cristãos e muçulmanos, a história contava a narrativa de marcha triunfal da única fé verdadeira rumo a um ajuste de contas apocalíptico com o Criador no Dia do Juízo Final, a vinda do messias ou algum outro encontro com o destino.

A etimologia da palavra religião, derivada do termo latino *religare*, significando juntar ou ligar, sugere como surgiu esta relação única entre história e religião. Na percepção clássica, a religião ligava o humano e o divino, e a história delineava uma cadeia de fatos divinamente ordenada. Portanto, a história estava investida do máximo significado cósmico como a expressão da providência divina.

Este esquema escatológico chegou do judaísmo ao cristianismo e ao islamismo. Paul Conkin e Roland Stromberg observaram em *The Heritage and Challenge of History* (1971) que os antigos hebreus baseavam sua fé numa consciência cronológica, vendo-se como um povo escolhido, exaltado e depois abatido, esperando a vinda de um messias para restaurar seu reino ou anunciar uma época nova e melhor.

Modos anteriores de pensamento perceberam diferentemente o elo entre história e religião, assinalaram Conkin e Stromberg. Para os indianos antigos, a história era um ciclo implacável de criação e destruição, e as religiões hindu, jainista e budista objetivavam transcender esse ciclo para atingir o nirvana. Egípcios antigos, sumerianos e babilônios registraram fatos e compilaram genealogias, mas a convicção de que os fatos obedeciam às fantasias de deidades caprichosas militou contra tentativas de analisar realmente o passado. Enquanto isso, estudos clássicos gregos, como *História da Guerra do Pelonoponeso*, de Tucídides, tendiam a focalizar fatos distintos, vendo o passado e o presente como diretamente comparáveis, em vez de traçar a mudança histórica. O filósofo da história britânico, R. G. Collingwood, assinalou que a crença grega na imutável essência das coisas era a-histórica. Por seu lado, para o historiador britânico do século XX, F. M. Powicke, "a religião cristã é um convite diário para se estudar a história".

Para os primeiros historiadores cristãos, só havia um movimento religioso ou espiritual que importava — o cristianismo — e ele se desenvolveu porque Deus queria assim. Em sua *Ecclesiastical History*, Eusébio de Cesareia (c. 265-339), chamado "pai da história da Igreja", escreveu uma história do mundo explicitamente em termos do desenvolvimento do cristianismo desde a queda do homem até seu tempo. Um século depois, escrevendo no rastro do saque de Roma pelos visigodos em 410, Santo Agostinho de Hipona tratou do tema em *A cidade de Deus*, novamente dando à história uma interpretação cristã abrangente, descartando do processo os deuses pagãos do apogeu de Roma.

Sua visão de mundo influenciou textos históricos por séculos, ajudada, na Idade Média, pelo fato de que a erudição estava concentrada nas mãos do clero. Os mosteiros se

Por que crescem os movimentos religiosos e espirituais?   229 tornaram os principais repositórios do aprendizado e da tradição literária. Ali, estimular o avanço do cristianismo se tornou tanto um propósito de estudo histórico quanto de documentação. Agostinho e outros dos primeiros historiadores medievais destacaram a importância do papel missionário da Igreja ao disseminar o cristianismo. Mas muitos também enfatizaram o papel desempenhado por indivíduos. Nas mãos de monges eruditos como o Venerável Beda (c. 673-735), a história era hagiografia. O mais comum em tais relatos históricos era a vida de santos cristãos. Para Beda, tais padrões de devoção e virtude serviriam para inspirar pelo exemplo, e sua *Ecclesiastical History of the English Peoples* pode ser vista como um tratado de proselitismo.

Historiadores contemporâneos das Cruzadas continuaram esta tradição, com cronistas como Geoffroi de Villehardouin (c. 1160-1212) atribuindo o sucesso dos exércitos cristãos ocidentais contra os infiéis a protagonistas-chave que mostraram tanta fé em Deus como bravura na batalha. Para eles, o cristianismo se disseminou porque Deus estava do seu lado, mas um exército forte e, em especial, uma liderança firme também ajudavam. Cronistas árabes como Baha'al al-Din Ibn Shaddad descreveram da mesma forma reveses dos exércitos cristãos em termos de heróis como Saladino, que reconquistou Jerusalém dos francos no tempo da Primeira Cruzada.

O crescente contato entre o Oriente e o Ocidente e entre o cristianismo e o Islã, inflamado pelas Cruzadas, teve um impacto sobre a vida intelectual, inclusive no modo de escrever a história. A disseminação do cristianismo não era mais a única história para os eruditos ocidentais, tanto por causa das divisões dentro da Igreja Cristã quanto do crescimento das heresias. A redescoberta de textos da era clássica pré-cristã também estimulou uma perspectiva mais secular.

Esta foi uma característica dominante dos estudos na renascença. Nicolau Maquiavel (1469-1527) louvou os antigos romanos por estimularem a religião e as instituições religiosas a fim de inspirar e intimidar a população em geral, para manter a ordem cívica e conseguir a glória cívica. Ao defender o mesmo para o seu tempo, ele não se importava com qual religião seria estimulada — de fato, ele acreditava que o cristianismo, ao glorificar "homens humildes e contemplativos", "tornara o mundo fraco". Eruditos humanistas como Maquiavel estavam menos preocupados com a disseminação de uma determinada religião e mais interessados na visão clássica do propósito da História — que estabelecesse exemplos morais.

O caráter religioso do estudo histórico persistiu, no entanto. Embora o filósofo do iluminismo do começo do século XVIII, Giambattista Vico, enfatizasse a natureza da história feita pelo homem, ele via os homens como agentes involuntários do plano de Deus. Um Deus imanente paira também sobre boa parte do esquema histórico dialético de Georg Wilhelm Friedrich Hegel, do século XIX, com cada era ajudando a divina providência, apesar do choque de ideias opostas rumo a um futuro melhor e mais brilhante. Até Leopold von Ranke (1795-1886), considerado o pai da moderna pesquisa histórica, procurou a mão de Deus quando seus poderes de explicação histórica faltaram.

Contudo, a ênfase na razão e a preocupação com os princípios universais que dominaram o pensamento do iluminismo nos séculos XVII e XVIII transformaram atitudes em relação à religião. Uma consequência foi colocá-la na esfera privada. Em *The Profession of Faith of the Savoyard Vicar*, Jean-Jacques Rousseau (1712-1778) sugeriu que a verdadeira crença vem do coração, não da cabeça, e invocou uma religião natural, sem igreja nem escrituras. No século seguinte, a aplicação crescente de métodos críticos da ciência empírica e o impacto da teoria evolucionista de Charles Darwin, publicada em *A origem das espécies* (1859), aumentaram a tendência para essas explicações alternativas.

Em *Formas elementares da vida religiosa* (1912), Emile Durkheim (1858-1917) classificou a religião como "principalmente um sistema de ideias com o qual indivíduos representam para si a sociedade da qual são membros e as obscuras mas íntimas relações que têm com ela". Longe de depreciá-la, Durkheim considerava a religião essencial para o tecido social e se sentia perturbado com a perda da fé, cunhando o termo "anomia" para o vácuo moral e a alienação que a seguiam. Desenvolvendo isso, Max Weber (1864-1920) ligou o protestantismo, com sua ética do trabalho e tácito estímulo à ganância, ao capitalismo.

Tais visões funcionais da religião estimularam estudiosos ocidentais a ampliar seus horizontes além da tradição judaico-cristã. Weber assinalou que o confucionismo e o hinduísmo pareciam adversos ao capitalismo, enquanto Durkheim estudou as crenças dos aborígines australianos, afirmando que era possível deduzir verdades universais a partir da sociedade mais simples representada pelos aborígines.

Numa comparação mais recente de religiões, o sociólogo americano Rodney Stark sugere que religiões monoteístas como o cristianismo, o islamismo e o judaísmo, com "um Deus verdadeiro", em vez de um panteão politeísta ou sem Deus algum, parecem transmitir mais fervor para disseminar suas crenças e converter não crentes, enquanto o budismo, o taoismo e o confucionismo, todos basicamente sem Deus, mas ornados com múltiplas divindades em suas formas populares, coexistem há milênios na China, cada uma delas carecendo de um Deus suficientemente poderoso para suplantar as outras.

A liderança cristã dos Estados Unidos, a ascensão das teocracias islâmicas no Oriente Médio, o Islã ressurgido, o hinduísmo, o cristianismo e a grande vaga geral de espiritualidades locais frustraram as previsões de que os progressos do conhecimento científico, o crescimento da cultura de consumo e outras forças seculares pressagiariam a morte da religião.

O espectro da religiosidade renovada levou as teorias da secularização a serem revistas em termos que Stark e seu colega americano William Bainbridge caracterizaram como a natureza inerente e "autolimitadora" do processo. Esta tese, também expressa pelo historiador britânico Steve Bruce, afirma que as igrejas tendem a se tornar firmemente mais "respeitáveis", alinhando-se mais estreitamente com a sociedade secular como preço da influência manipuladora e destacando os interesses terrenos de seus grupos dominantes, embora comprometendo dessa forma seu apelo popular. Os seguidores podem simplesmente cair na não observância, formar suas próprias seitas ou desertar para outras que forneçam melhores compensações religiosas, como promessas mais fortes de recompensas na vida após a morte. Estas fórmulas ajudam a explicar a crescente brecha entre o Ocidente, onde o cristianismo organizado tradicional parece atolado num declínio inexorável, e o mundo em desenvolvimento, onde ele é, de modo geral, mais vigoroso. Philip Jenkins, autor de *The New Christendom* (2002), sugere que os tipos de cristianismo que crescem mais rápido na África, América Latina e Ásia apresentam um Deus menos intelectualmente rarefeito, onisciente e intervencionista — o que ecoa principalmente junto aos pobres e oprimidos.

O interesse também se voltou para a proliferação de grupos *New Age* em sociedades industrializadas. A importância de formas de espiritualidade marginais à religião tradicional é algo que Keith Tomas reconheceu em seu livro de 1971 sobre a Inglaterra dos séculos XVI e XVII, *Religion and the Decline of Magic*. Ele sugeriu que sistemas alternativos de crença surgiram como uma forma de ajudar a aliviar tensões na adversidade e para explicar a má sorte. Escrevendo nos anos 1990, o sociólogo Wade Clark Roof afirmou que a salada de novos credos que surgiram no Ocidente no final do século XIX e que floresceram especialmente desde o movimento contracultural dos anos 1960, mostra que aqueles que escapavam das religiões tradicionais estavam buscando novas saídas para seu senso do sagrado. O filósofo Charles Taylor caracterizou este "individualismo expressivo", abrangendo desde os movimentos esotéricos como a teosofia até movimentos de afirmação do mundo como a meditação transcendental, como um afloramento popular da busca por autenticidade que apareceu primeiro entre os participantes intelectuais e artísticos da elite do romantismo do final do século XVIII.

Recentes análises de Linda Woodhead relacionaram a subjetividade dessa abordagem faça-você-mesmo a preocupações relacionais, humanitárias, ecológicas, até cósmicas. Dessa forma, o desenvolvimento de movimentos espirituais mais uma vez está sendo colocado na essência de questões mais amplas sobre a natureza do mundo.

Como começam os movimentos intelectuais?

Como começam os movimentos intelectuais?

Anthony Pagden
*Professor de ciência política e história
da Universidade da Califórnia, Los Angeles*

O filósofo americano Richard Rorty disse certa vez que a filosofia — e, implicitamente, toda a vida intelectual — era uma "parte da conversa que somos". Como em outras conversas, esta inclui vários interlocutores. Às vezes, eles concordam entre si, às vezes discordam, às vezes falam todos ao mesmo tempo. Grandes movimentos intelectuais geralmente começam quando há muitas vozes discordantes lutando para se ajustar a imensas mudanças externas, mesmo que essas mudanças não sejam imediatamente entendidas como tal. E, como em todas as conversas, as direções para as quais levam, geralmente são mais facilmente vistas em retrospecto.

As grandes transformações intelectuais que moldaram a vida intelectual ocidental — o renascimento, o iluminismo, o modernismo e agora o pós-modernismo — foram todas identificadas como tal por aqueles que viveram nas suas épocas. Mas é apenas pelo entendimento posterior que se transformaram em "movimentos" distintos na história intelectual do Ocidente. Todos esses movimentos começaram como uma reação a mudanças externas e uma crescente insatisfação com as ferramentas intelectuais disponíveis para explicá-las.

Pegue-se, por exemplo, o que é vagamente — e muitos historiadores afirmam que erradamente — chamado de "Revolução Científica", ou — o termo que prefiro porque era usado na época — a "Nova Filosofia" do século XVII. Isso começou quando europeus inteligentes perceberam que as duas maiores convulsões do século XVI tinham-lhes roubado toda a certeza no mundo de que um dia haviam desfrutado: a Reforma e as guerras de religião que atormentaram a Europa desde meados do século XVI até a década de 1640 tinham destruído a autoridade religiosa da Igreja; a descoberta da América tinha minado os relatos tradicionais de natureza humana. Se o homem poderia discordar tão ferozmente do significado das palavras de Deus e sociedades poderosas e desenvolvidas poderiam existir divergindo tanto do que era considerado natural na Europa, daí talvez, como o grande ensaísta francês Michel de Montaigne sugeriu, não houvesse verdades universais, apenas costumes locais. O poeta John Donne expressou isso assim: "tudo está em pedaços, toda coerência se foi; tudo só suprime e toda relação: Príncipe, Súdito, Pai, Filho, são coisas esquecidas." E se fosse este o caso, que base poderia haver agora para qualquer espécie de conhecimento?

Tal desespero levou ao reaparecimento de uma antiga doutrina filosófica que, embora nunca tivesse realmente desaparecido, permanecera adormecida por séculos: o ceticismo. O cético moderado acredita que não tem bases para o entendimento além dos seus próprios sentidos. Nesse mundo, o filósofo tem de descartar todo conhecimento anterior, tem de começar só com a matéria-prima — o mundo em si — que está diante dele. Disso vem uma crença de que a única espécie de ciência tem de ser baseada na experiência, que o único tipo de filosofia tem de ser aquele, como argumenta John Locke, que começou com um relato das sensações humanas, ou, como afirmou René Descartes, com o simples fato irrefutável de se pensar: *cogito ergo sum* — "eu penso, logo existo".

Em meados do século XVII, todas as certezas anteriores, todas as ciências mais antigas, haviam sido, na verdade, varridas. Em especial, uma visão do mundo que se baseava fortemente na teologia — ou no que foi ampla e depreciativamente chamado de "escolasticismo" — sumira mesmo. As pessoas ainda acreditavam que uma divindade criara o universo, mas agora acreditavam que o mundo — humano e natural — era uma entidade independente que só poderia ser entendida se estudada diretamente.

Esta revolução surgira como consequência de uma ampla conversa por toda a Europa. Thomas Hobbes conversou com Descartes, assim como Locke, Descartes conversou com Galileu, assim como Hobbes, e uma multidão de outros pensadores menos conhecidos enviou e recebeu cartas por todo o continente. O movimento que sua conversa criou, apesar de sua imensa complexidade, começou como uma tentativa de descobrir a reposta para uma única pergunta: o que é o conhecimento? E, embora essa pergunta tenha sido feita inúmeras vezes nos séculos anteriores, só quando todos os outros métodos de chegar a uma resposta pareciam ter sido exauridos, tornou-se óbvio que um novo e realmente radical conjunto de métodos filosóficos teria de ser imaginado. Um novo movimento intelectual começara então.

Como começam os movimentos intelectuais?

Todo movimento intelectual é, porém, como toda conversa real, um processo contínuo. A Nova Filosofia do século XVII e a revolução no pensamento científico que a acompanhou nunca teriam sido possíveis sem as mudanças no pensamento moral e social que são associados com o humanismo do século XV. Pois este foi o período que testemunhou não só a redescoberta dos textos céticos que inspiraram Montaigne e seus sucessores, como também a criação de uma visão mais antropocêntrica do universo, uma visão do homem como medida de todas as coisas.

A Nova Filosofia também pavimentou o caminho para o grande movimento intelectual que chamamos de iluminismo. Por volta do fim do século XVII, as guerras religiosas estavam acabando e o choque de novos mundos diminuíra muito. O ceticismo e o racionalismo que inspiraram a Nova Filosofia agora começavam a parecer abertamente reducionistas. Assim que o "jugo do escolasticismo" foi afastado por Descartes e seus seguidores, disse Jean d'Alembert — criador, com Denis Diderot, do projeto mais típico do iluminismo, a *Encyclopédie* —, ficou aberto o caminho para um mundo no qual toda a humanidade governaria suas ações apenas pela sua razão.

Mas no desolado mundo do século XVII fazia sentido afirmar que seres humanos só ficavam juntos e se comportavam decentemente, uns em relação aos outros, por causa do medo e de um autointeresse racional — o que David Hume chamou de "a filosofia egoísta". O que o iluminismo acrescentou ao racionalismo dos seus predecessores foi o sentimento de que os humanos compartilhavam não só a razão como também uma identidade comum que ia além da simples conjetura. Seres humanos não eram apenas egoístas, eram também compassivos e dedicados. E eram morais, não, como os teólogos insistiam, porque Deus os mandara ser, mas porque uma disposição moral era uma parte do seu ser.

Os grandes pensadores do iluminismo secularizaram o Deus cristão. Fazendo isso, demoliram todas as alegações anteriores sobre família, rei e país, todos os costumes consagrados e as leis feitas por Deus segundo as quais seres humanos governavam suas vidas. Como o maior dos filósofos do século XVIII, Immanuel Kant, disse: "Tudo deve se expor à crítica. A religião, pela santidade, e a declaração de leis, pela majestade, podem tentar escapar dela. Mas então elas só despertam desconfiança e não podem reivindicar aquele respeito sincero que a razão só dedica àquilo que foi capaz de suportar, o teste do exame livre e aberto." A lealdade dos seres humanos só poderia ser à própria humanidade.

Escolhi dois momentos intimamente ligados na história europeia. Mas momentos semelhantes, bem como uma interação semelhante entre circunstâncias externas e a luta para que elas façam sentido, podem ser descobertos nas origens de quase todo movimento intelectual subsequente. O romantismo foi, nesse sentido, um afastamento das abstrações, do cosmopolitismo e do universalismo do iluminismo em reação ao nacionalismo que surgiu com a Revolução Francesa e com as guerras napoleônicas. Novamente, país, parentesco e costumes se tornaram o foco da vida humana. A humanidade não era uma abstração. Seres humanos existiam apenas como membros de diferentes nações ou povos, e cada um destes era diferente. "Franceses, italianos, russos etc. Eu conheço", escreveu o ácido conservador francês Joseph de

Maistre. "Eu sei, também, graças a Montesquieu, que se pode ser um persa. Mas quanto ao homem, declaro que nunca o encontrei em minha vida."

Da mesma forma, o positivismo lógico e a psicologia freudiana do começo do século XX podem ser vistos como tentativas de descobrir códigos racionais de significação e conduta profundamente enterrados sob a desordem aparente criada pela Primeira Guerra Mundial. O pós-modernismo, cujos fundadores, em sua maior parte, viveram através dos horrores da Segunda Guerra Mundial, é, em parte, uma rejeição da possibilidade de qualquer espécie de entendimento racional, quando defrontado com algo tão inexplicável quanto o Holocausto. A história humana é redutível a pouco mais que nossas próprias autodescrições, ou, na frase frequentemente citada (e mal citada) de Jacques Derrida: "Não há nada além do texto."

E já que nada pode existir num vácuo e um movimento intelectual totalmente novo seria completamente incompreendido, cada um desses se liga fortemente ao passado. O romantismo usou as histórias folclóricas escocesas e galesas como forma de captar o que imaginava ser o coração primitivo de uma nação. O racionalismo do século XX ressuscitou — e, como não acabou de forma alguma, continua a reviver — algumas das afirmações da Nova Filosofia do século XVII. O pós-modernismo tem dívidas conflitantes com Kant e Hegel, e toda época saqueou sem a menor vergonha o passado clássico.

Agora, quando entramos em um novo século com sua própria quota de conflitos, sinto que a fascinação com a linguagem e a insistência na irrealidade do mundo, que acabaram sendo chamados de "pós-modernismo" e ocuparam a maior parte de nossas conversas recentes, estão desaparecendo. Em seu lugar, um novo cientificismo está surgindo. A ciência cognitiva, antes ligada à sociobiologia, e estridentemente condenada como uma intolerável forma desumana de reducionismo, está lentamente de volta. Uma nova conversa, e com ela um novo movimento intelectual, está para começar — talvez.

Outras leituras

JARDINE, Lisa. *Ingenious Pursuits: Building the Scientific Revolution.* Little, Brown, 1999.

KOSELLECK, Reinhart. *Critique and Crisis: Enlightenment and the Pathogenesis of Modern Society.* Berg, 1988.

OSLER, Margaret J. (ed.). *Rethinking the Scientific Revolution.* Cambridge University Press, 2000.

RORTY, Richard. *Philosophy and the Mirror of Nature.* Princeton University Press, 1979.

SCHMIDT, James (ed.). *What is Enlightenment? Eighteenth-Century Answers and Twentieth-Century Questions.* University of California Press, 1996.

Comentário de Karen Gold
Escritora

A MAÇÃ DE NEWTON, o *Beagle* de Darwin, a perspectiva de Brunelleschi: descobertas-ícones estão no coração do relato de qualquer contador de histórias da mudança intelectual. Novas ideias surgem para um gênio individual, aparentemente de parte alguma: clarões ofuscantes de inspiração que se formulam num minuto, em poucos dias, muitas vezes numa viagem de navio, e que alteram a percepção humana para sempre.

Historiadores profissionais acompanham marginalmente há muito tempo essa história de "eureca", embora possam explorá-la em livros com títulos como *It Started with Copernicus* (Howard Margolis) e *Charles Darwin: the Naturalist Who Started a Scientific Revolution* (Cyril Aydon). Mas, às vezes, eles também localizaram revoluções intelectuais na especificidade de Grandes Homens e Grandes Acontecimentos.

Para Jacob Burckhardt, autor de *A civilização da renascença na Itália* (1860), que dominaria o estudo do renascimento por mais de cinquenta anos, a cultura ocidental brotou renascida, quase num momento da desolação econômica e cultural da Idade das Trevas. Nas cidades-Estado da Itália do Norte no século XV, o homem, na forma particular de gênios individuais como Benvenuto Cellini e Leonardo da Vinci, de repente redescobriu sua herança clássica, sua dignidade política e seu papel central no universo.

Um momento marcante ainda mais específico foi identificado pelo médico e historiador da ciência francês Pierre Duhem (1861-1916). A ciência moderna nasceu, afirmou ele, em 1277, com a condenação papal da então popular filosofia aristotélica, segundo a qual o universo nunca poderia ser entendido diferentemente da forma com que fora entendido no passado.

Galileu, vítima do autoritarismo papal, teria achado irônica esta teoria de um papado estimulando a hipótese e o progresso científicos. Mas Duhem sugeriu que a condenação liberou pensadores científicos futuros, deixando-os prosseguir nas suas pesquisas e conceber suas descobertas como passos à frente na compreensão da Criação definitiva de Deus em vez de um afastamento da crença de que Ele a criou.

Modernos pensadores radicais acrescentaram um novo elemento a esta agora antiquada especificidade histórica de pessoas, tempos e lugares. Em vez de focalizar homens e fatos célebres, eles destacaram a contribuição dos não famosos, frequentemente mulheres. Howard Zinn e Noam Chomsky, por exemplo, traçando a disseminação intelectual e social do movimento pacifista do século XX, escreveram sobre a ativista britânica Peggy Duff, secretária-geral da Campanha pelo Desarmamento Nuclear entre 1958 e 1967. Segundo Chomsky, ela foi "uma das pessoas que realmente mudaram a história moderna (...) ela pertence à mesma categoria das (...) pessoas desconhecidas que criaram os movimentos trabalhistas, ou das outras pessoas que importaram na história, entretanto, são desconhecidas e esquecidas". Por definição, estes ativistas radicais são retratados como trabalhando contra, mais do que a favor, a natureza cultural de seus tempos.

Como começam os movimentos intelectuais?

Os historiadores mais importantes do século XX, ampliando o foco para além de indivíduos e fatos relevantes, preferiram adotar uma ideia mais ampla do terreno a partir do qual novos movimentos individuais poderiam se desenvolver: a da visão do mundo identificada pelo filósofo Wilhelm Dilthey (1833-1911). Isso foi específico para um determinado tempo e cultura e frequentemente fertilizado por fatos particulares — a descoberta de novas terras, por exemplo, ou a queda de Constantinopla, que trouxe de volta textos literários clássicos do Oriente para o Ocidente.

Historiadores posteriores questionaram tanto explicações de "Grandes Homens" quanto de "Espírito da Época", enfatizando o embaraço de continuidades entre os chamados novos movimentos e as épocas que os precederam. O historiador de Harvard, Charles Homer Haskins, intitulou controvertidamente seu livro de 1927 *The Renaissance of the 12th Century* e identificou a maioria das características do renascimento do século XV dentro desse período. Nos anos 1920 e 1930, os historiadores franceses *annalistes* Marc Bloch e Fernand Braudel escreveram sobre os longos ritmos da história identificando a geografia, a economia e as estruturas sociais como tendo contribuído bem mais para a mudança histórica do que indivíduos ou grupos de eventos.

À medida que os historiadores adotaram perspectivas de prazo mais longo sobre novas ideias, encontraram uma nova dificuldade: o liberalismo. Traçar a história da ciência, em especial, podia facilmente se tornar sinônimo de traçar um fio vermelho da verdade à medida que esta ganhava adeptos ao longo dos séculos. Até Herbert Butterfield, identificador e arquicrítico britânico da tradição histórica liberal, afirmou que, excepcionalmente, a história da ciência poderia e precisaria ser "lida de diante para trás" e no seu *Origins of Modern Science* (1949) faz exatamente isso.

Porém, para cada passo que exaltou definitivamente o progresso científico, houve numerosos outros que só levaram a becos sem saída. O historiador holandês Reijer Hooykaas, em *Religion and the Rise of Modern Science* (1972), escreveu que o progresso científico não era nem linear, nem cumulativo. O nascimento do método científico não era imputável às observações de alquimistas em seus laboratórios, disse. Em vez disso, desenvolveu-se com a manifestação do ceticismo popular que aconteceu quando marinheiros comuns perceberam que os mapas dos novos mundos que exploravam, supostamente exatos, estavam errados.

Historiadores céticos em relação à data de nascimento da cultura moderna, especificamente, chegaram à conclusão semelhante. Frances Yates, em *The Occult Philosophy in the Elizabethan Age* (1979), revelou as redes mágica e maçônica que entrecruzavam a Europa através da supostamente humanista renascença, dando uma perspectiva inteiramente diferente do seu contexto intelectual. John Hale, em *The Civilisation of Europe in the Renaissance* (1994), um cumprimento deliberado a Burckhardt, enfatizou que a versão do humanismo no século XV estava muitas vezes distante do humano: "Para alguns, a renascença foi um tempo de otimismo e esperança. Para outros, foi caracterizada por miséria, rivalidades crescentes, guerra e disputas religiosas."

Acima de tudo, Thomas Kuhn, em *The Structure of Scientific Revolutions* (1962), contou uma história completamente nova sobre movimentos intelectuais, usando o termo "paradigma" para significar uma estrutura de ideias em que novos começos são possíveis. A ciência não era tanto um arco suave de progresso, afirmou, mas uma série de paradigmas separados que, em troca, gerou novos problemas para serem resolvidos durante longos períodos de "ciência normal". Kuhn criticou especificamente seu predecessor Karl Popper, cujo relato do processo de descoberta científica de hipótese e experimentação, sobretudo em *The Logic of Scientific Discovery* (1935), dominou o estudo de como o entendimento científico muda. A teoria de Popper, disse Kuhn, era genérica demais: se todo cientista na história realmente tivesse tentado refutar suas próprias teses, nenhuma ciência teria ficado de pé.

O que Popper e Kuhn têm em comum é que a história que contam sobre a descoberta científica é dominada pela mudança conceitual. Uma nova ciência surge como resultado de novas ideias, afirmam. Porém, outros historiadores questionaram sua ênfase nos conceitos, assinalando que novos movimentos poderiam ser instigados não inicialmente por ideias, mas pelas novas ferramentas que tornavam concebíveis essas ideias. O que pensaria Galileu sem seu telescópio? Ou o que Brunelleschi realizaria sem sua máquina de desenhar perspectiva?

E o impulso por novas ferramentas pode não ter nada a ver com investigação intelectual, disseram historiadores sociais como Robert K. Merton (*Social Theory and Social Structure*, 1949), Steven Shapin (*The Scientific Revolution*, 1996) e Lisa Jardine (*Wordly Goods*, 1996, e *Ingenious Pursuits*, 1999). Por exemplo, Jardine enfatiza os papéis que o comércio e o império capitalista desempenharam ao desenvolver novas ferramentas: "Houve a necessidade urgente de se ter um relógio que marcasse o tempo perfeito e um mapa estelar dos céus medido com precisão (...) Quando um grupo de homens (...) precisa de algo que lhes diga qual é a trajetória de um corpo movendo-se a uma aceleração inversa do quadrado e em velocidade constante, diz Newton: 'Bem, é uma elipse', e esse é um item de matemática fundamental que só ele poderia resolver. Mas o item de matemática fundamental vem no fim de uma história em que uma dúzia de pessoas, sob a pressão da necessidade urgente de saber onde você está no globo, imaginaram qual pergunta fazer."

Uma dificuldade nessa discussão, como outros estudiosos assinalaram, é que em algumas culturas novos movimentos intelectuais seguiram as ferramentas, e em outras culturas as ferramentas estavam lá, mas os movimentos não. O fato de poderem fazer tal afirmação se deve a tentativas de olhar além da histórica eurocêntrica. O que Burckhardt rotulou como Idade das Trevas foi, como autores incluindo Jardine assinalaram, exatamente o contrário das trevas no mundo islâmico: o império abássida, que durou do século VIII ao XIII, foi o motor intelectual do mundo, disseminando e preservando não só a matemática, astronomia e medicina orientais como também a cultura clássica. Até as origens da própria cultura clássica têm sido discutidas, mais controvertidamente em *Black Athena* (1987), de Martin Bernal, que afirmou que as raízes intelectuais da Grécia antiga não estavam, como xenofobicamente atribuída por historiadores europeus do século XIX, no norte da Indo-Europa, mas, ao contrário, na cultura semítica e egípcia.

Mas a maior mudança de foco geográfico do estudo da mudança intelectual teve a ver com a China. O empreendimento da vida inteira de Joseph Needham, *Science and Civilisation in China*, lançado em 1954, revelou como, por exemplo, relógios mecânicos chineses anteciparam os europeus em seis séculos, enquanto os astrônomos chineses registraram manchas solares mais de um milênio antes dos europeus. Embora subestimando a história da proeminência intelectual ocidental, o enorme estudo de Needham deixa, não obstante, de responder à pergunta: por que, quando os chineses tiveram as ferramentas, a ciência europeia, e depois a americana, é que dominou os conceitos?

Estudiosos diferentes citariam, de maneira variada, a economia, a geografia, a política e a estrutura social para responder à pergunta: como começam os movimentos intelectuais? Mas, para o historiador e filósofo francês Michel Foucault, essa seria simplesmente a pergunta errada. Estruturamos nossas perguntas segundo as respostas que queremos obter, afirmou em *A ordem das coisas* (1966) e *Arqueologia do saber* (1969). A história das ideias é uma elaboração retrospectiva: vemos os movimentos intelectuais nos tempos e lugares onde queremos vê-los, e passamos a limpo textos alternativos porque eles não se ajustam à história que queremos contar, à novidade que queremos perceber. Nesse sentido, não fomos muito além da história da maçã de Newton, afinal de contas.

Como a tecnologia afeta a transformação social?

Como a tecnologia afeta a transformação social?

Lisa Jardine
*Diretora do Centro de Pesquisa de
Artes e Humanidades e professora de estudos
renascentistas no Queen Mary College, em Londres*

Para Aristóteles, as "artes úteis" completavam e aperfeiçoavam o que a natureza começara, melhorando a capacidade humana de agir sobre o mundo natural e a qualidade da existência humana. A tecnologia tem sido o catalisador da mudança social desde antes do matemático grego Arquimedes demonstrar que a água pode ser levantada para irrigar um terreno ressecado acima de um fluxo de água, por meio de um mecanismo contínuo propulsor dentro de um tubo flexível. Começando pela antiguidade, o que o século XVII chamou depois de "matemática mista" criou máquinas que libertaram homens e mulheres do trabalho pesado exaustivo e distribuíram os benefícios da civilização por todo o mundo conhecido — do simples sistema de alavanca e conjunto de roldanas ao aspirador de pó e à máquina de lavar.

Contudo, para muitas pessoas hoje, "tecnologia" é inescapavelmente associada à "biotecnologia" e elas não hesitam em oferecer um veredicto negativo sobre sua contribuição em alterar nossas vidas: nova tecnologia significa modificação genética de espécies naturais de plantas; colheitas e alimentos transgênicos são mudanças possivelmente irreversíveis do ambiente e de fontes de nutrição testadas e aprovadas das quais dependemos. Assim, a tecnologia não age pelo progresso, mas pela humanidade, que aceita riscos inaceitáveis a longo prazo em relação ao mundo que habitamos, mexendo com ele e fazendo o papel de Deus. O prefácio de um documento de 2003 do gabinete britânico sobre alimentos geneticamente modificados afirmou: "O desafio para qualquer governo é regular o uso desta nova tecnologia de uma forma que proteja o público e nosso planeta, ganhe a confiança pública, mas também garanta que nossa sociedade não desperdice necessariamente os benefícios que a ciência pode fornecer. Esta não é uma tarefa fácil."

Historicamente, porém, a nova tecnologia tem sido, no todo, vista como causadora de benefícios óbvios para os menos afortunados. O primeiro instrumento científico aplicado inventado pelo jovem sir Christopher Wren no começo dos anos 1650, quando sua família monarquista foi forçada a ir para o exílio na comunidade rural próxima de Oxford, foi um item de agrotecnologia. Ele inventou uma semeadeira mecanizada para espalhar milho "sem desperdício". Semear à mão era um trabalho estafante, e muitas das sementes, espalhadas na superfície do campo, se perdiam; a semeadeira abria sulcos de profundidade uniforme nos quais a semente era colocada mecanicamente. Para Wren e seus colegas, membros da antiga Real Sociedade, bem como para muitos outros gênios inventivos ao longo da história, a tecnologia significava primeiro e antes de mais nada a estrada para libertar-se do trabalho exaustivo e da escassez.

No começo do século XVII, aquele grande defensor do avanço do saber, Francis Bacon, destacou a impressora, a pólvora e a bússola como as inovações tecnológicas que capacitaram o homem a fazer a transição da Idade Média para a modernidade, baseadas na "filosofia natural" (ciência) e numa compreensão aperfeiçoada da natureza. Um século e meio depois, Voltaire reiterou a afirmação, elogiando a presciência de Bacon, e historiadores ainda concordam que Bacon identificou astutamente o momento-chave, as forças tecnológicas e os agentes que contribuíram para uma transformação social duradoura.

Certamente não há dúvidas sobre o impacto da imprensa como força de mudança. No século seguinte à invenção do tipo móvel, na década de 1450, milhares de exemplares da palavra escrita, reproduzida de modo barato, chegaram às mãos de pessoas comuns, aumentando o número daqueles com acesso ao rico tesouro de informações extraído primeiro das escrituras e dos clássicos, e depois de manuais e livros práticos vernaculares. Livros baratos, produzidos em massa, em cada lar, estimularam a alfabetização, que rapidamente cresceu pela Europa e além dela. Em vez de se reunir em torno do sacerdote — transmissor privilegiado da verdade divina oralmente para os fiéis — cada pessoa podia agora possuir e estudar o texto sagrado. A imprensa levou diretamente à liberdade de se pensar independentemente, estabelecer sua própria opinião em qualquer questão e, assim, forjou a tradição intelectual do Ocidente. A tecnologia da imprensa pode ser considerada causa da Reforma (tanto Erasmo quanto Lutero foram manipuladores magistrais do livro) e contribuiu definitivamente para a emancipação e tratamento igual das mulheres e pessoas comuns de todas as origens étnicas e classes sociais.

A tecnologia médica alterou mais dramaticamente nossas expectativas de vida e longevidade. Desde as seringas usadas para injetar substâncias na corrente sanguínea e para realizar primitivas transfusões de sangue desde o século XVII, até os desfibriladores, marca-passos e válvulas de substituição usadas agora com a microcirurgia para consertar um coração avariado, a tecnologia permitiu-nos sobreviver a condições que, até dias muito recentes, teriam, sem dúvida, nos matado. A plena participação das mulheres na vida profissional e pública depende da contracepção livremente disponível, possibilitando-lhes a liberdade de escolher quando e se darão à luz, anulando os ritmos naturais da reprodução que por toda a história haviam confinado as mulheres à esfera doméstica. O debate atual sobre o fornecimento de remédios genéricos para aqueles que sofrem de Aids na África lembra-nos que os remédios e o desenvolvimento de curas químicas para doenças resistentes também são parte do mundo em progresso da nova tecnologia.

Historicamente, a mudança social aconteceu gradativamente, no rastro de cada inovação tecnológica que mudou a vida. Porém, recentemente, o computador pessoal e a internet, desenvolvendo-se rapidamente nos anos 1990, aceleraram dramaticamente a velocidade com a qual a informação é distribuída em nível global, e consequentemente o ritmo da mudança social pelo planeta. Não é surpreendente então que estejamos achando difícil julgar se o *boom* das comunicações e do processamento de dados é definitivamente uma força do bem.

De fato, em determinado ponto, esta transformação social acelerada simplesmente se deterá? Medidas de aperfeiçoamento social baseadas na democratização dos países e processos de acúmulo de conhecimentos, a possibilidade de se trabalhar em casa e o acesso imediato ao aprendizado online podem ser usados para se afirmar que parte do indivíduo já foi marcadamente aperfeiçoada pela nova tecnologia de informação e, com isso, a vida em geral. Basta ler qualquer número da *New Scientist*, para não deixar de acreditar que o mundo está se movendo a uma velocidade de quebrar o pescoço rumo a se tornar um lugar melhor.

Contudo, ao mesmo tempo, a diferença entre os contemplados e os tecnologicamente carentes tornou-se um abismo. Quantos daqueles convidados todo dia pelo rádio a "entrar no website da BBC" têm acesso a um modem, ou até a um PC? Para cada um de nós que agora compra sua passagem de avião, trem e ingresso de teatro online, milhões ainda esperam pela eletricidade e por água corrente limpa. E nem toda inovação tecnológica oferece uma melhora óbvia de vida para o homem ou mulher médios.

O crescimento da tecnologia militar, previsto quando Bacon considerou a pólvora um dos agentes de mudança social do começo do período moderno, é um caso claro a mencionar. O próprio Arquimedes foi morto em 212 a.C. durante a captura de Siracusa pelos romanos na segunda Guerra Púnica, depois que suas máquinas de guerra fracassaram em deter o exército romano. Por volta do século XV, a pólvora foi aproveitada para a construção do grande canhão, para produzir o armamento militar que derrubou as supostamente inexpugnáveis muralhas de Constantinopla em 1453 — libe-

Como a tecnologia afeta a transformação social?

rando esta cidade-portão para Mehmed III no exato momento em que a benigna tecnologia da imprensa estava levando o evangelho cristão escrito a toda Europa. E embora a tecnologia militar — do aríete de Leonardo da Vinci aos mísseis guiados pelo calor — possa ter ajudado nações poderosas a derrotar seus inimigos, piorou terrivelmente o impacto da guerra sobre os não combatentes.

Alimentos geneticamente modificados são um exemplo espantoso atual de uma evolução tecnológica cujas consequências a longo prazo muitos de nós desconhecemos. Para aqueles, por continentes inteiros, para quem conseguir o suficiente para comer é o item mais importante da sua agenda diária, o impulso da biotecnologia de desenvolver colheitas de alto rendimento e resistentes às pragas, se bem-sucedido, oferece uma promessa de um modo de vida aperfeiçoado. Aqueles nas sociedades ocidentais avançadas cuja produção não é ameaçada por males tóxicos, e para quem o excedente associado às produções orgânicas não é um problema, estão na posição de se dar o luxo de poder rejeitar as mudanças potencialmente irreversíveis da nova biotecnologia em favor da agricultura tradicional. Para os bem-alimentados do mundo desenvolvido, os riscos ambientais parecem negar irresistivelmente quaisquer resultados positivos possíveis.

Claro, uma das mudanças sociais que resultarão do progresso tecnológico — parte dessa liberdade adquirida de decidir por nós, que surgiu da tecnologia do livro impresso — é aparentemente uma predisposição para rejeitar tecnologia desconhecida, desde que consigamos um nível aceitável de segurança pessoal e conforto. Na ausência da experiência direta de doenças infantis potencialmente fatais, o nível de vacinação tríplice de crianças na Grã-Bretanha caiu ao nível mais baixo, desde que começou. Embora os dados oficiais atestem que 95% das crianças devem estar imunizadas por volta do seu segundo aniversário, poderemos voltar a uma situação em que a maior parte da população esteja correndo sério risco de epidemias de sarampo e caxumba.

A história da tecnologia tem sido sempre de iniciativas ousadas e oportunidades aproveitadas. A lição da história parece ser a de que cada novo passo da tecnologia na marcha para frente deve continuar a ser dado, cuidadosa, mas firmemente, com cada novo desafio em benefício da maioria, e não apenas para a satisfação dos que já estão seguros, bem de vida e bem-alimentados.

Outras leituras

BRONOWSKI, Jacob. *Science and Human Values.* Hutchinson, 1961.

JARDINE, Lisa. *Wordly Goods: A New History of the Renaissance.* Macmillan, 1996.

——. *Ingenious Pursuits: Building the Scientific Revolution.* Little, Brown, 1999.

WOLPERT, Lewis. *The Unnatural Nature of Science.* Faber & Faber, 1992.

Comentário de Steve Farrar

Redator do Times Higher Education Supplement

PARA OS POVOS DO PALEOLÍTICO, a primeira ponta de flecha de pedra foi a chave de um novo mundo. Com capacidade compartilhada e trabalho de equipe, pequenos grupos de caçadores puderam usar essa inovação tecnológica para conseguir o alimento de que precisavam, com eficiência sem precedentes.

Hoje, a internet é também saudada como a chave para um novo mundo. Com apenas um pouco de ensinamento, um computador e redes globais, grande número de pessoas agora acham simples buscar informação e formar novas comunidades que fortalecem e enriquecem suas vidas.

O desenvolvimento de novas ferramentas e sistemas tem um impacto significativo, mas complexo sobre a sociedade. Contudo, explicar a natureza dessa relação, pela qual nossa espécie passou dos utensílios de pedra aos chips de silício, revelou-se um desafio para historiadores desde que se tornou uma questão digna de estudo sério durante o século XX. Embora seja um campo profundamente ligado à história da ciência, também é distinto. Onde a ciência busca explicar e entender, a tecnologia explora e molda.

Análises abrangentes do tema incluem a *History of Technology* (1954-84), em oito volumes, editada por Charles Singer. Mas historiadores têm preferido muitas vezes se concentrar na evolução de tecnologias específicas e seus vários impactos sobre a humanidade. Carlo Cipolla investigou as tecnologias, como a pólvora e as bússolas, que permitiram aos europeus dominarem o mundo em *Guns, Sails and Empires: Technological Innovation and the Early Phases of European Expansion 1400-1700* (1965), enquanto Robert Maddin tratou da forma com que a metodologia se desenvolveu e moldou a sociedade em *The Beginning of the Use of Metals and Alloys* (1988) e E. J. W. Barber traçou a história do vestuário em *Prehistoric Textiles* (1991). Alan Macfarlane, um dos colaboradores deste livro, sugeriu em *The Glass Bathyscaphe* (2002), escrito com Gerry Martin, que o vidro foi um fator importante na evolução da civilização ocidental.

Tecnologias da comunicação têm-se revelado de especial interesse para historiadores, que delas dependem para seu trabalho. Lucien Febvre e Henri-Jean Martin afirmam em *The Coming of the Book: The Impact of Printing* (1958) que a prensa ajudou crucialmente a disseminar e popularizar novas ideias que já estavam emergindo, enquanto Elizabeth Eisenstein, em *The Printing Press as an Agent of Change* (1979), sugere que a revolução da imprensa induziu à renascença, à reforma e à Revolução Científica. Martin Campbell-Kelly e William Aspray exploram o advento e o impacto de uma tecnologia mais recente em *Computer: A History of the Information Machine* (1996).

Karl Marx (1818-1883) foi um dos primeiros a tratar da ideia de que a atividade humana foi influenciada, ou até determinada, por uma ambientação tecnológica e, embora a questão tenha sido um item importante de debate no século XX, a escola marxista de pensamento sobre a história da tecnologia e seu impacto sobre a sociedade continuou a ser influente. Sua luz mestra foi Edgar Zilsel, um judeu alemão emigrado para os EUA, que afirmou que a ciência nasceu de pais artesãos e intelectuais, que se juntaram em fins da Idade Média à medida que as classes comerciais burguesas buscavam maneiras de aperfeiçoar a tecnologia. Dessa forma, o capitalismo foi a parteira do progresso tecnológico que se originou nas habilidades dos artesãos da renascença.

O suicídio de Zilsel em 1944 interrompeu subitamente sua carreira, enquanto o colapso do comunismo viu suas ideias irem para o ralo com a água do banho do marxismo. Porém, recentemente, houve dois movimentos para reviver Zilsel — ou pelo menos a parte mais importante dos seus argumentos — com Wolfgang Krohn e Diederick Raven coletando alguns dos seus ensaios principais em *The Social Origins of Modern Science* (2003).

Depois da guerra, Jacques Ellul, professor na Universidade de Bordeaux, assumiu uma linha firmemente determinista em *The Technological Society* (1954). O ensaio do historiador econômico Robert Heilbroner, "Do Machines Make History?", publicado em *Technology and Culture*, em 1967, argumentou, da mesma forma, que a tecnologia de uma determinada sociedade impõe um padrão específico de relações sociais, embora afirmasse que era difícil avaliar o grau em que se formavam certas características sociológicas.

Tais ideias foram desenvolvidas mais tarde por Joseph Pitt, um estudioso do Instituto Politécnico da Universidade Estadual da Virgínia, em *New Directions in the Philosophy of Technology* (1955), e por Langdon Winner, cujo livro *The Whale and the Reactor: A Search For Limits in an Age of High Technology* (1986) vê no conceito um imperativo "para imaginar e buscar construir regimes técnicos compatíveis com liberdade, justiça social e outros fins políticos essenciais".

Otto Mayr, em *Authority, Liberty and Automatic Machinery in Early Modern Europe* (1986), também explora a ideia de que a tecnologia impõe limites a formas sociais e culturais. Mayr mostra como as máquinas foram adotadas pela sociedade como símbolos de autoridade e ordem. À medida que os regimes absolutistas cresciam em tempos modernos, o funcionamento do relógio tornou-se uma marca para aqueles que buscavam dominar uma sociedade europeia simplificada, em que cada elemento tinha seu lugar num mecanismo ordenado total. À medida que se ergueram sociedades mais liberais, o equilíbrio tornou-se o emblema preferido adotado na linguagem e no pensamento político.

O filósofo francês Bruno Latour leva a interação entre sociedade e ciência um passo adiante. Em *Laboratory Life: The Social Construction of Scientific Facts* (1979), escrito com Steve Woolgar, ele conclui que fatos científicos não são descobertos, mas construídos por meio de processos sociais. A ciência não seria um "desvendar de alguma verdade oculta atrás das coisas", mas um projeto heterogêneo. As "verdades" que emergem do laboratório, insiste Latour, são moldadas por contingências imediatas, como lutas departamentais sobre verbas, as exigências de um programa de armamentos de um país, o custo de equipamentos ou a influência de figuras carismáticas. Ainda que essas ideias ganhem apoio e se tornem mais sólidas, elas frequentemente perdem seus laços com as forças que ajudaram a produzi-las. Desde seu primeiro trabalho sobre o microbiologista francês, Louis Pasteur, até polêmicas mais recentes como *We Have Never Been*

Modern (1993), as posições de Latour ajudaram a divulgar todo um modo de pensar sobre a tecnologia e a sociedade, chamado de teoria da rede agente.

Esta teoria foi formalizada por Michel Callon, professor da Escola de Minas de Paris, e John Law, diretor do Centro de Estudos Científicos da Universidade de Lancaster. Eles desenvolveram as ideias de Latour, tentando traçar conexões sociais entre elementos humanos, materiais e conceituais que produzem novas ideias e tecnologia onde se interligam, destacando a infraestrutura que habitualmente é ignorada em relatos de realizações tecnológicas.

Wiebe Bijker, presidente do departamento de tecnologia e estudos de sociedade na Universidade de Maastricht, também realça a importância da infraestrutura no seu clássico estudo de caso da história da bicicleta, *The Social Construction of Technology*, editado por Bijker, Thomas Hughes e Trevor Pinch (1987). O livro mostra o modo como forças sociais, adequadamente focalizadas, moldam o desenvolvimento tecnológico: a bicicleta começou com uma grande variedade de formas e tamanhos, mas a reação de certos grupos sociais ajudou a limitar o desenho ao padrão básico que hoje nos é familiar.

Bijker pretende usar a história da tecnologia para fortalecer pessoas que frequentemente se acham impotentes para influenciar o mundo tecnológico moderno. Ele mostra que um grupo que articula seu interesse no desenvolvimento de uma determinada tecnologia pode exercer uma influência genuína, uma mensagem que encontrou ressonância especial nas campanhas antitransgênicos.

No Reino Unido, o estudo da história da tecnologia foi, por bastante tempo, ofuscado pelo estudo da história da industrialização. Até recentemente, poucos britânicos se descreveriam como historiadores da tecnologia. Entre os mais influentes no trabalho de campo está Donald Cardwell, autor de *Technology, Science and History* (1972). A obra de Cardwell foi parte do interesse britânico na industrialização e focalizou o lugar da ciência na Revolução Industrial, as relações entre ciência e tecnologia, quando se estabeleceram motores a vapor e máquinas de fábricas. Cardwell também foi um ardiloso contador de histórias, convencendo certa vez um produtor de televisão de que os planos alemães na invasão da Bélgica na Primeira Guerra Mundial incluíam um projeto de desencadear o *Sturmpanzerstrassenbahnwagenkorps* — o corpo blindado de bondes.

A área britânica tem desfrutado de uma onda de interesse nos anos recentes. Um grupo influente surgiu na Universidade de Edimburgo, com líderes que incluem Donald MacKenzie, professor de sociologia, e seu ex-aluno Andrew Pickering, agora diretor de sociologia na Universidade de Illinois, em Urbana-Champaign. O trabalho de MacKenzie incluiu estudos de tecnologia militar, como o desenvolvimento dos mísseis em *Inventing Accuracy: A Historical Sociology of Nuclear Missile Guidance* (1990). Em *The Mangle of Practice: Time, Agency and Science* (1995), Pickering explora a construção da câmara da bolha física de partículas, entre outras inovações, para mostrar como a tecnologia surge da interação humana com uma quantidade de outros fatores — sociais, tecnológicos, conceituais e naturais.

Como a tecnologia afeta a transformação social?

Como acontecem os *booms* culturais?

Como acontecem os *booms* culturais?

Ludmilla Jordanova
Diretora do Centro de Pesquisa de Artes,
Ciências sociais e Humanidades, da
Universidade de Cambridge e
membro do Downing College

A credita-se geralmente que *booms* culturais acontecem, que há períodos de intensidade cultural que historiadores deveriam abordar. Mas quase todo elemento aqui é problemático. O que conta num *boom* cultural? O que entendemos por cultura? Há uma explicação satisfatória? A ideia de um *boom* é de alguma ajuda? Já que *boom* tem fortes conotações econômicas, um caminho poderia ser o de considerar níveis excepcionalmente altos de produção e de consumo culturais, embora sua medição dificilmente seja precisa. Fenômenos culturalmente significativos raramente são muito quantitativos, embora eu deva confessar que o primeiro exemplo que me veio à cabeça foi a beatlemania, em que o número de discos vendidos e o tamanho das multidões certamente seriam meios fáceis de avaliar o impacto do grupo pop. Mas o *boom* cultural nesse caso deve ser mais os anos 1960 do que a popularidade de um grupo determinado. E essa década muito mitificada é certamente apresentada muitas vezes em termos que combinaram *boom* econômico com florescimento cultural.

Aceita-se geralmente hoje que a simples distinção entre a cultura popular e a de elite não ajuda muito. Então, quando evocamos uma cultura em relação aos anos 1960, uma mistura de moda, arte, música, arquitetura, design e varejo vem logo à cabeça. Sim, acreditamos que havia, de várias formas, mais do que tudo nessa época. Mas, e este é o ponto crucial, dois outros fenômenos estão envolvidos. Uma viçosa consciência é atribuída aos anos 1960 — afirmações sobre mudança de comportamento e de mentalidade são feitas frequentemente. Além disso, as mudanças eram registradas na época, de forma que algumas pessoas pelo menos possuíam uma autoconsciência de participarem, e talvez também de construírem uma época de "*boom* cultural".

Podemos dizer então que os *booms* culturais incluem, tanto nas mentes das pessoas quanto numa escala de artefatos, algo que é imediato, fresco, significativo. Mas como isso aparece? Podemos descrever com detalhes suficientes os processos pelos quais se disseminaram ideias, imagens e objetos e, em retrospecto, às vezes é evidente por que uma coisa é escolhida em vez de outra, mas é difícil achar mais explicações. Há ondas, modas e mudanças de gosto, e muitos historiadores mapearam-nas, de uma forma ou outra, mas geralmente isso envolve assinalar que elas são ondas, modas e tendências, em vez de explicar como e por quê.

Quer vejamos os *booms* culturais em termos de picos de excelência — a Paris do final do século XIX ou a Viena do início do século XX, por exemplo — ou em termos de explosões de entusiasmo popular, eles sempre incluem dois fenômenos. Primeiro, envolvem ideias, que eu definiria como suficientemente amplas a ponto de incluir preferências por cores, motivos, estilos. (Descobrir atração por padrões psicodélicos depende de ideias, inclusive algumas bem elaboradas sobre a natureza da mente e seus estímulos). Em segundo lugar, incluem grupos — a simples noção de um *boom* cultural implica reações coletivas de algum tipo. É revelador que haja expressões — *Zeitgeist*, no ar — para evocar exatamente essa questão, sem indicar em nada como e por que essas coisas acontecem.

Tratar de causas quando ideias estão envolvidas parece-me especialmente difícil. Vejam o exemplo seguinte. Estudiosos de muitas disciplinas diferentes notaram uma mudança relevante lá pelos meados do século XVIII, em várias regiões geográficas, em atitudes em relação às crianças, maternidade, amamentação e intimidade familiar. Há muitos indícios sugerindo que as mudanças aconteceram bem rápido, mais ou menos entre as décadas de 1740 e 1760. Esta mudança de atitude foi acompanhada por alterações da cultura, como representações sentimentais, tanto em formas verbais quanto visuais, de mães e amamentação. É comum que historiadores invoquem o nome de Rousseau, em particular seu *Émile* (1762), para explicar essas mudanças bem gerais em arte, literatura e práticas sociais. Sou cética quanto à adequação dessa explicação. A cronologia não combina, na verdade, pois sentimentalizar crianças e mães começou antes de *Émile* ser publicado e certamente antes da possibilidade de ter um impacto. Além disso, é plausível dar tanto peso a um livro?

Como acontecem os *booms* culturais?

Embora nunca possa haver uma resposta geral — ainda assim vale a pena colocar a pergunta — cada caso precisa ser considerado em seus próprios termos. Isso obriga, por um lado, a uma consideração cuidadosa da publicação, distribuição e leitores e, por outro lado, a uma avaliação da noção muito discutida de "influência".

Naturalmente, há exemplos em que é possível seguir de maneira precisa o impacto de ideias, produtos e pessoas uns sobre os outros. A noção de redes também pode ser útil para registrar os modos pelos quais as ideias se disseminam e se tornam correntes. Mas isso é ficar no nível da descrição. Ainda nos defrontamos com uma questão: explicar escolhas e também a intensidade emocional e intelectual que a expressão "*booms* culturais" implica, já que isso nunca poderá ser entendido de forma puramente quantitativa.

O *boom* cultural é algo que envolve altas realizações — feitos mais importantes em áreas desenvolvidas, refinadas, tecnicamente exigentes — ou o fenômeno das Spice Girls também poderia ser considerado um *boom* cultural? A ubiquidade de uma ideia ou de uma pessoa é uma definição de *boom* cultural? Contudo a ubiquidade está longe de ser autoevidente. Ela muda como mudam as próprias formas da cultura — na era da internet, a ubiquidade pode ser de um tipo bem particular. Além disso, altos níveis de importância cultural, quer designados assim retrospectivamente quer na sua época, não se traduzem facilmente em ubiquidade, portanto julgamentos sobre qualidade cultural parecem inescapáveis.

Muitos historiadores examinaram a Viena do início do século XX como o lugar que originou formas de cultura importantes, influentes e transformadoras. Acredita-se amplamente, com justificativa, que a psicanálise, para se tomar só um exemplo, mudou para sempre a compreensão geral dos seres humanos, quer se "concorde" com ela, quer se "goste" ou não dela. Os leitores podem se irritar com esse uso de aspas precavidas, mas elas assinalam convenientemente um ponto vital. Assim como os julgamentos sobre qualidade, os *booms* culturais provocam frequentemente reações emocionais intensas.

Reconhecer tais complexidades e tratar delas com responsabilidade é essencial para o trabalho do historiador. Assim seria possível, afirmo, dar um relato do "*boom* Foucault" entre acadêmicos, desde os anos 1970, que seja equilibrado, independentemente dos sentimentos de alguém sobre Michel Foucault. Em outras palavras, é fundamental certo grau de afastamento crítico, e este pode ser assumido por avaliações relativamente impessoais de impacto. Talvez seja onde — finalmente — listas de citações mostrem a que vieram. Podemos examinar várias edições, traduções, exemplares vendidos, conferências dedicadas a um dado tema, sobre Foucault bem como sobre Rousseau ou o dr. Spock.

Porém, tal informação, como cliques num website, números de discos ou cartões-postais vendidos, parece inerentemente limitada. A seu modo é tão limitada quanto invocações de um *Zeitgeist* ou afirmações sobre algo ser "oportuno". Isso não abarca a qualidade exata que torna um fenômeno um *boom*. Como chamar essa qualidade?

Simplesmente não sei a resposta. Historiadores têm fornecido relatos reais ou menos convincentes de *booms* culturais.

Há um quase infinito número de maneiras desses relatos serem apresentados — em termos de consumismo e marketing, em termos de desejo, em termos de necessidades específicas, em termos de gosto e moda, em termos de gênio, ou do acaso, ou patrocínio, ou até de regimes opressores que, às vezes, são considerados estimuladores da criatividade.

É precisamente em áreas como estas que os historiadores se defrontam com seus maiores desafios. Eu, por exemplo, não acho que a noção de *boom* seja de alguma ajuda. Contudo, não há dúvida de que formas de cultura, como quer que a definamos, operam em diferentes espécies e níveis de intensidade, de que ideias e representações capturam a imaginação coletiva em graus variáveis, de que alguns movimentos culturais simplesmente são mais significativos e insinuantes que outros. Assim, os desafios permanecem. Eu disse que os historiadores buscam mapear formas de cultura e que discutem sobre a própria natureza da cultura. Continuarão a fazer isso, mesmo enquanto se preocuparem com o estudo e a explicação das características distintas dessas partes da cultura que empolgam a mente coletiva mais firmemente. Um fenômeno que eles podem tratar de estudar é o recente *boom* da história.

Outras leituras

BARKER-BENFIELD, G. J. *The Culture of Sensibility: Sex and Society in Eighteenth-Century Britain.* University of Chicago Press, 1992.

BERG, Maxine. *The Age of Manufactures 1700-1820: Industry, Innovation and Work in Britain,* 2a. ed., Routledge, 1994.

JORDANOVA, Ludmilla. *History in Practice.* Hodder Arnold, 2000; 2a. ed., 2005.

MARWICK, Arthur. *The Sixties. Cultural Revolution in Britain, France, Italy and the United States.* Oxford University Press, 1998.

SCHAMA, Simon. *The Embarrassment of Riches: An Interpretation of Dutch Culture in the Golden Age.* Knopf, 1987.

SCHORSKE, C. *Fin-de-siècle Vienna: Politics and Culture.* Knopf, 1979.

Comentário de Chris Bunting
Escritor

ERA COMO SE UMA ENERGIA demoníaca tivesse possuído Londres. A capital do que havia sido um dos lugares estagnados da Europa experimentava, entre 1570 e 1620, uma súbita explosão teatral como o mundo nunca vira.

O viajante Fynes Moryson escreveu, em seu *Intinerary* de 1617: "Há, na minha opinião, mais atores em Londres do que em todas as partes do mundo que conheci, e esses atores ou intérpretes são os melhores do mundo."

Tudo começou realmente na primavera de 1576, quando James Burbage construiu a primeira casa de dramas, especificamente erguida em Shoreditch — chamada, sem enfeites, de o "Teatro". Por volta de 1620, cerca de uma dúzia de novos teatros profissionais haviam seguido a liderança de Burbage, enquanto Londres era tomada de uma mania por palcos que abrangia todo mundo, desde o mais arrogante cavalheiro fidalgo até o aprendiz mais brigão.

Mais de oitocentas novas peças foram representadas nos palcos de Londres entre a abertura do teatro de Shoreditch e a morte de Shakespeare, quarenta anos depois. Shakespeare era apenas um de uma nova geração de teatrólogos profissionais profundamente produtivos, incluindo Christopher Marlowe e Ben Jonson. Além do teatro, a Inglaterra estava desfrutando da nova versão autorizada da Bíblia e da poesia de Donne e Spenser.

C. S. Lewis observou que nada na Inglaterra, antes de 1570, "permitiria ao mais agudo observador prever essa transformação". Ele disse: "Os meados do século foram uma época do lugar-comum, severa, rude, uma época chata." Então, no último quarto do século, acontece o imprevisível. Com espantosa rapidez, ascendemos. Fantasia, conceito, paradoxo, cor, encantamento, tudo retorna. A juventude volta."

Se alguma vez houve um *boom* cultural, foi este. Mas segundo o urbanista e historiador Peter Hall, tal pico de criatividade não é único. *Cities in Civilisation* (1998), de Hall, examina exaustivamente mais de uma dúzia de "idades de ouro" culturais, técnicas e científicas, incluindo a Atenas do século V a.C. (Protágoras, Hipócrates, Sócrates, Platão e Aristóteles, tragédia, escultura e arquitetura gregas), a Florença do renascimento, Viena entre 1780 e 1910 (Mahler, Schoenberg, Freud, Wittgenstein, Klimt), Los Angeles durante o esplendor de Hollywood e Memphis nos oito anos entre 1948 e 1956, que viu o surgimento do rock'n'roll.

Para Hall, a história cultural não é uma procissão majestosa em que todos os períodos e lugares têm um papel igual, mas uma série de corridas exaustivas, entrecortadas por períodos mais longos de relativa imobilidade. Arthur Koestler tratou da questão em *The Art of Creation*, em 1964: "É fácil combinar, na história de cada cultura ou país, os períodos relativamente breves de rápidos progressos cumulativos com períodos muito mais longos de estagnação, parcialidade, maneirismo e afastamento da realidade."

Mas como se ateiam as chamas desses *booms* extraordinários? E como se apagam? O estudo de Hall, publicado em 1998, assinala uma falta surpreendente de análise da questão

Como acontecem os *booms* culturais?   279

entre seus predecessores: "Se fizermos agora uma visita preventiva à sala dos mapas, acharemos as prateleiras curiosamente mal abastecidas: em busca de uma teoria da cidade culturalmente criativa, descobriremos, com surpresa, quão pouco é relevante ou útil."

Talvez o mais importante conjunto de volumes nessas prateleiras vazias seja a portentosa *História social da arte*, de Arnold Hauser (1951). O *tour de force* marxista de Hauser é pouco consistente na teoria, preferindo comunicar sua análise por meio de estudos específicos de casos, mas sua abordagem total é bastante clara: a criatividade cultural é determinada por mudanças de modos econômicos de produção. A análise de Hauser não é cruamente determinista, e artistas individuais são elogiados por suas contribuições especiais. Contudo, seu ponto de partida marxista, que procura entender os artistas como marionetes de amplas forças históricas e econômicas, é insuficiente para quem tenta entender o que provoca atividade cultural especialmente intensa em certos períodos e lugares. O pincel grosso de Hauser simplesmente é impróprio para pintar um retrato detalhado de por que Viena, no começo dos anos 1900, por exemplo, foi tão particularmente criativa.

Grande parte da história tradicional da arte, por outro lado, tem-se concentrado na criatividade de artistas individuais. Para Giorgio Vasari, cujo *Vidas de pintores, escultores e arquitetos* (1550) foi pioneiro da disciplina, o foco central está no "gênio" de grandes mestres como Miguel Ângelo e Rafael, e é no exemplo de Vasari que biografias muito posteriores de grandes figuras culturais encontraram sua inspiração. Embora tais abordagens biográficas frequentemente descrevam cuidadosamente as várias pressões sociais e influências sobre um artista, a "causa" essencial da criatividade estaria situada dentro do indivíduo.

Um dos historiadores mais influentes a desafiar essa abordagem, que identificou as forças por trás do aparecimento de vários indivíduos criativos num tempo determinado, foi Jacob Burckhardt. Seu *The Civilisation of the Renaissance in Italy* (1860) traçou a transição da sociedade medieval para o *boom* de criatividade individual que apareceu na Itália do século XIV. Para ele, esse foi um tempo e um lugar onde pessoas que, influenciadas pelos ensinamentos da Igreja e preconceitos tradicionais, haviam se reconhecido anteriormente como membros de uma raça, nação, partido, corporação ou família, de repente desenvolveram uma percepção objetiva do mundo e uma autoconsciência subjetiva.

Teóricos mais recentes também estão começando a perguntar agora por que, se o gênio se dissemina igualmente por populações e gerações — assim como a distribuição de tamanhos extremos de pés —, algumas gerações deixaram uma pegada cultural tão grande?

O psicólogo Mihály Csikszentmihályi, da Universidade de Chicago, escreveu, em 1990, que começara sua pesquisa sobre criatividade um quarto de século antes, buscando os traços de personalidade de indivíduos especialmente criativos, mas se decepcionara. "Sendo educado como psicólogo, cheguei relutantemente a esta conclusão; mas agora estou convencido de que não é possível nem pensar em criatividade, quanto mais medi-la, sem levar em conta os parâmetros do domínio (...) cultural em que a atividade criativa acontece."

Como acontecem os *booms* culturais?

Olhando para a Florença do renascimento, por exemplo, Csikszentmihályi destacou a influência sobre a comunidade artística de um mecenato excepcionalmente generoso e da fertilização de descobertas entre estudiosos humanistas no mesmo período: "O domo que Brunelleschi projetou para a catedral florentina em 1420, que é considerado geralmente uma das mais brilhantes realizações da renascença, tornou-se possível pelos então recentes estudos completos de como os romanos construíram o domo do Panteão. Não faz sentido dizer que esses progressos (...) 'facilitaram' ou 'influenciaram' a criatividade de um Donatello ou de um Brunelleschi. Eles apenas foram tão essenciais quanto qualquer outra contribuição que estas pessoas trouxeram ao processo."

Csikszentmihályi é apenas um dos vários pensadores de uma diversidade de origens a focalizar o "domínio cultural". O geógrafo sueco Gunnar Törnquist fala da importância do "meio criativo". O psicólogo da Universidade da Califórnia, David M. Harrington, destacando a natureza imprevisível e orgânica desses ambientes, compara-os a "ecossistemas criativos". Todos esses autores começaram a ver os ambientes sociais e físicos que produzem grande atividade cultural como dignos de estudo por si mesmos.

Hall é categórico sobre uma característica comum em todos esses ambientes. Cada "idade de ouro", diz, sempre se originou em uma cidade. Foi em tais ambientes urbanos que pessoas criativas puderam acessar as comunicações rápidas que lhes permitiram se relacionar com consumidores potenciais do seu trabalho e interfertilizaram seu pensamento com ideias de outras pessoas criativas (embora, admite, comunicações modernas como a internet e os mercados globais possam perturbar sua generalização no futuro).

Claro, a maioria das cidades, na maior parte do tempo, produziu mais certamente problemas de tráfego crônicos e de eliminação dos dejetos do que criatividade extraordinária. Então que centelha extra é necessária? O minucioso estudo de Hall sobre a Londres de Shakespeare mostrou que, como Florença no começo da renascença, ela estava experimentando um *boom* econômico e o nascimento de uma nova classe de consumidores ricos com dinheiro para gastar. John Maynard Keynes, em seu *Tratado sobre a moeda*, comentou: "Simplesmente estávamos numa posição de nos darmos o luxo de Shakespeare, no momento em que ele apareceu."

Contudo, seria errado associar a inovação cultural apenas a consumidores ricos. Francis Haskell assinalou, em seu estudo de 1963 sobre a pintura barroca italiana, que os mecenas dificilmente poderiam ter sido mais generosos ou tolerantes durante esse período. Porém, as realizações foram decepcionantes, comparadas às de outras partes da Europa. "A heterodoxia foi morta com gentileza", comentou Haskell.

Da mesma forma, certos *booms* culturais parecem resultar parcialmente de restrições econômicas. O mangá, a tradição japonesa de quadrinhos peculiarmente rica, que está começando a ter uma influência marcante sobre a cultura gráfica popular por todo o planeta, foi, segundo Frederik L. Shodt, em seu estudo do fenômeno em 1983, grandemente enriquecido pela incapacidade do Japão do pós-guerra de financiar filmes de longa-metragem. Artistas visuais inovadores expressaram-se em histórias em quadrinhos baratas em vez de usar a grande tela. Hall diz que a Memphis que originou

Como acontecem os *booms* culturais?

o rock'n'roll era "miseravelmente pobre" e alguns dos seus cidadãos mais criativos foram os mais pobres e oprimidos.

O que muitas vezes parece estar presente, segundo Hall, é o que podemos chamar de "mix cultura-empresa". Mesmo em meios criativos não dominados por um mercado de consumo de massa como a Florença da renascença, mecenas inovadores tenderam a desempenhar um papel decisivo "empresarial", vendo a oportunidade de converter a criatividade dos artistas não em dinheiro, mas em poder ou prestígio. Em cidades como a Londres elisabetana, a motivação foi uma busca mais direta do lucro. Foram pioneiros empresários teatrais, como James Burbage, que criaram o que se tornou um elo fértil entre autores como Shakespeare e o público de teatro em Londres. Sem eles, poderíamos ter alguns sonetos delicados e dramas corteses, mas teríamos *Macbeth*? Em Memphis, o selo Sun Records desempenhou um papel vital na criação da nova música, como fez a Factory Records no cenário musical de Manchester, nos anos 1980.

Porém, ambientes criativos são voláteis — não só em termos de como interagem indústrias criativas e seu público, como também da maneira como indivíduos criativos compartilham ideias. Törnquist destaca a importância de uma florescente cultura de cafés em Viena entre 1880 e 1930 na extraordinária produtividade daquela cidade.

Ainda mais imprevisível é como a criatividade de um período interagirá com sua posteridade. O conceito de Csikszentmihályi do "domínio cultural" destaca que todas as "idades de ouro" são entendidas pelos sistemas de valores das gerações que as seguem, e se a atividade cultural de um período será dourada dessa maneira depende muito das preocupações dessas gerações. Csikszentmihályi afirma, por exemplo, que a "criatividade" de Rembrandt foi construída, após a sua morte por historiadores de arte e que, se estes historiadores desenvolvessem um gosto diferente, "é muito provável que Rembrandt tivesse permanecido em relativa obscuridade". Da mesma forma, a base da atual reputação de Shakespeare foi construída sobre seu apelo aos interesses nacionais do teatro vitoriano.

Outro sueco, Anders Karlquist, assinalou que "incerteza e ambivalência" são fundamentais não apenas para as interações sociais que podem ajudar a inspirar um novo pensamento, como também para os processos do pensamento em si.

"Talvez não seja um acaso o fato de um processo criativo muitas vezes começar com o rabisco de ideias num guardanapo ou na toalha de uma mesa", escreve Karlquist. "O guardanapo não só é um artefato prático, mas é também uma representação da insensatez e da diversão da situação. (Ele está) na beira do caos."

Como acontecem os *booms* culturais?

Como a vida privada afeta a vida pública?

Como a vida privada afeta a vida pública?

Sheila Rowbotham
Professora de história sobre gênero e trabalho do departamento de Sociologia da Universidade de Manchester

Um livro muito folheado sobre a história da Grã-Bretanha chamado *Our Island Story*, que eu lia quando criança, tinha ilustrações de uma jovem Victoria em seu robe noturno e xale, ouvindo a notícia de que virara rainha, e de Elizabeth I dançando sozinha num primoroso vestido, fingindo que não via o diplomata estrangeiro espiando-a da varanda. Mais perturbadora era a figura do mártir religioso sendo queimado na fogueira. Com menos de dez anos, eu me angustiava com a dor de uma morte desta. Estas histórias pessoais foram se apagando na história que aprendi à medida que ficava mais velha. Achei então que era porque eu estava crescendo, mas era também porque a história social e econômica estava em primeiro plano.

Recentemente, a história da televisão, apresentada por Simon Schama e David Starkey, voltou à forma narrativa que encontrei quando criança. Estas histórias são mais sofisticadas, claro, mas suas diferentes perspectivas seguem a mesma mescla de anedota pessoal e ação na cena pública. O que me incomoda nesse tipo de história não é o fato de vidas privadas e públicas serem representadas como entrelaçadas — sem dúvida, o desejo de Henrique por Ana Bolena teve consequências públicas e a personalidade de Mary afetou o destino da Escócia. É que aí um foco não problemático sobre os grandes nos faz voltar a uma história em que a grande massa de seres humanos novamente se constitui como o coro cantando "ruibarbo, ruibarbo" no fundo do palco, despido não só de um papel público como também de subjetividade.

Durante o século XIX e no começo do XX, o movimento trabalhista desafiou a história e exigiu que ela fosse expandida de modo a incluir as ações e a vida cotidiana das pessoas da classe trabalhadora. A história do trabalho que surgiu daí seria influenciada pelo trabalhismo e pelo marxismo. Seu foco na criação das cooperativas ou dos sindicatos, dos movimentos e instituições da classe proletária, bem como nas condições de trabalho, ampliou os itens reconhecidos como "história". Contudo, isso tendia a evitar o privado. Uma razão era que, como uma "cultura contrária", diferente da escrita tradicional da história, a história da classe trabalhadora estava aberta ao ataque de historiadores mais conservadores, tornando seus expoentes protetores e defensivos com relação ao bom nome de suas conhecidas figuras. Assim, a tradição trabalhista calou sobre o caso de Keir Hardie com Sylvia Pankhurst, exatamente como o Partido Comunista hesitou em admitir que Karl Marx teve um filho ilegítimo, Freddy, com a criada da família. Mesmo em 2003, este fato histórico provocou espanto em alguns sindicalistas esquerdistas sul-coreanos que visitavam a Grã-Bretanha para investigar a cultura da classe proletária. A outra razão era a tendência do marxismo a dar prioridade ao público sobre o privado. A crítica radical da história da classe dominante buscou redefinir quais aspectos da vida *pública* deveriam ser estudados e tendia a suspeitar do privado como a bagagem do privilégio. Embora a aristocracia pudesse ter casos, a classe proletária não podia.

A partir dos anos 1960, uma nova história social radical começou a tratar da vida comunitária e familiar, mas a mudança verdadeira no modo com que era visto "o privado" veio nos anos 1970, quando o movimento feminista nos Estados Unidos, adotando o slogan do movimento estudantil radical, rebelou-se, insistindo que o pessoal era político. Isso seria interpretado de várias formas. Ampliava a área da experiência privada, que poderia ser incorporada à forma como o conhecimento era constituído politicamente, e desafiava a retirada autoritária de uma posição pessoal de como o mundo era visto. Nos últimos trinta anos, uma história influenciada pelo feminismo, especialmente nos Estados Unidos, onde os congressos de história das mulheres podiam reunir quatro mil pessoas e gerar um amplo mercado de livros, teve um impacto extraordinário. Corpos, trabalho doméstico, sexo e compras são partes desta história tanto quanto trabalho, programa social e política.

O pessoal como político passou a ser visto como algo inerente ao feminismo em determinado período. Na verdade, o conceito só "pegou" em certos feminismos e a aceitação geral de que isso poderia ser igualado ao feminismo em todas as culturas e todos os períodos é um equívoco. Na França, por exemplo, o cerne do movimento feminino foi muito precavido quanto a essa fusão do pessoal e do público, talvez provocando um debate mais profundo sobre diferenças

Como a vida privada afeta a vida pública?

culturais. Na França, assume-se que a vida privada influencia a vida pública, mas por trás de portas muito bem fechadas.

A redefinição do público para incluir aspectos da vida privada, que recebeu tal estímulo do feminismo americano, tem sido parte de uma mudança cultural muito mais longa. Suas raízes podem ser encontradas no interesse moral vitoriano anglo-saxônico em combinar pronunciamentos públicos com o comportamento pessoal. Vejam a tempestade que se seguiu às revelações biográficas de James Anthony Froude no começo da década de 1880, de que Thomas Carlyle negligenciava e maltratava verbalmente sua mulher Jane. Como poderia um homem realmente grande ser mostrado como tão grosseiro e maldoso? Que aspectos da vida privada importavam? O que o público em geral poderia saber?

A nova abordagem da biografia por Froude apareceu numa época em que a Igreja, que delimitara os caminhos da ação pessoal correta, estava vendo sua autoridade ser criticada. O julgamento se tornou algo em que valiam todas as opiniões. Por volta do começo do século XX, a vanguarda contestou as ideias de bem e de mal na vida pessoal. A ética tolerante que o escritor E. M. Forster apresenta em romances como *Howard's End* e *Uma passagem para a Índia* era baseada não num padrão moral externo, mas num sentimento de autenticidade íntimo das ações dos personagens. Seu interesse nas relações pessoais representava um tipo de compromisso de trabalho num período em que um interesse na psicologia estava testando motivações e mudando certezas morais na sua cabeça. A mesma fascinação com o subjetivo deveria trazer muitos aspectos do comportamento — incluindo, sem dúvida, o sexo — para a arena pública.

Então, desafiar as fronteiras entre o privado e o público já era um aspecto da sociedade moderna antes do feminismo. Contudo, é certamente verdadeiro o fato de que a tendência de empurrar cada vez mais aspectos da vida para o domínio público se acelerou. O que Froude faria com a revista de fofocas *Hello!?* — imagina-se. Muitas das questões provocadas por sua obra ainda são atuais. Quando Diana, a princesa de Gales, morreu, uma preocupação sobre até que ponto as vidas particulares de celebridades deveriam ser examinadas em público varreu os meios de comunicação britânicos. Enquanto a crescente visibilidade da vida pessoal tem sido em grande parte vista como parte de uma aceitação cada vez maior dentro da esfera pública de diversidade e tolerância, a morte de Diana tornou evidentes as implicações mais sinistras da revelação.

Pois nem todos os aspectos da fusão do pessoal e do público são necessariamente benignos. Pessoas que viveram em períodos em que o estado colidiu com a vida pessoal sabem disso tudo. Dissidentes russos que viram pais denunciados por seus filhos quiseram manter o privado afastado do público. As revolucionárias francesas na década de 1790, que podiam ser denunciadas por gostarem de perfume de almíscar, provavelmente tinham uma vontade semelhante ao irem para a guilhotina.

Além disso, a esfera privada contém perigos especiais para as mulheres. Confinadas a um papel doméstico, as mulheres vitorianas de classe média eram idealizadas como anjos do lar; acadêmicas feministas modernas transformaram esse "lar" desprezado no domínio da subjetividade privada. Enquanto a teoria feminista dos anos 1970 buscava trazer o privado para a política, essas acadêmicas tendem agora a focalizar a subjeti-

Como a vida privada afeta a vida pública?

vidade e a esquecer a política. O resultado tem sido tanto inovação criativa quanto uma preocupação torturante com a pessoa que está escrevendo às custas do tema em questão. As consequências negativas têm sido uma restrição dupla. Em primeiro lugar, uma noção da metodologia "feminista" distingue e inclui a pesquisadora dentro de uma abordagem peculiar do conhecimento em vez de desafiar a tendência segundo a qual a cultura é definida como um todo, deixando as pessoas se defrontarem com a matéria "real" da história. Em segundo lugar, a concentração na vida privada tende a separar as mulheres de uma perspectiva mais ampla dos processos sociais e políticos.

Tal preocupação extrema com o privado exige agora que se reivindique um novo *equilíbrio* entre o privado e o público. A negligência de Marx quanto à influência do subjetivo, junto com sua negligência quanto à atividade doméstica, são deficiências evidentes; por outro lado, um uso crítico do marxismo continua sendo uma mina rica para pensar sobre questões que são deixadas de lado, tanto pela história que focaliza as vidas dos grandes quanto pela preocupação exclusiva com a subjetividade e a esfera privada. Como, por exemplo, historiadores podem tratar das complexas interações de uma enorme quantidade de subjetividades sobre a vida social? Se entendermos a política como influenciada por movimentos que agem a partir de baixo, em vez de simplesmente dirigida pelos que estão no topo, esta é uma questão histórica inescapável.

Os atuais modismos em torno das vidas dos grandes por um lado, ou da vida privada e da posição pessoal pelo outro, não me preocupam porque incluem o privado como significativo. Acho que é realmente significativo. Minha insatisfação origina-se da antiga negação de subjetividade de todas, a não ser as grandes damas, e da tendência destas a descartar a ação política e social, ou até aspectos da existência como o trabalho, ficando fora do campo de pesquisa.

Outras leituras

HARRISON, Shirley. *Sylvia Pankhurst: A Crusading Life, 1882-1960*. Aurum Press, 2003.

YVONNE, Kapp. *Eleanor Marx*, vols. 1 e 2. Lawrence & Wishart, 1972 e 1976.

RUSOFF, Meredith Kwartin. "R. H. Tawney and the WEA", *in* Stephen K. Roberts (ed.), *A Ministry of Enthusiasm: Centenary Essays on the Workers' Educational Association*. Pluto Press, 2003.

TRELA, D. J. "Froude on the Carlyles: The Victorian Debate on Biography", *in* Kristine Ottesen Garrigan (ed.), *Victorian Scandals: Representations of Gender and Class*. Ohio State University Press, 1992.

WINSLOW, Barbara. *Sylvia Pankhurst: Sexual Politics and Political Activism*. UCL Press, 1996.

Como a vida privada afeta a vida pública?

Comentário de Mandy Garner

Editora de artigos do Times Higher Education Supplement

NESSA ATUAL ÉPOCA DAS CELEBRIDADES, não é surpresa que tendências atuais na história reflitam interesse no pessoal. Muitos historiadores argumentariam que isso corrige um desequilíbrio anterior na direção do público e da esfera social mais ampla, mas em anos recentes têm sido feitas perguntas sobre se estamos arriscando a satisfazer nosso interesse em fofocas em detrimento de análises mais abrangentes.

Desde tempos antigos, pensadores têm mostrado interesse nas vidas dos "grandes e bons". Desde obras como a *Eneida*, de Virgílio, que buscava explicar a história da fundação de Roma por meio de relatos sobre figuras míticas, até eruditos religiosos na Idade Média escrevendo sobre vidas de santos, autores mostraram um interesse por mesclar o pessoal com evoluções históricas mais amplas. Mas no período pós-iluminismo, quando a história começou a emergir como uma disciplina autônoma, historiadores principiaram a focalizar mais os temas e tendências sociais de maior abrangência. Immanuel Kant (1724-1804) afirmou que o progresso social só podia ser visto se a história do homem fosse considerada num intervalo maior de tempo, em vez de pelas vidas de indivíduos. Para Karl Marx, a economia era a casa de máquinas da história, enquanto esse interesse em ampliar padrões foi adotado no século XX pela *École des Annales*, que rejeitou o foco tradicional da história em fatos e acontecimentos, favorecendo a cobertura mais ampla, trazendo outras humanidades — principalmente as ciências sociais — para o primeiro plano, a fim de criar "uma história mais abrangente e mais humana". O resultado foi um foco maior em áreas como a agricultura e o meio ambiente.

Contudo, nos anos 1960, os *annalistes* abandonaram a economia e a ciência social para abordar temas como a antropologia, a sociologia e o que foi chamado de "história das mentalidades". Esta foi uma reação mais extrema à história tradicional de acontecimentos, vendo o todo da história como uma combinação de impressões humanas. O foco estava na vida cotidiana, na história das tradições e costumes e de como estes progrediram lentamente com o tempo.

Uma razão para a mudança foi a influência de Sigmund Freud (1856-1939), que tinha muito a dizer, especialmente nos últimos estágios da sua vida, sobre o que achava ser as forças motivadoras da história. Embora tivesse simpatia pelo marxismo, achou que ele não poderia explicar totalmente a evolução da civilização, já que ignorava os fatores psicológicos. Em *Civilização e visão de mundo* (1918), ele afirma: "Não se pode presumir que motivos econômicos sejam os únicos a determinar o comportamento dos homens na sociedade. O fato inquestionável de que indivíduos, raças e nações diversos comportam-se de modo diferente sob as mesmas condições econômicas comprova por si que os fatores econômicos não podem ser o único determinante. É absolutamente impossível entender como os fatores psicológicos podem ser desprezados quando estão envolvidas as reações de seres humanos vivos; como não só estes aspectos já estavam relacionados com o estabelecimento desses fatores econômicos, mas até obedecendo a estas condições, os homens nada mais podem fazer do que colocar em ação seus impulsos instintivos originais — seu instinto de autopreservação, sua paixão pela agressão, sua necessidade de amor e seu impulso de atingir o prazer e evitar a dor."

Um expoente-chave da nova ênfase no individual foi Philippe Ariès, mais conhecido pela maneira com que ampliou os temas que os historiadores poderiam manejar — da vida familiar à sexualidade, até a morte. Textos fundamentais incluem seu estudo de 1960 das atitudes com a família e a infância, *Centuries of Chilhood: a Social History of Family Life*, em que ele usa diários e artefatos culturais como pinturas para completar um retrato detalhado de mudança ao longo dos séculos, e também seu livro de 1977 sobre atitudes com a morte e o fato de morrer, *The Hour of Our Death*. Seu *Western Attitudes Towards Death: From te Middle Ages to the Present* desenvolve a hipótese de que mudanças nas inscrições de lápides e monumentos revelam uma "psicanálise da história". Na sua opinião, as sociedades ocidentais construíram uma série de defesas contra a natureza, buscando restringir o sexo e a morte por meio de tabus ou rituais que sujeitaram o individual aos interesses do coletivo.

Ao longo de sua carreira, Ariès se tornou cada vez mais interessado no papel da memória coletiva — "o inconsciente coletivo" — na formação de tradições e costumes. Nisso, ele antecipou a obra de historiadores culturais dos anos 1980 sobre o papel da memória na história, inclusive o projeto de oito anos de Pierre Nora sobre a memória nacional francesa, *Rethinking France*, para o qual colaboraram muitos historiadores franceses e que foi notável por sua tentativa de derrubar a narrativa única da história. Os ensaios tomavam como ponto de partida um *lieu de mémoire* — um lugar, tradição política, ritual ou até um passatempo ou livro didático nacional. No Reino Unido, historiadores como Simon Schama também foram perspicazes em investigar o papel da memória na história — o livro de Schama, de 1995, *Landscape and Memory*, por exemplo, explora os mitos que transformaram a cultura ocidental.

Nos anos 1980 e 1990, quando Ariès e seu colega *annaliste* Georges Duby editaram a enorme série *História da vida privada*, que remonta até a Roma antiga e se tornou um padrão dos cursos de história cultural, a história familiar, incluindo o estabelecimento de árvores genealógicas e sagas de televisão sobre figuras históricas, virou um grande negócio dentro e fora da academia. Grandes polêmicas cercaram historiadores como Steven Ozment, de Harvard, que afirmou que os pais, em tempos pré-modernos, amavam seus filhos e que maridos e esposas às vezes se amavam. Suas opiniões se chocavam com as dos acadêmicos da chamada Escola dos Sentimentos, que baseavam suas ideias no livro de Ariès sobre a infância. Segundo Ariès, os pais no período pré-moderno viam seus filhos como pequenos adultos, e a infância como a conhecemos hoje só apareceu quando as famílias pararam de mandar crianças trabalhar fora de casa. O livro (de 1977) do historiador britânico Lawrence Stone, *The Family, Sex and Marriage in England 1500-1800*, desenvolvia as ideias de Ariès num esquema precisamente delineado de evolução familiar. Ele falava da família inglesa do período 1450-1630 como caracterizada pela "distância, manipulação e deferência". As opiniões de Ozment vinham sobretudo da pesquisa em cartas e outros materiais de famílias cultas de classe alta e média, em vez de usar dados estatísticos. Ele afirma que sua pesquisa é mais profunda, embora talvez não tão ampla como as que citam estudos estatísticos. "Eu acho muito melhor generalizar a partir de um punhado de pessoas num lugar determinado do que confiar num estudo raso do que parece ficar na superfície", disse à *Harvard Gazette*.

O interesse em temas familiares e domésticos talvez reflita o individualismo crescente na sociedade ocidental. Steven Mintz, diretor do Programa de Culturas Americanas na Universidade de Houston, e uma autoridade na história de famílias e crianças, escreve no site de história digital da universidade: "A história de hoje precisa refletir as preocupações do nosso tempo. Vivemos numa idade preocupada com questões de identidade e intimidade. Precisamos de uma história que coloque esses interesses numa perspectiva histórica. O que vou sugerir a vocês é que a história da família ou das maneiras ou dos esportes é tão digna de estudo quanto a da Guerra dos Trinta Anos."

Junto com esse interesse no pessoal e na memória houve uma alta no estudo da história oral na academia. Na Universidade de Indiana, o Oral History Project começou em 1968, principalmente para estudar a história da universidade. Logo se expandiu e, em 1981, foi renomeado como Oral History Research Center, com seu alcance sendo ampliado para abranger o estudo da história do século XX por meio de testemunhos em primeira pessoa. Em 2002, o centro se expandiu ainda mais para assumir o crescente campo interdisciplinar de estudos da memória.

A guinada para o pessoal não trouxe necessariamente uma despolitização da história. Pelo contrário. Parte do afastamento de visões abrangentes da história foi desencadeada pelos movimentos de direitos civis e feministas. Movimentos para incluir grupos que não atraíam tradicionalmente a atenção dos historiadores trouxeram um questionamento dos valores que baseavam as tradições clássicas do estudo histórico. Para os historiadores, o mantra feminista de "o pessoal é político" iria trazer não apenas novos atores para a arena histórica, como também novos tópicos de investigação, bem como novas maneiras de ver velhos temas. Historiadoras feministas como Carolyn Steedman, por exemplo, examinaram a história da conformação das identidades masculina e feminina, sobretudo através das classes. Em anos recentes, houve uma virada de mesa no debate público/privado, com historiadores como Earl Lewis e Bonnie Smith buscando mostrar como o sentimento de identidade dos homens vem da família, enquanto o das mulheres vem do trabalho. Num ensaio publicado em *What is History Now?* (2002), Alice Kessler-Harris comenta: "Quando observamos o público e o privado se fundirem um no outro, somos levados a fazer perguntas sobre os propósitos políticos e o autointeresse subjetivo inerentes à construção de esferas opostas, como família e emprego, ou lar e política, em tensão umas com as outras. Que nexo de poder sustenta tal visão restrita?"

Da mesma forma, historiadores da história dos negros buscaram dissecar histórias tradicionais do mundo, a fim de mostrar como elas excluíram aqueles considerados de interesse menor. O resultado tem sido um questionamento da história, do seu papel, se ela jamais poderia ser algo além de uma

Como a vida privada afeta a vida pública?

atividade subjetiva, baseada nos interesses daqueles que a escrevem, e se ela é de fato algo mais que um relato.

Para muitos, tal questionamento teve um impacto positivo, mas há alguns que agora começam a debater a amplitude com que o pessoal e o subjetivo entraram na história, levando a uma mentalidade de "vale tudo". Numa conferência no Institute of Historical Research em 2002, Eric Hobsbawm assinalou alguns dos perigos de associar a história tão próxima a questões de identidade e raízes, dizendo que isso pode levar à "história de grupos — história plenamente acessível apenas àqueles que partilham a experiência histórica e de vida do seu tema, ou mesmo a configuração física dos humanos a quem ela atrai". Isto, disse ele, "corrói a universalidade do universo de discurso que é a essência da história como uma disciplina erudita e intelectual. Também corrói o que tanto os antigos quanto os modernos têm em comum, sobretudo a crença de que as investigações dos historiadores, com base em regras geralmente aceitas em termos de lógica e provas, distinguem entre fato e ficção, entre o que pode ser estabelecido e o que não pode, qual é o caso e o que gostaríamos que fosse". Isto é cada vez mais perigoso no mundo moderno em que "mais do que nunca a história está sendo revista ou inventada por pessoas que não querem o passado real, mas apenas um passado que sirva a seus propósitos".

Como corpos físicos afetam a transformação cultural?

Como corpos físicos afetam a transformação cultural?

Joanna Bourke
Professora de história do Birkbeck College,
em Londres

N os arquivos, historiadores encontram tudo o que pessoas do passado deixaram para trás. Quando espalhamos o conteúdo de uma vida numa mesa, abrimos os envelopes, viramos as páginas do diário secreto e lemos um relato individual de algum fato, o verbo (a palavra) se faz carne. A história é fundamentalmente sobre o corpo, a carne e, portanto, sobre a precariedade da humanidade.

Porém, até recentemente, historiadores hesitaram em permitir que o corpo entrasse em seus anais eruditos. A separação das ciências sociais e biológicas e uma insistência na necessidade de privilegiar a razão garantiram que forças viscerais da história humana ficassem de lado. Dentro da tradição ocidental moderna do dualismo mente-corpo, historiadores tenderam a insistir que o foco adequado de sua pesquisa deveria ser a cultura, não a natureza. Como a fisiologia humana é frequentemente considerada natural e estática ao longo do tempo, tentativas de incluir aspectos somáticos de experiências vividas são vistas como reducionistas. Mas descartar os aparentemente passivos dons de poderes corporais, movimentos e facilidades sensoriais, desincorporou atores históricos. Indivíduos e grupos do passado se tornaram itens etéreos culturais e econômicos, de calças e saias, tranquilamente calculando o risco social nas favelas de Salford ou nos pântanos de Donegal. Para esses construcionistas sociais linha-dura, o "discurso" reina. O corpo é apresentado como totalmente construído por regimes culturais de poder, deixando o indivíduo escravizado a discursos e instituições disciplinadoras.

Apesar disso, para todos os indivíduos, o corpo continua o lugar da experiência direta. A vida, na verdade, toda a história, é experimentada por meio de reações somáticas. Independentemente do desejo consciente, as pessoas são traídas pela fisiologia em termos de respiração, circulação, digestão e excreção. Isso não significa ir ao outro extremo, negando que os corpos são constituídos dentro de um espaço temporal e social. Embora a doença seja, sem dúvida, um processo fisiológico, o significado atribuído a qualquer doença não é só integrado à doença como também à experiência da doença. Assim, a tuberculose é causada pelas microbactérias do organismo, mas tuberculosos podiam se sentir românticos, sensíveis e bonitos se vivessem no século XIX, ou sujos, empobrecidos e estigmatizados se vivessem no final do século XX.

Portanto, historiadores devem adotar uma abordagem "estesiológica" das pessoas no passado — isto é, uma abordagem que reconheça a história das reações corporais e emocionais ao mundo. Afinal, pessoas amedrontadas têm um corpo — observem o tremor dos membros e a alegria histérica dos sobreviventes de desastres. Embora haja um teatro para a psicologia do medo — com executivos interpretando neuroses de ansiedade enquanto seus empregados regalam-se no drama da histeria —, nem sempre ele é coreografado segundo qualquer esquema de classe, gênero ou etnia pré-determinado. O discurso molda os corpos, mas os corpos também moldam o discurso: as pessoas ficam "fracas ou pálidas de medo", "fervendo de raiva", "ruborizadas de amor". O significado e a metáfora derivam de nossa experiência corporal. O corpo, ao moldar a experiência articulada, influencia essa experiência.

É evidente a ideia de que somos corpos, além de termos um corpo. Não há divisão clara entre o corpo físico e o corpo comunicativo ou "vivido", ou, em outras palavras, entre biologia e cultura. O social circula em nosso sangue. Até historiadores que acreditam na universalidade eterna da fisiologia humana não podem negar os modos profundos com que a cultura atua sobre a carne. A cultura pega vida e forma no corpo. Ao longo da história, as intervenções nos processos fisiológicos foram transformadoras. No período moderno, por exemplo, os transplantes de órgãos, os sistemas de manutenção de vida, a nutrição intravenosa, a diálise e as técnicas de ressurreição provocaram novas confrontações radicais com a morte. Antigos terrores sobre a possibilidade de alguém ser erradamente proclamado morto (resultando no "enterro prematuro", que muitos britânicos do século XIX temiam) se tornaram menos significativos que ansiedades mais recentes sobre a possibilidade de alguém ser erradamente obrigado a permanecer vivo (negada a oportunidade de "morrer com dignidade").

Como corpos físicos afetam a transformação cultural?

Contudo, mais diretamente, a fisiologia humana não é simplesmente uma constante histórica. A biologia é notavelmente flexível. Ao contrario da opinião de que a biologia é fixa enquanto a cultura é flexível, a primeira oferece vários potenciais que a segunda seleciona e dirige. O corpo não é um objeto estático, mas incorpora componentes sintéticos, como camadas de silicone, marca-passos cardíacos e juntas artificiais. Além disso, o valor moral do corpo e o valor de suas partes conheceram mudanças dramáticas com o tempo. Mudanças no peso, altura, níveis hormonais, saúde e expectativa de vida influenciaram a vida cultural de maneiras extraordinárias. Em parte, essas mudanças fisiológicas foram em si um efeito da mudança cultural (por exemplo, modificações da dieta reduziram a idade da menstruação), mas, em troca, afetaram a cultura (reduzindo a idade do casamento). Em outras palavras, o corpo não só refletiu meramente processos da sociedade, como também afetou processos sociais. A cultura adquire sentimento e significado por meio da corporificação. Sem atributos de corporalidade, como as faculdades sensoriais, o significar é impossível. As sensações físicas não são simplesmente enfeites da experiência: elas são o mais irredutível "real" da história de um indivíduo.

Claro, como com todos os aspectos da experiência vivida, o corpo entra no arquivo histórico só à medida que transcende a sensação individual e apresenta o eu dentro da sociedade. Assim, histórias do corpo (como com todas as histórias) dependem do que está inscrito em documentos públicos, inclusive registros de hospital e asilo, inventários governamentais, inquéritos sociais, bem como em cartas particulares, diários e na arte. Pela análise desses textos, historiadores podem rastrear flutuações na natureza do corpo. Dessa forma, linguagem e ritos culturais expõem manifestações cotidianas do corpo, da carne.

Tal abordagem estesiológica do corpo na história não representa um afastamento da política, mas um compromisso com as experiências vividas de temas do passado. Na verdade, o processo de corporificação é precisamente uma rejeição dos textos históricos que consideram indivíduos "significantes flutuantes", vagos "outros" ou o equivalente da profissão histórica do boneco do ventríloquo. O corpo histórico não é uma entidade vazia e plástica, mas um manipulador ativo e vigoroso do mundo. Ele molda a sociedade, limitando a mudança social bem como forçando-a por meio de inovações. Karl Marx entendeu o quanto as necessidades corporais estimulam a revolução. Não é coincidência que os preguiçosos e rechonchudos corpos de indivíduos em ricas sociedades ocidentais argumentam em favor dos direitos do consumidor, enquanto o proletariado emagrecido do século XIX manifestava-se em protesto contra os níveis salariais e práticas de trabalho.

Desta forma, o corpo é essencial para entender regimes de poder. Corpos sempre estiveram no núcleo do poder social. A experiência vivida não tem a ver só com o corpo individual, pois o corpo é fundamentalmente experimentado em relação a outros corpos e ambientes. É o meio pelo qual a atividade social é exercitada. A experiência vivida é sentida e, embora a experiência não possa ser reduzida a sensações físicas, contudo, não é "vivida" sem a sensação. A teoria social necessariamente se preocupa com os corpos, pois estes são o meio principal de reprodução social e de expressão cultural. Dentro do arquivo, o historiador é testemunha dos indivíduos do passado na condição de carne viva, ativa.

Outras leituras

BOURKE, Joanna. *Fear: A Cultural History of the Twentieth-Century*. Virago, 2004.

HIRST Paul e WOOLLEY, Penny. *Social Relations and Human Attributes*. Tavistock Publishers, 1982.

LAQUEUR, Thomas. *Making Sex: Body and Gender from the Greeks to Freud*. Harvard University Press, 1990.

TURNER, Bryan. *The Body and Society: Explorations in Social Theory*. Blackwell, 1984.

WILLIAMS, Simon. *Emotion and Social Theory: Corporeal Reflections on the (Ir)Rational*. Sage, 2001.

Comentário de Claire Sanders

Redatora do Times Higher Education Supplement

É UMA TRISTE IRONIA o fato de o historiador mais associado com a história do corpo — pelo menos na Grã-Bretanha — ter sofrido dramaticamente a falência do seu próprio corpo com apenas 55 anos. A meses de sua aposentadoria do emprego de professor do Wellcome Trust Centre, em 2001, Roy Porter foi encontrado morto perto de sua bicicleta a caminho de casa, após sofrer um ataque cardíaco.

Como a resenhista Lisa Jardine escreveu, seu livro *Flesh in the Age of Reason*, publicado postumamente em 2003, apresentava "um retrato vívido de como modernos relatos da relação paradoxal entre órgãos do corpo e sensibilidade de informação se desenvolveram, traçando lucidamente a transformação da alma racional pré-moderna numa subjetividade e numa percepção do eu peculiarmente modernas".

O livro de Porter dava carne ao iluminismo, até mesmo colocando os grandes pensadores da época claramente em seus próprios corpos sofredores. Assim vemos que Edward Gibbon (1737-1794), autor de *Declínio e queda do Império Romano*, era conhecido implacavelmente como Gordinho-Gorducho pelos seus colegas. E que o pensador que gostava de descrever seu corpo como uma "máquina" — "subordinada e disciplinada" — sentiu seu corpo reafirmando cruelmente sua presença sob a forma de uma hidrocele — a dilatação do escroto. "Gibbon diz aos leitores que lhes conta a 'verdade nua', mas sua relação com seu corpo era evidentemente não resolvida, e a carne nua não aparece em suas memórias", escreveu Porter. "Embora se refira à sua gota (uma boa doença), ele não menciona o mal que indiretamente o matou — sua hidrocele."

A teologia cristã, com seu dualismo alma-corpo, mantivera o corpo a distância. O medo da influência corruptora da carne baseia grande parte do pensamento cristão, sobretudo o do influente Agostinho (354-430). Como Porter mostrou, os grandes pensadores do iluminismo que tentaram escapar das restrições da religião, e, ao fazer isso, questionaram toda a noção de uma alma, lutaram da mesma forma para subordinar o corpo — desta vez à mente, o eu racional emergente. O resultado foi que, antes de meados do século XX, o corpo ficou meio incidental na história, com historiadores priorizando os aspectos espirituais e mentais da cultura.

Hoje, historiadores ignoram o corpo, por sua conta e risco. Em *Companion to Medicine in the Twentieth-Century* (2000), Mark Jenner e Bertrand Taithe observam: "Nos últimos quinze anos, 'a história do corpo' se tornou moda a ponto de se tornar onipresente." Mas embora Porter e o sociólogo de Cambridge, Bryan Turner, tenham recebido muitas vezes o crédito por terem introduzido o corpo na história, este não foi inteiramente ignorado por historiadores anteriores. Jenner e Taithe, afirmando que "proclamações de novidade são bastante exageradas", indicam que a primeira geração da escola *Annales* de historiadores franceses, escrevendo entre as guerras, era especialmente interessada em corpos. "Vocês encontrarão poucos exemplos melhores de 'história do corpo' do que a discussão de Marc Bloch sobre as declarações de monarcas medievais e antigos de curar escrófula tocando os doentes, ou as evocações de Lucien Febvre sobre o mundo sensorial do século XVI", assinalaram.

Outras disciplinas também atravessaram a história nesta área. Particularmente influente na história do corpo foi o filósofo francês Michel Foucault (1926-1984), que desafiou suposições sobre pessoas mentalmente doentes, prisões e o crescimento da medicina e de hospitais, cuja *História da sexualidade* traça o desenvolvimento da subjetividade e explora novos modos de se relacionar com o eu. Outra influência importante é a antropóloga Mary Douglas que, em seu livro de 1966, *Purity and Danger*, examina por que certas coisas em sociedades diferentes são consideradas "limpas", enquanto outras são vistas como "poluídas", e como a religião e o ritual reforçam a mensagem. Jenner e Taithe também citam antigos antropólogos — especialmente Bronislaw Malinowski (1884-1942), cuja obra incluía exames de tabus sexuais e da ciência; Marcel Mauss (1872-1950), que estudou a relação entre antropologia e psicologia, e Margaret Mead (1901-1978), cuja obra sobre diferenças de gênero, criação de crianças e sexualidade ostentava um "profundo foco no corpo". E, nos últimos 25 anos, a condição física do corpo também tem sido importante para demógrafos econômicos e históricos.

Explicando a abrangência de *Companion*, os editores Roger Cooter e John Pickstone escreveram: "Embora o corpo agora apareça proeminentemente nos títulos de centenas de estudos sociais, históricos e antropológicos de medicina e cultura, nós o usamos aqui para incluir não só a entidade corpórea/material que tem estado no centro da visão médica, mas também as embalagens (e os empacotadores) leigos e profis-

Como corpos físicos afetam a transformação cultural?   313

sionais do conhecimento que contribuíram para a construção do corpo humano no curso do século."

Porter tinha sua maneira própria de contrastar a entidade material com os "empacotadores". Em *Blood and Guts: A Short History of Medicine*, ele observa: "O corpo está grávido de significados simbólicos, profundos, intensamente carregados e frequentemente contraditórios. Para os cristãos ortodoxos, por exemplo, por ser originalmente feito à imagem de Deus, ele é um templo. Porém, desde a queda e expulsão do Jardim do Éden, os corpos têm sido "vis" e a carne fraca e corrupta. Crenças médicas sempre foram apoiadas por atitudes culturais e valores sobre a carne." Ele defende ainda que igualmente todas as sociedades dos primeiros tempos tiveram "algum conhecimento tangível das vísceras". Histórias do corpo refletem isto, cobrindo um espectro que vai de obras mais interessadas no simbolismo e no contexto cultural do corpo às mais preocupadas com a realidade material das "vísceras" — as últimas, mais comumente caindo no campo das histórias médicas diretas.

Tome-se a história da sexualidade, que tende a cair na extremidade cultural do espectro. Em 1899, o sexólogo Havelock Ellis afirmou: "Em nenhum outro campo da atividade humana há uma quantidade tão grande de moralidade didática ativa baseada numa base tão frágil de fatos (...) frequentemente de evidente segunda-mão, geralmente inconfiáveis." No capítulo de *Companion* sobre o corpo sexual, Lesley Hall diz que a *História da sexualidade* de Foucault "apresentou o ponto importante (embora não inteiramente original) de que a sexualidade é produzida discursivamente; isto é, trata-se de algo que é formado pelo que as pessoas dizem e pensam sobre os fenômenos corporais envolvidos em vez de simplesmente emergir de um conjunto de processos físicos". E, para alguns, mesmo esses processos físicos não têm sido diretos. Em *Making Sex: Body and Gender from the Greeks to Freud* (1990), Thomas Laqueur afirma que em fins do século XVIII houve uma mudança significativa nas percepções de masculino e feminino. Segundo Laqueur, o "modelo de um sexo", em que os órgãos femininos eram vistos como versões interiores (ou versões dentro e fora) dos equivalentes masculinos, foi superado por um "modelo de dois sexos", em que os dois sexos foram vistos como completamente diferentes.

O fim do espectro mais interessado em desvendar o mistério das "entranhas" — a entidade material — muitas vezes teve relação com uma história de progresso, de otimismo. Isto é atribuído às vezes ao domínio de cientistas e praticantes médicos ao longo da história dos seus campos.

Um dos mais antigos e influentes foi o antigo médico grego dos gladiadores, Galeno, que remontou a Hipócrates, a quem se atribuiu a ideia de quatro humores corporais que precisam estar em harmonia. As várias obras de Galeno, integrando filosofia e medicina, dominaram a história médica até a renascença e mais além, exatamente como sua obra sobre a dissecação influenciou a prática médica. Entre os influenciados está o médico persa do século XI, Avicena. Suas muitas obras incluíram um "Cânone" de medicina e ele era especialmente interessado em psicologia. Outro seguidor de Galeno foi o médico italiano do século XIV, Mondino de Luzzi, autor de *Anatomia Mundini*, que se tornou um texto-padrão. Mas em 1543, o belamente ilustrado *De Fabrica Corporis Humani*, de Andreas Vesalius, censurou os gregos por confia-

Como corpos físicos afetam a transformação cultural?

rem em seu conhecimento de corpos animais, não de humanos. Esta censura continuou com William Harvey, filho de um escrevente, que se formou em Cambridge em 1597 e depois descobriu nosso sistema circulatório. Harvey escreveu: "Afirmo aprender e ensinar anatomia não pelos livros, mas com dissecações; não com as doutrinas dos filósofos, mas com o tecido da natureza."

Textos modernos iniciais sobre a história da medicina eram dominados por coletâneas dos grandes textos e das vidas de grandes médicos, sempre enfatizando o avanço do conhecimento, mantendo os valores do iluminismo. A noção de progresso continuou nos séculos XIX e XX. Contudo, a história médica recente tornou-se mais ambígua sobre o tema. O sombrio livro de James Le Fanu, *The Rise and Fall of Modern Medicine* (1999) proclama que depois de grandes progressos na segunda metade do século XX, a evolução médica agora se imobilizou. Ele afirma que as esperanças gêmeas da epidemiologia e da revolução do genoma fracassaram em seus resultados. Para Porter também, ao escrever em *The Greatest Benefit to Mankind*: "A melhor hora da medicina é a aurora dos seus dilemas. Com a missão cumprida, seus triunfos dissolvem-se na desorientação."

Como os escritores da história médica desafiaram a pressuposição de avanços médicos, escritores da história do corpo desafiaram a presunção de que se pode escrever sobre os corpos de modo abstrato, sem reconhecer que eles pertencem a pessoas que amamos. Em *The Lunar Men: The Friends who Made the Future* (2003), Jenny Uglow descreve a dissecação pública de corpos humanos por Erasmus Darwin, que, em comum com muitos outros médicos do seu tempo, usava os corpos de prisioneiros executados. "Os parentes de Tyburn agarravam os pés dos homens enforcados para impedir que fossem levados para o salão do cirurgião", escreve Uglow. A necessidade médica de entender já estava em conflito com o desejo de parentes de homenagear o corpo de um ente querido, mas isto só agora começa a ser reconhecido pelos historiadores. Como Jenner e Taithe comentam: "Quase não temos discussões históricas do corpo do ente querido — pai, filho ou companheiro — (ao contrário do corpo sexual). Esta é muitas vezes uma historiografia bastante despida de ternura, afeição e, claro, de respeito."

Qual o impacto da geografia sobre os acontecimentos?

Qual o impacto da geografia sobre os acontecimentos?

Felipe Fernández-Armesto
Professor de história ambiental do Queen Mary College, de Londres

Pelos padrões dos astrofísicos, digamos, ou dos escritores de ficção científica, historiadores não parecem nada aventurosos — interessados apenas em uma espécie insignificante de um planeta minúsculo. Mas a Terra é especial, com uma biosfera fértil e abarrotada. Até agora, não sabemos de nenhum outro lugar no cosmos onde aconteça tanta coisa.

A parte humana da história é de interesse avassalador para nós. Geralmente chamamos isso de história, mas podemos chamar também de geografia humana ou de um ramo dos estudos ambientais, pois, isolada, a humanidade faz um sentido imperfeito. Para entendermos nossa história, precisamos estudá-la nos contextos dos quais é realmente inseparável: os climas que a cercam, os solos e mares em que acontece, e as outras formas de vida das quais dependemos ou com as quais competimos.

Isto significa restituir história e geografia uma à outra. Todas as fronteiras disciplinares deveriam ser inadequadas a historiadores, que querem abranger a totalidade do passado, incluindo o passado de toda arte e de toda ciência. Mas "a atitude anglo-saxônica" que confina geógrafos e historiadores a departamentos mutuamente incomunicáveis é particularmente inadequada, se gostamos de paisagens povoadas e vidas contextualizadas.

O *homo sapiens* é uma espécie excepcionalmente bem-sucedida, capaz de sobreviver numa ampla variedade de climas e paisagens — mais do que praticamente qualquer outra criatura, exceto os micróbios que levamos conosco. Mas ainda somos exploradores de nosso planeta, empenhados num esforço inacabado para mudá-lo. Claro, esse esforço mal começou, embora algumas sociedades humanas tenham dedicado a ele os últimos dez mil anos, aproximadamente. Chamamo-nos "senhores da criação", ou, mais modestamente, seus "administradores", mas cerca de 90% da biosfera está muito distante, na água ou em profundezas subterrâneas, para habitarmos com nossa tecnologia atual: esses são ambientes que os humanos só começaram a invadir recentemente e que ainda não dominamos.

Somos ambiciosos, em comparação com outros animais, ao remodelar a Terra para satisfazer nossos propósitos: sulcamos campos, transformamos pradarias em campos de trigo, desertos em jardins e paraíso em deserto; derrubamos florestas onde as achamos e as plantamos onde não existem; represamos rios, muramos mares, extinguimos algumas espécies e protegemos outras pela seleção e hibridização. Às vezes, aplainamos terrenos com novos ambientes que construímos para nós mesmos. Porém, nenhuma dessas práticas nos liberta da natureza.

Um dos paradoxos da história humana é que quanto mais intervimos para mudar o ambiente, mais vulneráveis nos tornamos a oscilações e desastres ecológicos e a efeitos imprevisíveis. Dominamos outras espécies, mas permanecemos ligados a elas pela cadeia alimentar. Transformamos nosso ambiente, mas nunca podemos escapar dele.

Então, se desprezamos a geografia, no mais amplo sentido da palavra, desprezamos a estrutura de tudo mais que acontece conosco. A noção de que gente e mapas poderiam ser estudados em departamentos separados agora parece inescapavelmente antiquada. A geografia foi transformada durante minha vida pela influência da ciência ambiental. A história agora está acompanhando. Contribuições da ecologia estão revolucionando o modo com que olhamos para nosso passado, deixando os historiados cientes, por exemplo, de como os ciclos de aquecimento e resfriamento globais, as flutuações dos sistemas regionais de clima e a "oscilação" de correntes influenciaram migrações, guerras, fomes, farturas e os destinos de Estados e civilizações.

A história tem de tratar de clima porque, embora o clima não determine nada, condiciona tudo. Tem de falar de ventos e correntes porque, durante toda a era das embarcações a vela — ou seja, quase a totalidade da história registrada —, canalizaram e permitiram as comunicações de longa distância. Na maioria dos livros de história, há muito ar quente e pouco vento. A ciência ambiental deveria informar a história econômica porque todos os recursos que exploramos, trocamos ou deixamos sair pelos escapamentos são extraídos da Terra e da atmosfera. A história tem de tratar da paisagem,

Qual o impacto da geografia sobre os acontecimentos?　　323

porque a alteração da paisagem tem sido o grande projeto comum da humanidade desde a domesticação do fogo.

Todo estudante de história deveria considerar agora que, ao lado das grandes revoluções políticas, sociais, econômicas e intelectuais que tradicionalmente usamos para caracterizar a modernidade, temos de colocar a revolução ecológica, que chamamos habitualmente de "intercâmbio de Colombo". Pois, nos últimos quinhentos anos, a troca de formas de vida através dos oceanos e entre continentes reverteu um padrão de evolução que prevaleceu desde a divisão do supercontinente original, a Pangeia. Um padrão divergente, que tornou as formas de vida dos continentes ainda mais diferentes entre si, foi substituído por uma convergência de espécies por todo o mundo.

Há um crescente reconhecimento da importância do alimento para a compreensão de tudo o mais na história — e acertadamente, pois nada importa mais que a comida para a maioria das pessoas na maioria das culturas pela maior parte do tempo. E a história da comida é, acima de tudo, um tema da ecologia histórica. As pessoas estão no máximo da dependência, mais destruidoras e portanto mais intimamente envolvidas com o resto da natureza quando comem. As histórias da criação de gado e de plantação — relatos dominantes na história dos povos desde a Idade do Gelo — são de intervenções humanas nos processos de evolução e da crescente interdependência entre humanos e outras espécies. Revoluções agrícolas basearam o crescimento das "grandes civilizações" da antiguidade, a prosperidade da Eurásia na alta Idade Média, a hegemonia mundial do Ocidente moderno.

Uma das consequências de nossas tecnologias alimentares em desenvolvimento tem sido a história de novos econichos em que as doenças grassam, com graves consequências para as sociedades humanas. Micro-organismos que carregam doenças limitam e liberam constantemente o potencial humano. Cada vez mais percebemos que nossa história médica não é uma história unilateral dos fracassos e triunfos da atividade humana: as mutações da evolução dos micróbios desempenha uma parte inelutável nela, provocando e encerrando as "eras de peste". A história tem de tratar os micróbios tão bem como os homens, porque os primeiros infestam os segundos, moldando nossas vidas, determinando nossas mortes.

Finalmente, modernas tendências na ciência e na filosofia combinaram-se para lembrar-nos de que humanos são animais — parte da grande sucessão animal; como outros animais, somos mais bem estudados em nosso habitat. Isso sugere que devemos nos preparar para outra revolução na historiografia — uma que será, desconfio, informada pelas contribuições do estudo de sociedades não humanas, e especialmente da primatologia. Para nos compreender completamente, e para saber o que, se é que algo leva a isso, nos torna diferentes, precisamos nos comparar com outros animais.

Se seres humanos são criaturas peculiarmente ambiciosas, que estão sempre fazendo intervenções na vida do planeta, também somos estranhos comparados com outros animais na forma com que geramos mudanças entre nós. Somos uma espécie volátil, instável. Outros animais vivem vidas sociais e constroem sociedades. Mas essas sociedades são notavelmente estáveis comparadas com as nossas. Pelo que sabemos, formigas e elefantes têm as mesmas maneiras de viver

Qual o impacto da geografia sobre os acontecimentos?   325 e as mesmas espécies de relações que tinham quando suas espécies apareceram.

Outras criaturas têm culturas que mudam. Uma das descobertas fascinantes da primatologia do final do século XX foi a de que macacos grandes e pequenos desenvolvem diferenças culturais entre si, mesmo entre grupos que vivem em ambientes semelhantes e, às vezes, adjacentes. Numa região florestal do Gabão, os chimpanzés desenvolveram uma tecnologia de pegar cupins — eles "pescam" com galhos desfolhados que enfiam nos cupinzeiros —, mas não usam ferramentas para abrir castanhas; numa região vizinha, ignoram os cupins, mas desenvolveram a habilidade de quebrar castanhas com pedras que usam como martelos e bigornas. Em Sumatra, orangotangos têm uma brincadeira — pular de árvores caídas — que é desconhecida pelos seus primos em Bornéu. Em alguns grupos de babuínos nas montanhas da Etiópia, machos controlam haréns; em outros, na savana próxima, eles praticam "monogamia em série". A primatologia nos permite ver o que torna diferente a história humana e, portanto, objetivamente interessante.

Num sentido, toda história é ecologia histórica. Isto não significa que tem de ser materialista, porque muitas de nossas intervenções no ambiente começam em nossas mentes, em nosso hábito de autoafastamento do resto da natureza. Como a geometria das civilizações, são imaginadas ou planejadas antes que aconteçam externamente. As cidades são baseadas em ideais de ordem, a agricultura em visões de abundância, as leis em esperanças de utopia, a escrita em uma imaginação simbólica, a tecnologia em uma necessidade de melhorar a natureza, a ciência em tentações faustianas de controlá-la.

Mente e corpo são simbióticos. Podemos entender o alcance do espírito e do intelecto melhor quando os localizamos no quadro do mundo material, ao qual pertencem, mas onde não estão confinados.

Outras leituras

CROSBY, A. W. *The Columbian Exchange: Biological and Cultural Consequences of 1492.* Greenwood Press, 1972.

——. *Ecological Imperialism: The Biological Expansion of Europe 900-1900.* Cambridge University Press, 1986.

DIAMOND, Jared. *Guns, Germs and Steel.* W. W. Norton, 1997.

FERNÁNDEZ-ARMESTO, Felipe. *Civilizations.* Macmillan, 2000.

SIMMONS, I.G. *Environmental History: A Concise Introduction.* Blackwell, 1993.

VRIES, Bert de e GOUDSBLOM, Johan (eds.). *Mappae Mundi: Humans and their Habitats in a Long-term Ecological Perspective.* Amsterdam University Press, 2002.

Comentário de Mandy Garner

Editora de artigos do Times Higher Education Supplement

A HISTÓRIA FALA SOBRE TEMPO, e a geografia, sobre espaço. Esta é a tradicional linha demarcatória entre as duas matérias. Mas houve um cruzamento muitas vezes e, recentemente, ajudada pela fragmentação da maioria das disciplinas pós-modernismo, a sobreposição se tornou crescentemente acentuada, com geógrafos trabalhando dentro de departamentos universitários de história e vice-versa. Em certa medida, isto marca uma volta a uma época mais clássica em que os temas estavam menos distintamente definidos e os pensadores vagueavam livremente além de suas fronteiras.

No início dos tempos modernos, o livro do filósofo alemão Johann Gottfried von Herder, de 1781, *Ideas for a Philiosophical History of Mankind*, reuniu temas aparentemente díspares como geomorfologia, astronomia, clima, geografia e história, e afirmou que todos os fenômenos estavam interligados, situando a humanidade no centro desta rede. Sua influência sobre pensadores subsequentes, como George Wilhelm Friedrich Hegel e Friedrich Nietzsche, e sobre ideias em desenvolvimento do nacionalismo no século XIX, foi enorme. Sua obra também formou a base para áreas como a antropologia, que comprovou ter uma influência significativa na evolução da história cultural no século XX.

Outra figura seminal foi Robert Malthus (1766-1834), cuja obra ligou um estudo da história de sociedades tradicionais com temas como crescimento populacional, agricultura e exploração agrícola. Embora muitas das suas conclusões depois se mostrassem ingênuas e mal fundamentadas, ele foi um dos primeiros historiadores a focalizar especificamente os aspectos econômicos da história — de fato, sua designação em 1805 como professor de história moderna e economia política no East India Company's College em Haileybury tornou-o o primeiro economista acadêmico da Inglaterra. Até Marx, que deplorou as conclusões conservadoras do influente *Essay on the Principle of Population*, de Malthus (1798) — segundo ele, enriquecer as classes operárias significaria que a população excederia o suprimento de comida (suas descobertas iniciais foram depois revistas de acordo com evidências empíricas para apoiar a ideia de que rendas mais altas podem reduzir a fertilidade) —, admitiu que este era o primeiro estudo econômico sério sobre o bem-estar das classes inferiores. A obra de Malthus, embora ultrapassada à medida que a Grã-Bretanha permaneceu no ponto mais alto da industrialização, mostrou ser uma inspiração para os historiadores sociais e econômicos que o seguiram.

Na primeira parte do século XX, a *École des Annales* na França rejeitou a história factual em favor de um foco mais amplo sobre humanidades, especialmente a geografia e a economia. Uma de suas maiores figuras, Fernand Braudel (1902-1985), buscou mudar a maneira com que historiadores viam o mundo, desviando a atenção das rápidas cadeias de fatos para tendências mais profundas e mais lentas no tempo que refletissem as estruturas e circunstâncias que moldavam a sociedade. Braudel, muito influenciado pelo fundador das *Annales,* Lucien Febvre (1878-1956), cujo livro *A Geogra-*

phical Introduction to History ele leu em 1924, tentava acrescentar considerações geográficas ao tradicional foco do historiador no tempo. Em seu *Mediterranean and the Mediterranean World in the Age of Philip II* (1949), ele se concentrava em como o ambiente dessa região moldava seu povo, e como isto influenciava os padrões de comércio e o desenvolvimento do capitalismo. Com isso, ele colocava em contraponto o "tempo geográfico" de longo prazo e o "tempo individual" de prazo mais curto.

A influência *annaliste* é clara no livro de 1961, de E. H. Carr, *What is History?* Ele explicava como "a história é a longa luta do homem, usando sua razão, para entender seu ambiente e agir sobre ele". No período moderno, disse, isto também significava entender a si mesmo e ser "autoconsciente, portanto consciente da história" e de como esta era moldada por vários fatores sociais. No último capítulo, ele mostrava como todas as revoluções do período moderno basearam-se em circunstâncias semelhantes e eram ligadas. "A revolução social, a revolução tecnológica e a revolução científica são partes e parcelas do mesmo processo", escreveu, assinalando como processos de industrialização na Ásia e na África, combinados com crescente consciência educacional e política, poderiam transformar esses continentes, com o que chamou de "a expansão da razão", trazendo um enorme número de novos atores para a história.

Segundo Richard Evans, professor de história moderna em Cambridge e autor do primeiro artigo deste livro, esta ênfase na ciência social tornou-se, por volta dos anos 1970 e 1980, muito cheia de jargões e por demais interessada na quantificação e em tendências amplas, prejudicando a capacidade da história de se comunicar com um público mais amplo. "As pessoas individuais sumiram da visão do historiador", diz. Historiadores começaram a se voltar para outras áreas para revigorar seu tema — e mais especificamente para a cultura. As pessoas voltaram, mas, em vez de uma volta à liderança e aos "grandes homens", o foco foi para pessoas comuns de todas as sociedades. Foi aí que a antropologia entrou, e sua influência sobre a evolução da história cultural — e da geografia — tem sido essencial ao colocar juntos os dois temas. Da mesma forma, o movimento pós-colonialista reacendeu o interesse em outras culturas e nas várias formas com que o colonialismo — a base da moderna geografia, segundo o livro de 1994, de Anne Godlewska e Neil Smith, *Geography and Empire* — influenciou o desenvolvimento de determinados países.

Ao mesmo tempo, historiadores lutavam com os efeitos colaterais do pós-modernismo, que levou a uma fragmentação crescente dos seus temas, e, claro, a um questionamento da própria natureza do estudo histórico. Da mesma maneira, a geografia se dividiu em muitas partes nas últimas décadas do século XX, minimizando alguns dos mesmos fatores ambientais intelectuais que moldaram antes a história — isto é, a ascensão do pós-modernismo e de temas "híbridos" como sociologia, os estudos culturais e a antropologia, bem como o crescente interesse no meio ambiente. Ron Johnston, professor de geografia na Universidade de Bristol, diz que temos agora uma "explosão" de especialidades dentro da geografia, desde geopolítica e geografia antiga a geografia cultural e humana. Distinções entre tais especialidades são cada vez mais difíceis de se fazer.

Qual o impacto da geografia sobre os acontecimentos?

Nos anos 1990, Simon Schama obscureceu ainda mais as fronteiras, trazendo mito, arte e paisagem para o caldeirão histórico. Seus temas incluíram o papel da natureza na evolução das civilizações e a história das culturas. Seu livro de 1995, *Landscape and Memory*, examina o impacto da cultura sobre a paisagem e a geografia, e vice-versa.

O mundo editorial recentemente desenvolveu um interesse em histórias de cidades e lugares, juntando explicitamente conceitos de tempo e lugar, e na história marítima. Entre a quantidade de livros recentes sobre isso, o do historiador de Exeter, N. A. M. Rodger, *The Command of the Ocean: A Naval History of Britain 1649-1815*, coloca a estrutura e o desenvolvimento da marinha no cerne da história britânica, mostrando quão mutuamente dependentes a Grã-Bretanha e sua marinha se tornaram nesse período. O livro da grande conferência anglo-americana do Institute of Historical Research em 2001, *Seafaring and Civilisation*, de Philip de Souza, pretende explicar por que os impérios europeus dominaram outras nações marítimas. Mas ele também tenta afastar a história marítima do estudo de batalhas navais, dirigindo-a para temas de desenvolvimento mais amplo, cobrindo tudo, desde a arqueologia marinha e o impacto do transporte marítimo de comida e saúde, até as ambições espirituais e comerciais com que os impérios europeus foram construídos.

O tema que tem uma profunda influência tanto na história quanto na geografia, mais recentemente, é a ciência, acompanhando nossa época de grande mudança científica. Ela influenciou o tipo de temas estudados — do meio ambiente ao comportamento animal — como Fernández-Armesto descreve no artigo em anexo, e desencadeou uma quantidade de livros sobre a história de determinadas invenções. O livro de Alan Macfarlane e Gerry Martin, *The Glass Bathyscaphe* (2002), por exemplo, mostra o impacto que o vidro teve no desenvolvimento ocidental, da medicina à agricultura. Eles afirmam que "o vidro não forçou o espantoso aprofundamento de conhecimento (no mundo ocidental), mas tornou-o possível fornecendo novos instrumentos: microscópios, telescópios, barômetros, termômetros, frascos de vácuo e muitos outros. Num nível mais profundo, literalmente abriu os olhos e as mentes das pessoas para novas possibilidades e transformou a civilização ocidental do modo auricular para o visual de interpretar a experiência (...) O colapso da manufatura do vidro nas civilizações islâmicas e seu declínio na Índia, Japão e China tornou impossível para eles terem o tipo de revolução do conhecimento que aconteceu na Europa Ocidental".

Como o direito desempenha um papel crescente na história e alguns ramos da geografia tornam-se intimamente aliados da estatística e da matemática, as técnicas usadas por historiadores e geógrafos também refletem cada vez mais essa guinada científica. E assim como a história e a geografia estão sendo influenciadas pela ciência, temas que eram vistos como científicos estão incorporando a história e a geografia. O geólogo Richard Fortey, por exemplo, falou recentemente contra aqueles que procuram impor uma abordagem científica reducionista ao seu tema. Sua abordagem é muito mais abrangente, relacionando a geologia com a cultura humana e a história. Como Fortey diz: "Eu me regalo com a complexidade das coisas." Depois da fragmentação e especialização do imediato período pós-modernista, o círculo tempo/lugar parece mais uma vez estar ligado.

Qual o impacto da geografia sobre os acontecimentos?

A história pode ter fim?

A história pode ter fim?

Benjamin Barber
Professor emérito da Universidade de Maryland

O fim da história volta à cena com certa regularidade. Toda vez que algum erudito favorável ao último suposto império decide que seu povo eleito tem favoritismo nas apostas sobre a hegemonia do amanhã, ele converte seu desejo mágico em imobilidade eterna. Se a "vitória" do capitalismo sobre o comunismo (por volta de 1990) significou o fim da Guerra Fria e, portanto, o fim do conflito bipolar, então os Estados Unidos certamente estavam para se tornar o *numero uno* num mundo de paz perpétua — o fim da história como *pax Americana*.

Essa posição foi mais ou menos o que Francis Fukuyama propôs nos anos 1990 (com menos entusiasmo do que alguns dos seus críticos perceberam), na mais recente proclamação do fim da história. Georg Wilhelm Friedrich Hegel (1770-1831) — a inspiração de Fukuyama via um hegeliano de direita, Alexandre Kojève — teve a mesma fantasia sobre sua amada Prússia, embora ela não tenha retribuído seu amor até quase o fim da sua vida, quando finalmente recebeu uma cobiçada cátedra acadêmica em Berlim. Como Fukuyama, Hegel era seduzido pelo poder — pela posição emergente da Prússia como um valor europeu, se não um colosso mundial. Mas se a Prússia podia disputar a liderança europeia, e a Europa já era a dominadora do mundo (mais ou menos em 1830), então a história poderia ser vista como se aproximando do seu fim determinado, e a Coruja de Minerva (carregando Hegel nas alturas) podia finalmente alçar voo para observar o crepúsculo que marcaria o fim do longo dia da história.

Ao contemplar o fim do tempo, Hegel observou argutamente que eras de paz eram muitas páginas vazias nos anais da história. Dessa perspectiva, era possível dizer que a história termina toda vez que a paz acalma as paixões furiosas da humanidade — geralmente apenas por um momento passageiro, mas ocasionalmente por um pouco mais de tempo. Porém, o conflito é a nossa natureza e só observadores de visão limitada ou historiadores de grandes expectativas provavelmente se enganarão com uma pausa momentânea na interminável história da história da guerra, achando que é algo mais permanente.

Hegel pelo menos dedicou-se a especular sobre um fim da história quando a Europa entrou num período de calma relativa. Só umas pequenas guerras, como a da Criméia e as permanentes, mas unilaterais, campanhas coloniais além-mar, atrapalharam a longa paz do "Congresso das Nações" do século XIX. E, sim, sem dúvida, houve revoluções em abundância em 1830, 1848 e 1871, preparando para a GRANDE em 1917 — mas, em resumo, foi um século muito mais tranquilo que o anterior, e certamente sem comparação com o que viria. Se a história não estava exatamente acabada, parecia estar dando um bom cochilo.

Fukuyama, por outro lado, enganou-se com um simples momento de vitória transitória na guerra entre o McMundo e o jihad, tomando-o por triunfo de um sobre o outro. Mesmo com autores como Robert Kaplan detectando uma ruptura do Estado-nação ao longo de fissuras étnicas e raciais, mesmo com a al-Qaeda planejando seu ataque final ao World Trade Center, mesmo com os Bálcãs se desarticulando, e Hutus e Tutsis cuidando de assassinar uns aos outros, mesmo com Samuel Huntington prevendo um terrível choque de civilizações, Fukuyama concluía que o colapso dos soviéticos e a queda do Muro marcavam não uma vitória momentânea da unipolaridade americana — o que os franceses resolveram chamar *hyperpuissance* —, mas o fim da história. O que ele parecia estar dizendo, porém, não era tanto que acabara a história, mas: "nós ganhamos". Assim, quando o 11/9 tornou claro que não havíamos ganhado afinal, o último episódio do fim da história chegou ao fim.

Mais recentemente, com a história novamente às voltas com picos de hiperatividade, comentaristas afastaram-se da integração e da imobilidade (a tese McMundo) para dar ao jihad e seus primos o que merecem: terrorismo, guerra civil e anarquia. John Ralston Saul foi visto na *Harper's Magazine* proclamando "o fim da globalização", enquanto os profetas do Império Americano sob cerco e envolvido numa guerra sem fim em vez de numa paz perpétua estavam sendo bem representados em *Rogue Nation* (2003), de Clyde Prestowitz, *The Sorrows of Empire* (2004), de Chalmers Johnson, *The Choice* (2004), de Zbigniew Brzezinski e no meu *Fear's Empire* (2003).

Porém, mesmo em épocas de paz, a noção de que a história pode ter um fim é ridícula. Não é simplesmente ridícula

A história pode ter fim?

que a aparente calmaria em geral cobre uma acumulação dialética de forças ao longo das frágeis placas tectônicas da história, que provavelmente cederão em algum lugar num terremoto social; não é que, na ausência de guerra, a história social do tipo laboriosamente narrada pela escola *Annales,* onde pequenas mudanças no comportamento da comunidade — medidas por minuciosos itens em registros de aldeia — pressagiam forças históricas maiores, continua em movimento apesar da imobilidade aparente, muito obrigado. É que a simples ideia do fim da história é baseada num absurdo e numa visão totalmente implausível da natureza humana.

A história, afinal, é um reflexo da natureza humana e esta é, acima de tudo, encrenqueira e briguenta (John Locke), uma perpétua busca de poder que só acaba com a morte (Thomas Hobbes), com os homens sendo pouco mais que "volúveis dissimuladores ansiosos para evitar o perigo e ambiciosos por lucro" (Nicolau Maquiavel) que provavelmente viverão numa condição em que "todo homem é inimigo de todo homem...", onde "há contínuo medo e perigo de morte violenta; e a vida dos homens, solitária, pobre, sórdida, brutal e curta" (Hobbes de novo). Podemos ansiar pela paz perpétua de Immanuel Kant e pela justiça eterna de Platão, mas, como Trasímaco observa para Sócrates, a justiça geralmente é o direito do mais forte. Mesmo a paz é um produto de violência implícita — aquele equilíbrio do terror sobre o qual Winston Churchill disse, numa frase famosa: "Pode bem ser que, por um processo de sublime ironia, tenhamos chegado a um estágio em que a segurança será o filho robusto do terror e a sobrevivência, o irmão gêmeo da aniquilação."

Para que a alegação de que a história pode acabar faça algum sentido real, temos de aumentar as apostas. Pois pode ser que aspirações aparentemente tolas de um fim da história, motivadas por simples política, sejam informadas por, e com cheiro de, uma busca mais alta e filosófica (até espiritual) por um fim da multiplicidade, do tumulto e da separação que é a vida. Desde o começo, metafísicos previdentes imaginaram um *yin* e um *yang* — momentos de tranquilidade confrontando momentos de energia e movimento — que refreiam e impelem a história humana. Os dois filósofos ocidentais que inauguraram este debate foram Heráclito (século VI a.C.), para quem a vida tem a ver com diferença, conflito e mudança; e Parmênides (século V a.C.), o campeão da mesmice, unidade e estase. Para Parmênides, o mundo era um e essa unicidade, uma forma de imobilidade, portanto uma ausência de tempo (o tempo é movimento) em que nem diferença nem mudança eram reais. Platão adotou as aspirações de Parmênides, mas teve finalmente de reconhecer que a mudança (para ele, dissolução) era inelutável, o verdadeiro caminho do mundo infeliz.

O cristianismo foi testemunha da mesma batalha: o homem e a mulher receberam a dádiva do Éden, confortáveis no abraço infinito de Deus, usaram (mal) a liberdade para buscar a diversidade — foram lançados por Deus para o mundo duro a leste do Éden, onde as mulheres dariam à luz com dor e sofrimento, e os homens trabalhariam com o suor do rosto para ganhar o sustento da carga da mortalidade lançada sobre eles. Bem-vinda, história, o *big bang* do tempo humano começa.

A história pode ter fim?

Na história cristã, porém, por mais dolorosa que a história possa ser, isso não passa de um intervalo entre épocas infindas de repouso eterno. Representando a separação de Deus, é um desvio, uma jornada forçada entre a unicidade da qual veio a humanidade e a redenção pela qual foi prometido que se poderia recuperar o repouso eterno da reunião com a divindade. A História e a Queda eram uma e a mesma, enquanto a salvação era o caminho terminal para sair disso. Nesta perspectiva cristã, o fim da história é um aspecto da teleologia: a ideia de que o objetivo da vida é dirigido para um fim (*telos*) cuja realização cumpre o propósito e leva o tempo para um fim.

Hegel racionalizou efetivamente a teleologia cristã. Na sua metafísica, a história profana é impulsionada pelo sagrado espírito da razão para um término que será marcado pela sublimidade infinita — embora a percepção do espírito possa ser perpetuamente adiada pela dialética obstinada da vida humana real. Matthew Arnold (1822-1888) capta o paradoxo. Mesmo ao observar aquele século relativamente de paz que seguiu o Congresso de Viena, ele teve poucas dúvidas ao perceber que, como a doce eternidade que é o amor confrontava os fatos brutos que formam a história, não seria o amor que venceria. Sejam verdadeiros um com o outro, ele adverte, "pois o mundo que parece / Estar diante de nós como uma terra de sonhos, / Tão variada, tão bela, tão nova, / Na verdade não tem alegria, nem amor, nem luz, / Nem certeza, nem paz, / Nem ajuda para a dor; / E aqui estamos numa planície sombria / Varrida por confusas dádivas de luta e fuga, / Onde exércitos ignorantes combatem à noite."

Na planície sombria de tempos recentes, todos os grandes utopistas do espírito sucumbiram a um realismo do corpo.

Embora deem-nos a esperança de que pode haver caminhos para escapar das sombras tristes, via terapia (Sigmund Freud), racionalidade (Max Weber) ou revolução (Karl Marx), reconhecem que conflito e vida são o mesmo. O id supera o superego, a irracionalidade domina a razão e o poder corrompe a revolução. E assim parece, enquanto vivemos e respiramos, que haverá conflito suficiente — guerra, fingimento, ódio, morte e crueldade — para levar a história adiante.

O sonho mundano de *hegemon,* de um fim para a história, poderia então ser generosamente entendido como uma versão secular do velho sonho de uma volta para o Éden, uma suave aterrissagem no colo de Deus. É a esperança de que *telos* possa triunfar sobre as batalhas teleológicas que devem produzi-la. Como devaneio religioso e poético, tem muito para ser recomendada.

Contudo, como política, é mais que perigosa. Confunde hegemonias momentâneas como a atual *pax Americana* com a paz permanente, embora tais hegemonias estejam geralmente fadadas a provocar a guerra apenas uma parada ou duas mais adiante. Confundindo a graça de Deus com a construção de frágeis impérios humanos, provoca o desastre. No fim (que nunca vem), a proclamação de que a história acabou, quer ouvida dos lábios de Hegel, Marx ou Fukuyama, parece por demais familiar. Como a afirmação de George W. Bush, em 2003, de que a guerra no Iraque tinha acabado, é mais frequentemente um prelúdio para o inferno em vez de um portal para o céu.

Outras leituras

BARBER, Benjamin. *Jihad Vs McWorld*. Ballantine, 1995.

FUKUYAMA, Francis. *The End of History and the Last Man*. Avon, 1993.

HEGEL, Georg Wilhelm Friedrich. *Elements of the Philosophy of Right* 1820. Cambridge University Press, 1991.

KAPLAN, Robert. *The Ends of the Earth: A Journey at the Dawn of the 21st Century*. Random House, 1996.

TOYNBEE, Arnold (edição resumida de D. C. Somervell). *A Study of History*. Oxford University Press, 1987.

Comentário de Harriet Swain

Subeditora de reportagem do Times Higher Education Supplement

O FIM DA HISTÓRIA NÃO É algo que muitos historiadores se apressem em considerar. Mais frequentemente, tem sido a reserva natural de filósofos e cientistas políticos, muitos com uma questão particular para comprovar. Claro, o conceito vem carregado de toda espécie de bagagem política e ideológica. Onde um possível fim *foi* identificado, teria sido mais o destino de algum tipo de jornada ideológica do que um buraco negro histórico.

Para os antigos historiadores, a ideia de um fim para a história era inconcebível. Para eles, o modo com que seres humanos organizavam seus negócios era cíclico. Políbio (c. 200-118 a.C.) foi um dos primeiros a dar uma explicação detalhada desta espécie de ciclo histórico. Ele afirmou que havia seis tipos de governo, que ocorriam em sucessão — monarquia, tirania, aristocracia, oligarquia, democracia e governo para multidões. O ciclo começava quando desastres naturais varriam a raça humana e os sobreviventes buscavam um líder forte, e o único jeito de sair disso era uma constituição mista, que incorporava monarquia, aristocracia e democracia. Suas ideias foram revividas na Itália do renascimento, com Nicolau Maquiavel concordando que a "república perfeita" era Roma, esta sim, segundo ele, ter conseguido com sucesso essa constituição mista.

A história pode ter fim?

Visões cíclicas da história têm reaparecido de formas diferentes e em civilizações diferentes ao longo dos séculos, do *Muqaddimah*, de Ibn Khaldun, no mundo islâmico do século XIV, à noção de Giambattista Vico de uma "história eterna" na Itália do século XVIII, à ideia de "eterno retorno" do filósofo alemão do século XIX, Friedrich Nietzsche, à *Decadência do Ocidente*, de Oswald Spengler, na Alemanha pós-Primeira Guerra Mundial, que traçou analogias entre os ciclos de vida de diferentes civilizações e o nascimento, vida e morte de organismos vivos.

Visões lineares antigas da história geralmente eram ligadas à religião: historiadores judaicos, muçulmanos e cristãos tenderam a ver a história como um tipo de promoção de um desígnio divino, quer manifestada numa linha direta da Criação ao Julgamento Final, quer assumindo vários ciclos de desenvolvimento e declínio. Para eles, Deus finalmente daria um fim à história. Mas na Europa do final do século XVII, na atmosfera de secularismo e descoberta científica que cercava o iluminismo, histórias lineares chegaram a ser associadas com a ideia de progresso.

Este tipo de progresso, que substituía Deus como o controlador do destino humano pelo exercício da razão humana, aconteceu principalmente entre os *philosophes* da França do século XVIII. Foi talvez mais bem resumido na obra do marquês de Condorcet (1743-1794), cujo *Sketch for a Historical Picture of the Progress of the Human Mind* foi publicado postumamente em 1795. Ele descreveu a história seguindo um caminho de progresso impulsionado pela evolução da razão, em que o homem aperfeiçoava seu conhecimento do mundo natural e de como manipulá-lo, aumentava a tolerân-

346   Grandes questões da história

cia e superava a superstição atingindo maior igualdade entre as nações, e entre homens e mulheres. Estas foram ideias exploradas de modos diferentes por Montesquieu, Voltaire, e depois por Auguste Comte (1798-1857), que afirmava que o pensamento humano passava por três etapas — a teológica (dominada pela superstição), a metafísica (onde começa o pensamento abstrato) e a positiva (científica) — na sua jornada que ia de atributos animais a humanos.

Na Grã-Bretanha, a ideia de progresso foi mais intimamente associada nessa época à "interpretação liberal da história". Isto foi criticamente descrito por Herbert Butterfield no livro *Whig Interpretation of History*, em 1931, como "a tendência entre muitos historiadores de escrever do lado dos protestantes e liberais, de elogiar revoluções desde que elas tenham sido bem-sucedidas, de enfatizar certos princípios do progresso no passado e de produzir uma história que seja a ratificação, senão a glorificação do presente". Um de seus principais partidários foi Thomas Babington Macaulay (1800-1859), que escreveu na sua *História da Inglaterra*: "A história de nosso país durante os últimos 160 anos é eminentemente a história do aperfeiçoamento físico, moral e intelectual."

Na Alemanha, Georg Wilhelm Friedrich Hegel (1770-1831) estava ostentando um orgulho nacional semelhante, embora ele parecesse insinuar que, em seu país, alguma espécie de objetivo histórico final quase fora atingido. Para ele, a história era "a marcha da razão no mundo" e seu fim a manifestação da Mente ou do Espírito Absoluto. Este Espírito se desenvolvera em etapas desde os orientais, daí para os gregos e romanos e finalmente os alemães: "A história do mundo é a disciplina da vontade natural incontrolada,

A história pode ter fim?

trazendo-a para a obediência a um princípio universal e lhe dando liberdade subjetiva. O Oriente sabia e sabe até o dia de hoje, que só *Um* é livre; o mundo grego e romano, que *alguns* são livres, o mundo alemão sabe que *todos* são livres." Hegel acreditava que o Estado era a chave para isso — "o Estado é a ideia do Espírito nas manifestações externas da Vontade humana e sua liberdade". Ele afirmava que o ímpeto da evolução histórica era dialético: tese e antítese trabalhando juntas para produzir uma síntese numa marcha para frente, rumo a uma verdade maior.

Karl Marx (1818-1883) também adotou o método dialético e a crença de que este levava ao progresso, mas, para ele, a força impulsionadora não era o Espírito, mas a economia, e seu veículo não era o Estado, mas a classe. Seu conceito "materialista" da história dividia a história humana em períodos separados — antigo, feudal e capitalista — e previa um quarto, o socialista, passando para o ideal, o comunista.

Foi a interpretação de Hegel por um filósofo profundamente influenciado por Marx que inspirou uma das mais recentes teorias de progresso histórico — a de Francis Fukuyama. Fukuyama, ex-conselheiro político dos presidentes americanos Ronald Reagan e George Bush, baseou-se na visão de Alexandre Kojève sobre Hegel quando declarou o fim da história. "O que estamos testemunhando não é apenas o fim da Guerra Fria, mas o fim da história como tal: isto é, o ponto final da evolução ideológica da humanidade e a universalização da democracia liberal ocidental como a forma final do governo humano."

Sua tese, primeiro expressada num artigo em 1989, tem despertado controvérsias desde então. Em 1991, o professor da Universidade de Nova York, Alex Callinicos, afirmou que os levantes no fim dos anos 1980 prepararam o caminho para mais, em vez de menos, instabilidade econômica e política, o que tornava o tipo de sociedade comunista imaginado por Marx mais necessário. *The Clash of Civilisations* (1993), do cientista político de Harvard, Samuel Huntington, afirma que o Ocidente é apenas uma de várias civilizações rivais presas numa luta permanente fortalecida pela tecnologia, enquanto em *Jihad Vs McWorld* (1995) Benjamin Barber diz que a espécie de democracia liberal louvada por Fukuyama está sendo corroída tanto pelo capitalismo quanto pelo fundamentalismo tribal e religioso. *The Coming Anarchy* (2001), do jornalista Robert Kaplan, refuta a ideia de que a Guerra Fria trouxe paz global e prosperidade, e pinta um retrato perturbador do futuro. *The Decline of American Power* (2003), de Immanuel Wallerstein, sugere que os dias dos Estados Unidos como potência global estão contados. E o sociólogo Michael Mann afirmou em *Incoherent Empire* (2003) que o "novo imperialismo americano" é na verdade um militarismo que aumentará a desordem mundial.

Fukuyama ficou sob fogo cruzado depois do ataque ao World Trade Center, em 2001. Então, disseram os críticos, onde está agora sua ideia de fim da história? Onde sempre esteve, respondeu friamente Fukuyama. Num artigo no *Wall Street Journal*, publicado pouco depois do ataque, ele repetiu: "Continuamos no fim da história porque só há um sistema que continuará a dominar a política mundial, o do Ocidente liberal-democrático."

Uma tal visão da história, universal e baseada na política, é um flagrante contraste com relação aos modos recentes de

A história pode ter fim?

pensar que levaram a um conceito muito diferente do fim da história. Abordagens pós-modernas, segundo as quais historiadores dependem dos textos, que estão à mercê de interpretações individuais tanto do autor quanto do leitor e que dificultam a distinção entre história e ficção, sugeriram a alguns a ideia de história não ter significado e seu estudo não ser mais factível. Isso tem a ver com a noção de "fim" como um buraco negro em vez de destino, embora para alguns tenha sido o começo de novas e estimulantes maneiras de encarar o passado. O que isso também mostra claramente é que deliberações sobre o fim da história voltam, de modo cíclico, a outra questão-chave: o que é história?

Índice remissivo

Academia Real Francesa de Ciências 197
Adair, John 37
Adonis, Andrew 149
Afeganistão 101
África
Aids 258
civilizações anteriores 207
colonização 86, 88, 193
cristandade na 226, 234
futuros potenciais 330
Agostinho, Santo 20, 146, 180, 229, 312
agricultura
antiga 209, 324
tecnologia e 256, 260, 266
Aids 258
Alemanha
estudos históricos na 58-60
Guerra dos Bôeres e 123
Guerras mundiais e 182, 184-185
ocupação da França 86
política de partidos no século XIX 76
unificação da (1871) 32-35, 119, 157

Alembert, Jean d' 242
ambiente 322
América do Norte, colonização na 86
América do Sul, ver América Latina
América Latina
civilizações antigas 182, 207, 209
colonização europeia 83-85, 87, 92, 217
Cristandade na 226, 234
América, efeitos da descoberta da 240
Anatólia, civilizações antigas de 208, 210
Anderson, Benedict 163
animais, cultura e 326
Annales, escola 23, 58, 248, 296, 329
anti-estatismo 76
antropologia 313, 328, 331
Arendt, Hannah 100
Ariès, Philippe 298-299
Aristófanes 177
Aristóteles 109, 112, 125, 146, 255
armas nucleares 200, 267

Índice remissivo   351

Campanha do Desarmamento Nuclear (CND) 247

armas
desenvolvimento histórico 189, 261, 266
"revolução em assuntos militares" (RMA) 191

Arnold, Matthew 342

arqueologia 208, 216

Arquimedes 255, 259

Aspray, William 263

Asteca, Império 182

astronomia, China 252

Atenas, clássica 74, 83, 175-176, 279

Augusto, imperador romano 123

Austrália: colonização 86

Áustria-Hungria 158-159

Avicena 315

Aydon, Cyril 246

Baha'al-Din Ibn Shaddad 230

Bacon, Francis 21, 206, 257

Bagehot, Walter 71, 73

Bainbridge, William 233

Baker, J. H. 144, 147

Barber, Benjamin 337

Barber, E. J. W. 263

Barraclough, Geoffrey 217

Barthes, Roland 22

Bauer, Otto 162

Bayly, C. A. 89

beatlemania 271

Beda, o Venerável 183, 230

Beer, Samuel 67

Bell, David 153

Ben-Gurion, David 30

Benn, Tony 60

Bentham, Jeremy 76, 147

Berlin, Isaiah 58,60

Bernal, Martin 251

Bernstein, Edward 76

Beveridge, William 77

bicicleta, história da 266

Bijker, Wiebe 266

Bindoff, S. T. 58

biografias 56-60, 289-302

biotecnologia 255-257, 260

Bismarck, Otto von 32-36, 38, 55, 157

Blackstone, William 147

Blair, Tony 30-35, 40, 48, 67-68, 78, 85

Bloch, Marc 23, 248, 312

Bobbitt, Philip 172-174

Bogdanor, Vernon 65, 150

Bok, Derek 78

Bolena, Ana 290

Bonaparte, Louis 36, 47

Braidwood, Robert 209

Braudel, Fernand 58, 248, 329

Brinton, Crane 102

Brivati, Brian 60

Brodie, Bernard 200

Brubaker, Rogers 166

Bruce, Steve 233

Brunelleschi 282

Brzezinski, Zbigniew 339

budismo 233

Bulow, Dietrich von 198

Burbage, James 278, 284

Burke, Edmond 143

Burckhardt, Jacob 246, 261, 281

Burnet, Gilbert 56

352 Grandes questões da história

Bury, J. B. 21
Bush, George W. 29-30, 343
Bush, George, Sr. 120, 125, 348
Butler, David 149
Butterfield, Herbert 51, 248, 347

Callaghan, James 68
Callinicos, Alex 349
Callon, Michel 266
câmaras de bolha da física de partículas 267
Campanha do Desarmamento Nuclear (CND) 247
Campbell-Kelly, Martin 263
Cannadine, David 94
capitalismo
  ambiente e 330
  cristianismo e 225, 232
  democracia e 349
  tecnologia e 251, 263
Capone, Al 69
Cardwell, Donald 267
Carisma, liderança e 41
Carlyle, Thomas 21, 37, 56-57, 292
Carr, E. H.
  Elton sobre 57
  sobre ambiente 330
  sobre história 19, 22
  sobre líderes 37, 55, 59
cartuns 283-295
Castle, Bárbara 60
Cellini, Benvenuto 246
Cerco de Siracusa (212 a.c.) 259
César, Júlio 90, 95, 183, 197
ceticismo 240
Chamberlain, Neville 66

Channon, Henry "Chips" 60
Childe, Gordon 209
China
  civilizações antigas 108, 206-208, 210, 212
  crescimento futuro 131
  desenvolvimento científico antigo 252
  manufatura de vidro 333
  religião na 232
  Revolução de Mao 201
Chomsky, Noam 247
Churchill, Winston
  biografia 57
  estudo histórico e 67
  governo de tempo de paz 70
  sobre equilíbrio do terror 347
  talentos de liderança 30-32, 40
Cícero 146
cidades, ver vida urbana
ciência cognitiva 245
ciência social, estudo histórico e 99
Ciência
  história da 248-252
  história e 332
  nascimento da moderna 247
  tecnologia e mudança social 255-267
Cipolla, Carlo 262
Citizen Smith (sitcom) 107
civilização babilônica 212, 229
civilização da Índia 212
civilização sumeriana 212, 229
civilizações, razões para o desenvolvimento das 205-218
Clark, Alan 60
Clarke, Peter 59

Índice remissivo   353

Clinton, Bill 72, 78, 125
Cohen, Eliot 29, 39
Coke, Edward 147
Colley, Linda 90-94
Collingwood, R. G. 22, 229
Colombo, Cristóvão 92
colonialismo, *ver* impérios
comércio
  ambiente e 330
  guerra e 117-124
  império e 84-86, 91-93
comida
  geneticamente modificada 256,
    260, 267
  história da 323-325
computadores, *ver* tecnologia de
  informação
Comte, Auguste 9, 347
conceito de domínio cultural 282,
  284
Condorcet, Marquês de 346
Conferência e Tratado de Versalhes
  (1919) 158, 185
Confucionismo 232, 233
Conkin, Paul K. 214-216, 228
Constant, Benjamin 76
Constantinopla, efeitos da queda
  de 248, 259
contrarrevolução 191, 201
controle social, tecnologia e 265
Cooper, Robert 85
Cooter, Roger 313
corpos, mudança cultural e 305-
  317
crianças
  atitudes históricas com 299
  estudos antropológicos 313

criatividade: origens 278-285
Cripps Version, The 59
cristianismo
  capitalismo e 225, 232
  carismática 221, 265
  corpo e 311, 314
  fervor inspirado pela 232
  história e 228-232, 345
  Igreja antiga 20, 223
  iluminismo e 231, 242
  Islã e 230
  Novo Testamento 56
  Papado e ciência 247
  rupturas nos séculos XVI e XVII
    241, 258, 272
  sofrimento e 342
Croce, Benedetto 21
Cromwell, Oliver 35, 37
Cromwell, Thomas 57
Crossman, Richard 60
Cruzadas 194, 230
Csikszentmihályi, Mihály 281-285
cultura
  animais e mudança cultural 326
  razões de *booms* 271-285

Da Vinci, Leonardo 246, 260
Dalton, Hugh 59
Danton, Georges 55
Darwin, Charles 205, 232
De Gaulle, Charles 66
deflação, *ver* inflação e deflação
Delbruck, Hans 199
democracia, capitalismo e 349
democracias, governar 65-71
Dening, Greg 25
Derrida, Jacques 22, 244

Descartes, René 241-242
desenvolvimento dos mísseis 267
Devlin, lorde 148
Diamond, Jared 217
Diana, princesa de Gales 293
diários, políticos 60
Dicey, A. V. 77
Diderot, Denis 242
Dilthey, Wilhelm 248
diplomacia 172
direitos humanos 140-141, 147
Disraeli, Benjamin 57, 66
dissecação 315-316
distinções de gênero, visões histó-
ricas das 314
ditadores 50-53, *ver também* Hi-
tler, Adolf; Stalin, Joseph
doenças modernas 325
Donne, John 240, 278
Douhet, Giulio 199
Douglas, Mary 313
Drucker, Peter 78
Duby, Georges 299
Duff, Peggy 247
Duhem, Pierre 247
Dunbabin, Jean 73
Durkheim, Emile 232

Earle, Edward Mead 201
École des Annales, ver Annales, escola
economia
criatividade e 283
história econômica 328
progresso e 348
economias, *ver* Estados

Egito 92, 101, 126, 176, 206, 212,
216
Einstein, Albert 148
Eisenhower, Dwight D. 40, 70, 72
Ellis, Havelock 59-60, 314
Ellul, Jacques 264
Elton, G. R. 10, 22
Encyclopédie 242
Engels, Friedrich 67
equidade 146
Erasmo, Desidério 257
Escatologia 228, 342, 345-346
escravidão, império e 89
escrita, efeitos da invenção da 211
Espanha 74, 207
Esparta 74, 175
espiritualidade
crescimento de movimentos 223-
227, 234
distinção da religião 222
Estados Unidos da América
capacidades militares 191
feminismo 291
Guerra hispano-americana e efeitos 121
Imperialismo 83, 95, 131, 340,
349
Lei Seca 68, 148
liberdades civis 136
Pax Americana 337, 343
religião e espiritualidade nos 222,
226
visões de governo 79
Estados
características de 74
colapso de 117-132
guerra e 175-176

Índice remissivo

355

Hegel sobre 348
instabilidade moderna 339
religião e 221-224
Estados-nação, *ver* Estados
estudos de população 329
Eusébio de Cesareia 229
Evans, Richard J. 13, 22, 25, 38, 58, 60, 330
evolução 325

Factory Records 284
falácia racionalista 214
Febvre, Lucien 23, 263, 313, 329
Ferguson, Niall 29, 93, 95, 184
filme, história e 25
Finer, S. E. 73-76
Fischer, Fritz 182, 184
fisiologia, mudanças históricas na 338
Flannery, Kent 209
Fleming, Ann 60
Florença 279, 282-284
Ford, Henry 42
Fortey, Richard 333
Forster, E. M. 292
Fortalezas 198
Fortescue, Sir John 138
Foucault, Michel 22, 252, 275, 313-314
França
    estudos da 298
    guerras com a Grã-Bretanha 200
    identidade nacional 73
    movimento das mulheres 291
    ocupação alemã 86
    pinturas nas cavernas 207-208

sistema legal 138
Ver também Napoleão Bonaparte
Franco, gen. Francisco 60
Frederico II, o Grande, rei da Prússia 198
Freud, Sigmund 59, 177, 279, 297, 315, 343
Friedman, Thomas 174
Frontino 197
Froude, James Anthony 292
Fukuyama, Francis 105, 218, 337, 339, 343, 348-349
Fuller, Lou 148
Fussell, Paul 172

Gaebler, Ted 78
Gaitskell, Hugh 59-60
Galeno 315
Galileu 241-247
Gandhi, Mahatma 162
Gangues de Nova York (filme) 223
Gat, Azar 202
Geertz, Clifford 164
Gellner, Ernest 153, 163
Geoffroi de Villehardouin 230
geografia: impacto sobre os acontecimentos 321-333
Geyl, Pieter 55
Gibbon, Edward
    métodos 14
    saúde 311
    sobre a guerra 123
    sobre Cromwell 37
    sobre o Império Romano 88, 90, 127-128
    sobre temas de história 22
Gilbert, Martin 57

356   Grandes questões da história

Gladstone, William 41, 57, 127
globalização 117-124, 218, 339, 349
Godlewska, Anne 331
Goldhagen, Daniel 185
Gorbachev, Mikhail 52, 105
Gore, Al 78
governo
  ideologias 67-69
  legitimidade e 75
  medidas de pânico 69
  moral 68
  natureza de bem-sucedidos 65
  natureza de grandes líderes 29-42, 66
  personalidade e política 45-61
  regimes autoritários 48-53
Grã-Bretanha
  causas da Primeira Guerra Mundial e 184
  Constituição 149
  efeitos do Império 86
  governos 48, 67-69, 70
  Guerra dos Bôeres e efeitos 123, 172
  guerras com a França 199
  liberdades civis 136
  Poll tax 149
  programas de bem-estar social 78
  religião e espiritualidade na 224
  tradição biográfica 56-60
  Ver também Inglaterra
Grande Depressão 117, 119
Grant, Michael 127
Gray, John 149
Grégoire, Henri 155

Gregos antigos
  guerra e 173-177, 182
  raízes intelectuais 250
  sobre a desordem política 109-112
  sobre a lei 146
  sobre história e mudança 229, 345
Grimm, Irmãos 161
Grint, Keith 39
Guerra Civil Americana (1861-65) 119, 192
Guerra Civil Inglesa 184
Guerra da Coreia (1951-53) 172
Guerra de guerrilhas 201
Guerra de Kosovo (1999) 31
Guerra do Golfo (1991) 120
Guerra do Iraque (2003) 17, 30-31, 34, 120, 343
Guerra do Peloponeso (431-404 a.C.) 172-177
Guerra do Vietnã 172
Guerra dos Bôeres (1899-1902) 123, 172
Guerra hispano-americana (1898) 121
Guerra Púnica 259
guerra
  causas 121, 171-185, 194
  custo mutável 119
  estabilidade econômica e 117-124, 131
  liberdades civis e 136
  possibilidades de cessação permanente 337-343
  tecnologia militar 259-260, 266
  vitória 189-202

Índice remissivo

guerras napoleônicas 119, 198-199, 243

guerras pérsicas (490-479 a.C.) 174

Guibert, Jacques-Antoine-Hippolyte 198

Gurr, Ted 102, 112

Guy, John 145

Hale, John 249

Hall, Lesley 314

Hall, Peter (historiador) 279, 282-284

Halliday, Fred 99, 110

Hardie, Keir 290

Harrington, David M. 282

Hart, H. L. A. 149

Harvey, William 316

Haskell, Francis 283

Haskins, Charles Homer 248

Hastings, Adrian 165

Hauser, Arnold 280

Heath, Ted 70

Hechter, Michael 166

Hegel, Georg Wilhelm Friedrich
influência sobre 292
sobre a Revolução Francesa 110
sobre grandes homens 38
sobre influência 244
sobre o fim da história 338, 343, 347-348
sobre progressão da história 128, 215, 231

Heilbroner, Robert 264

Henrique VIII, rei da Inglaterra 83, 290

Heráclito 341

Herder, Johann Gottfried von 161, 328

Heródoto 19, 173-175

Heseltine, Michael 39

Hinduísmo 221

Hipócrates 279, 315

história da arte 280-285

história do trabalho 289-290

história marítima, 322

história militar, *ver* Guerra

história negra 301

história oral 24, 300

história social 289, 298

história
como performance 24
economia e 18
estudo da vida privada 289-302
fim da? 337-350
foco em grandes figuras 29-42, 66, 247, 290, 294
natureza da 13-25
religião e 228-231
visões cíclicas da 346

histórias feministas 291-294, 301

Hitler, Adolf
biografias 61
efeito sobre o estudo histórico 60
personalidade 45-46, 49
talentos de liderança 39-40, 48-50

Hobbes, Thomas 75, 241, 340

Hobsbawm, Eric 56, 96, 128, 153, 163, 166, 302

Hobson, John 92, 121

Holanda, *ver* Império holandês

Holocausto: efeitos 244

homossexualidade, a lei e 148

Hoover, Herbert 68

Hooykaas, Reijer 249
Howard, Michael 185, 201
Hroch, Miroslav 166
Hughes, Thomas 266
Hugo, Victor 36
humanismo 242, 249
Hume, David 242
Humphrey, Hubert 149
Huntington, Samuel 102, 185, 339, 349

I Ching 108
ideias: origens 273, 278-285
identidade nacional, surgimento da 73
identidade, história e 302
ideologia
  governos e 67-70
  revoluções e 99
Ilhas Falkland 66
iluminismo
  corpo e 311
  estudo histórico durante 20, 214
  origens 240, 242
  religião e 231, 243
imagem, liderança e 39-41
imperialismo, *ver* impérios
império Abássida 251
império Britânico
  origens e crescimento 84, 86, 88, 92
  razões do colapso 128-132
  religião e 222
  resistência ao 163
  visão de mundo dos governantes 94
império espanhol 92

império francês 84
império holandês 84
império inca 84
império Mughal 130
império português 84, 193
império russo 95
impérios
  americano 84, 95, 131, 339, 349
  causas do colapso 126-132
  colonialismo e desenvolvimento 332
  desenvolvimento de ferramentas e 251, 262
  origens 83-96
  resistência nacionalista a 159, 163
imprensa: efeitos da invenção 257, 263
Índia
  civilizações antigas 206, 212, 228
  colonização 86-87, 163
  concepção de direitos individuais 141
  império Mughal 130
  manufatura de vidro 333
industrialização
  disseminação do império e 84
  estudos da 267
  governo e 76
  nacionalismo 163
inflação e deflação, guerra e 119
Inglaterra
  identidade nacional 73
  polícia 139
  Revolução Gloriosa (1688) 139
  sistema legal 138, 142
  vida familiar 300
  Ver também Grã-Bretanha

Índice remissivo

intercâmbio colombiano 324
internet 258, 262, 274, 283
Iraque: civilizações antigas 209, 212
Irlanda 126, 225
Irlanda do Norte: Acordo da Sexta-Feira Santa (1998) 31
Isaacs, Harold 164
Islã
    cristianismo e 230
    cruzadas e 194
    escatologia e 346
    fervor inspirado pelo 233
    globalização e 339, 348
    guerra e 183
    historiadores islâmicos 20
    império Abássida 251
    medicina islâmica 315
    razões do sucesso 224
Isócrates 42
Itália
    resistência à França napoleônica 162, 165
    Ver também renascença
Iugoslávia, antiga 32, 166

Japão 113, 130, 283, 333
Jardine, Lisa 250, 255
Jarmo 209
Jenkins, Dafydd 145
Jenkins, Keith 22
Jenkins, Philip 234
Jenner, Mark 312, 317
Jericó 209
Johnson, Chalmers 102, 112, 339
Johnston, Ron 331
Jomini, Antoine Henri 199

Jordânia: civilizações antigas 209
judeus e judaísmo
    efeitos do Holocausto 244
    escatologia e 228, 346
    fervor 233
    Hitler e 45-46, 49
    textos hebreus sagrados 20
Justiniano, Imperador romano 147

Kant, Immanuel 243-244, 296, 340
Kaplan, Robert 339, 349
Karlquist, Anders 285
Kedourie, Elie 163
Keegan, John 179
Kendal 225
Kennedy, Paul 131
Kenyon, Kathleen 209
Kershaw, Ian 40, 45, 60
Kessler-Harris, Alice 301
Keynes, John Maynard 283
Khaldun, Ibn 20, 23, 346
King, Anthony 69
Kipling, Rudyard 88
Kitson, Frank 201
Koestler, Arthur 279
Kohn, Hans 162
Kojève, Alexandre 337, 348
Kosovo 161
Krohn, Wolfgang 264
Kuhn, Thomas 249

Laqueur, Thomas 315
Latour, Bruno 265
Law, John 266
Le Fanu, James 316
Le Roy Ladurie, Emmanuel 56, 126
Lefebvre, George 57

360

Grandes questões da história

lei comum 146-147
lei e leis
  estudo da história legal 143-145, 149
  imposição 149
  natureza de leis efetivas 135-150
  visões legalistas da história 15
lei natural 146, 148
lei romana 88, 138
Lênin, Vladimir, Ilyich 37, 55, 93, 100, 104, 121
leninismo 111
Lewis, C. S. 279
Lewis, Earl 301
liberalismo conservador 248, 348
liberdades civis 136, 142
Liddell Hart, Basil 200
líderes
  nacionalismo e 162
  natureza dos grandes 29-42, 66
  revoluções e 99
Lieven, Dominic 95
Lincoln, Abraham 30
Lívio 126-127, 183
livros: efeitos da disseminação 257, 263
Lloyd George, David 54-55
Locke, John 75, 241, 340
London School of Economics (LSE) 149
Londres: de Shakespeare 278, 283-285
Los Angeles 279
Low, David 179
Luís XIV, Rei da França 74
Lutero, Martinho 257

macacos e símios: cultura e 326
Macaulay, Thomas Babington 21, 347
Macfarlane, Alan 263, 333
MacKenzie, Donald 267
Macmillan, Harold 40
MacNeish, Richard 209
MacVeagh, Lincoln 176
Maddin, Robert 263
magia
  declínio da 224, 234
  redes no século XVI 249
magistrados 138
Mahan, Alfred Thayer 199
Maistre, Joseph de 243-244
Maitland, F. W. 138, 143-144, 145-146
Major, John 31, 70
Malinowski, Bronislaw 313
Malthus, Robert 328
Manchester: música 284
mangá 283
maniqueísmo 222
Mann, Michael 349
Mansfield, lorde, presidente da Tribuna 147
Mao Tsé-tung, 201
maoismo 111
Maquiavel, Nicolau
  autores clássicos e 21
  sobre guerra 197, 339
  sobre lei 143
  sobre religião 231
  sobre Roma 345
  sobre talentos de liderança 38-41, 74-75

Índice remissivo   361

Margolis, Howard 246
Maria, rainha da Escócia 290
Marquand, David 59, 149
Martin, Gerry 263, 333
Martin, Henri-Jean 263
Marwick, Arthur 25, 144
Marx, Karl e marxismo
  conflito de classes e 23, 181
  nacionalismo e 162
  sobre causas da guerra 121-122
  sobre circunstância 32, 47, 53, 57
  sobre colapso dos Estados 128
  sobre criatividade cultural 279
  sobre Guerra Civil Inglesa 184
  sobre história do trabalho 290
  sobre liderança 36
  sobre Malthus 328
  sobre progressão histórica 23, 215, 294, 296, 348
  sobre revolução 103, 110-111, 309, 342
  sobre tecnologia 263
  vida 291
materialismo histórico 23, 215, 294, 296, 349
Mauss, Marcel 313
Mayr, Otto 265
Mazzini, Giuseppe 162, 165
McDonald, Ramsay 59
McKinley, William 122
McNeill, William 130, 217
Mead, Margaret 313
medicina, ver saúde e medicina
memória, cultura e 299
Memphis 279, 283-284
Merton, Robert K. 250

Mesopotâmia: civilizações antigas 207
metalurgia: efeitos do desenvolvimento 262
México: civilizações antigas 183, 206, 209
Michelet, Jules 57
Mill, John Stuart 143, 148
Milosevic, Slobodan 31
Mintz, Steven 300
mix cultura-empresa, criatividade e 284
modernismo 239
Mondino de Luzzi 315
Money, Leo Chiozza 122
mongóis e império mongol 84, 180, 183, 194
Montaigne, Michel de 240
Montesquieu, Barão de 347
moralidade
  causas da guerra e 184
  governo e 68
  leis e 146-149
  visões morais da história 15, 21
Morley, John 57
morte, atitudes históricas para com a 298, 307
Moryson, Fynes 278
Mosca, Gaetano 77
mosteiros 229
movimento da Nova Filosofia 240-242, 244
movimento da paz 248
movimento maçônico 249
movimentos intelectuais, desenvolvimento dos 239-252

mudança social, tecnologia e 255-267

mulheres
contracepção e 258
distinções históricas de gênero 313
estudos de influentes 248
história feminista 291-295, 301
identidade 301
sentimentalidade sobre 273
Munslow, Alun 22
música pop 272, 284

nacionalismo: causas 153-167, 328
Namier, Sir Lewis 59
Napoleão Bonaparte
influência de Roma sobre 91
invasão egípcia (1798) 216
resistência alemã a 157
talentos de liderança 36-37, 56
natureza, história e 332
Needham, Joseph 252
Nehru, Jawaharlal 130
Neustadt, Richard 41
Nietzsche, Friedrich 328, 346
Nora, Pierre 298
Novo Testamento 56
Nye, Joseph 72

O'Connell, Daniel 162
opinião pública: medida 65
Oriente Médio, conflito no 194, 208
Orwell, George 172
Osborne, David 78
Owen, Gary 77
Ozment, Steven 299

Paine, Thomas 75-76
Paisagem, história e 332
Palmerston, lorde 89
Pankhurst, Sylvia 290
Paret, Peter 201
Parke, Sir James 147
Parmênides 341
Pasteur, Louis 265
Patten, John 69
Paulo, São 41
paz, *ver* Guerra
Péricles 41, 176
personalidade
papel de grandes figuras 29-42, 66, 247, 289, 294
política e 45-61
Pickering, Andrew 267
Pickstone, John 313
Pimlott, Ben 56-60
Pinch, Trevor 266
Pitt, Joseph 264
Platão 42, 73, 110, 279, 340-341
poder aéreo 199
poder naval 199
Políbio 197, 345
polícia 139
política, *ver* governo
Polônia, religião e 224
pólvora 257, 259, 263
Popper, Karl 216, 250
Porter, Roy 311-312, 314, 316
positivismo 21
lógico 244
pós-modernismo
Geografia e 331
História e 22-25. 60, 349
Origens 239, 244

Índice remissivo

Powicke, F. M. 229
Preston, Paul 60
Prestowitz, Clyde 329
Previdência social 77-78
Price, Richard 24
Primeira Guerra Mundial
efeitos 120, 215, 244
origens 180, 185
progresso 347-348
Projeto Visões de Governança 72
propaganda, nacionalismo e 163
Prússia, Hegel sobre a 337
psicanálise 275, 298
psicologia 59, 112, 244, 292, 307, 313, 315
psicologia freudiana 244
Putnam, Robert 78
Pym, John 41

racionalismo 242, 244
rainha Victoria 289
Raleigh, Sir Walter 126, 130
Ranke, Leopold von 21, 23, 56, 231
Raven, Diederick 264
Reagan, Ronald 66, 348
Real Sociedade 197, 256
reforma: causas 258, 264
regimes autoritários 49-53
Relatório Wolfenden (1957) 148
religiões
como força unificadora 167
crescimento de movimentos 221-235
distinção de espiritualidade 221
etimologia 228
história e 20, 228, 232, 346

historicidade de textos sagrados 15
primeira aparição 210
Ver também cristianismo; Islã; judeus e judaísmo
relógios: invenção e efeitos 252, 265
Rembrandt 285
renascença
estudo histórico durante 21, 214
estudos da 246, 281
humanismo e 249
origens 239, 264
Revolução cambojana (1975) 113
Revolução científica, *ver* Movimento da Nova Filosofia
Revolução Francesa
Carlyle sobre 37
Declaração dos Direitos do Homem 75
efeitos 150, 198, 243
expansão militar francesa depois 88
histórias 56-57
influência 110
nacionalismo e 156, 163
vida privada durante 293
Revolução iraniana (1978) 101, 105, 113
Revolução russa (1917) 100, 113
Revoluções
causas 99-113
etimologia 109
Rice, Condoleezza 201
Roberts, Andrews 41-42
Roberts, John 128

Robespierre, Maximilien 55-56
Rodger, N. A. M. 332
romanos e Império Romano
  atitude com a guerra 183
  comércio e 92
  cristandade e 222
  Gibbon sobre 88, 90, 127
  guerras púnicas 259
  influência 90
  lendas da fundação 296
  Maquiavel sobre 231, 345
  Políbio sobre 214
  razões do colapso 127-130
romantismo 243
Roof, Wade Clark 234
Roosevelt, Franklin D. 66, 70, 72,
  176
Roosevelt, Theodore 40, 66, 122
Rorty, Richard 239
Rosenstone, Robert 25
Rousseau, Jean-Jacques 72, 75, 76,
  148, 232, 273, 275
Rudé, Georges 55
Rumsfeld, Donald 95
Russell, Bertrand 38
Russell, Conrad 184

Saddam Hussein 30, 34, 192
Said, Edward W. 94
Saladino 230
saúde e medicina
  doenças modernas 325
  história médica 314, 316, 325
  tecnologia médica 257
  vacinas tríplices 261
Saul, John Ralston 339
Schama, Simon 289, 299, 332

Schelling, Thomas 200
Schlesinger, Arthur, Sr. 58
Schultz, George 66
Schumpeter, Joseph 85
Scorsese, Martin 223
Searle-White, Joshua 164
Seeley, Sir John 91
Segunda Guerra Mundial
  começo 179
  custo 120
  efeitos 244
  origens 185
selo Sun Records 284
sentimentalidade 273
sérvios 161
sexualidade, estudos de 313-314
Shakespeare, William 278, 283-
  285
Shapin, Steven 250
Shodt, Frederik L. 283
Singer, Charles 262
sistema de júri 137-138
Skocpol, Theda 103-104, 112-113
Smith, Adam 92, 118, 120, 123,
  125
Smith, Anthony 164-165
Smith, Bonnie 301
Smith, Neil 331
sociedade maia 206
Sócrates 340
Southern, Richard 144
Souza, Philip de 332
Speed, Keith 39
Spengler, Oswald 129, 215, 346
Stalin, Joseph 50-52, 55, 100, 136
Stark, Rodney 232

Índice remissivo

Starkey, David 289
Stearns, Peter 213, 218
Steedman, Carolyn 301
Stephen, Sir James 148
Stone, Lawrence 59, 299
Strachan, Hew 201
Stromberg, Roland N. 214-216, 228
Stubbs, William 144
Suetônio 90
Sun Tzu 39, 196
Svechin, Alexander 200

Tabus 298, 313
Tácito 87, 91, 126, 140, 171, 232
Taithe, Bertrand 312-313, 317
talentos de comunicação, líderes e 42
tanques 200
taoismo 233
tática 198
Taylor, A. J. P. 55, 171, 181
Taylor, Charles 234
teatro: Idade de Ouro Inglesa 279, 283
técnica de cerco 200
tecnologia de informação
  efeitos 259, 262-264, 274
  estudo histórico e 23
tecnologia, mudança social e 255-267
teoria da rede agente 265
teoria da secularização 221, 233-234
teosofia 225, 234
terrorismo
  ataque ao World Trade Center 136, 185, 339, 349

"Guerra ao terror" 185
liberdades civis e 136, 142
tese do McWorld 339, 349
Thatcher, Margaret 39, 47-48, 66, 69-70, 72, 149
Thomas, Hugh 91
Thomas, Keith 234
Thompson, E. P. 57, 143
Thompson, Robert 201
Thomson, David 72
Thurber, James 61
Tibério, imperador romano 90
Tilly, Charles 102
Tocqueville, Aléxis de 110
Tolstói, Leão 54-55
Törnquist, Gunnar 282, 284
Toynbee, Arnold 129, 215
transcendentalismo 225
Trasímaco 340
Triandafillov, Victor 200
Trimberger, Ellen 112
Truman, Harry 66
tuberculose 306
Tucídides 14, 172-176, 183, 229
Tukhachevsky, Mikhail 200
Turcos Seljuk 194
Turner, Bryan 312

Uglow, Jenny 316
União Europeia 34, 70, 142, 147
Universidade de Edimburgo 267
Universidade de Indiana 300
Universidade de Oxford 144

vacinas tríplices 261
Vasari, Giorgio 280
Vauban, Sébastien le Prestre de 198

Vegétio 196-197

Vesalius, Andréas 315

Vico, Giambattista 214-215, 231, 346

vida familiar, visões históricas da 273, 298-299

vida urbana
criatividade e 283
primeiro desenvolvimento 208-210

vidro: impacto da invenção, 262, 333

Viena 119, 272, 274, 279-280, 284

violência, império e 83-87

Virgílio 296

vírus: disseminação histórica 217

Vo Nguyen Giap 201

Voltaire 23, 214, 257, 347

Wallerstein, Immanuel 349

Weber, Max 40, 59, 103, 232, 343

Wells, H.G. 129

White, Hayden 22

Williams, Philip 59-60

Wilson, Harold 56, 59, 68, 70

Winner, Langdon 264

Wolfe, Tom 95

Woodhead, A.G. 176

Woodhead, Linda 175

Woodruff, Paul 175

Woolf, Daniel 24

Woolgar, Steve 265

Worcester, Bob 65

Wren, Sir Christopher 256

Xenofonte 183

Yates, Francis 249

Young, Hugo 39

Zilsel, Edgar 263-264

Zinn, Howard 247

Este livro foi impresso nas oficinas da
DISTRIBUIDORA RECORD DE SERVIÇOS DE IMPRENSA S.A.
Rua Argentina, 171 – Rio de Janeiro, RJ
para a EDITORA JOSÉ OLYMPIO LTDA.
em junho de 2010

*

78º aniversário desta Casa de livros, fundada em 29.11.1931